BANK LIQUIDITY CREATION AND FINANCIAL CRISES

经济学前沿译丛 / 主编 王宇

〔美〕艾伦·N.伯杰　克里斯塔·H.S.鲍曼　著
王宇　马明　李荣　译

银行流动性创造与金融危机

BANK LIQUIDITY CREATION AND FINANCIAL CRISES

商务印书馆
The Commercial Press

2019年·北京

Bank Liquidity Creation and Financial Crises
Allen N. Berger and Christa H.S. Bouwman
ISBN 978-0-12-800233-9
Copyright©2016 Elsevier Inc. All right reserved.
Authorized Chinese translation published by the Commercial Press

No part of this publication may be reproduced or transmitted in any form or by and means, electronic or mechanical, including photocopying, recording, or any information storage and retrieval system, without permission in writing from the publisher. Details on how to seek permission, further information about the Publisher's permissions policies and our arrangement with organizations such as the Copyright Clearance Center and the Copyright Licensing Agency, can be found at our website: www.elsevier.com/permissions.

This book and the individual contributions contained in it are protected under copyright by Elsevier Inc. and the Commercial Press (other than as may be noted herein).

This edition of Bank Liquidity Creation and Financial Crises, by Allen Berger, Christa Bouwman is published by arrangement with ELSEVIER INC., of 360 Park Avenue South, New York, NY 10010, USA

This edition is authorized for sale in China only, excluding Hong Kong, Macau and Taiwan. Unauthorized export of this edition is a violation of the Copyright Act. Violation of this Law is subject to Civil and Criminal Penalties.

本版由 ELSEVIER INC. 授权商务印书馆在中国大陆地区（不包括香港、澳门以及台湾地区）出版发行。
本版仅限在中国大陆地区（不包括香港、澳门以及台湾地区）出版及标价销售。未经许可之出口，视为违反著作权法，将受民事及刑事法律之制裁。
本书封底贴有 Elsevier 防伪标签，无标签者不得销售。

注意
本书涉及领域的知识和实践标准在不断变化。新的研究和经验拓展我们的理解，因此须对研究方法、专业实践或医疗方法作出调整。从业者和研究人员必须始终依靠自身经验和知识来评估和使用本书中提到的所有信息、方法、化合物或本书中描述的实验。在使用这些信息或方法时，他们应注意自身和他人的安全，包括注意他们负有专业责任的当事人的安全。在法律允许的最大范围内，爱思唯尔、商务印书馆、本书的作译者、原文及译文编辑及原文内容提供者均不对因产品责任、疏忽或其他人身或财产伤害及/或损失承担责任，亦不对由于使用或操作文中提到的方法、产品、说明或思想而导致的人身或财产伤害及/或损失承担责任。

献给明迪·林
——艾伦·N.伯杰

献给我的父母、我的女儿阿里亚
和我的导师们
——克里斯塔·H.S.鲍曼

译者序：流动性创造度量与金融危机预测

流动性是金融市场最关注的指标，流动性创造是商业银行最重要的职能，流动性和流动性创造也是我们进行经济金融分析最常使用的概念。但长期以来，无论是在国内还是国际经济学界，商业银行流动性创造还只是一个理论概念，没有度量指标和计量方法，无法进行实证检验。在《银行流动性创造与金融危机》一书中，美国经济学家艾伦·伯杰（Allen N. Berger）和克里斯塔·鲍曼（Christa H.S. Bouwman）综合运用美国商业银行样本期的季度数据，创造性地建立了商业银行流动性创造的度量指标和度量方法，极大地丰富了商业银行流动性创造理论，完善了商业银行流动性创造的研究框架。并由此出发，进一步分析了商业银行流动性创造与金融危机之间的关系，尝试使用流动性创造的各种度量指标作为信贷风险和金融危机的预测工具。

一、银行流动性与银行流动性创造：理论分析

商业银行流动性与商业银行流动性创造是两个不同的概念。从

理论上讲，商业银行流动性是指满足存款人提取现金和支付到期债务需求的"基本流动性"与借款人贷款需求的"充足流动性"之和。既包括商业银行持有的资产在无损失情况下变现的能力，即资产的流动性；也包括商业银行以合理价格迅速获得融资的能力，即负债的流动性。从操作上看，商业银行流动性是指商业银行保持随时以合理成本获得可用资金，以便应付客户提存及银行支付需要的能力，涉及资金数量、成本和时间。

银行流动性创造是关于商业银行为客户（社会）提供多少流动性的指标。当银行将有风险的非流动性资产转化为无风险的流动性负债时，就为客户（社会）创造了流动性。商业银行所提供的金融服务实质上就包括这种流动性转换。在商业银行的资产负债表上，资产业务的流动性较差，比如贷款，负债业务的流动性较强，比如活期存款，商业银行将流动性较差的资产转化为流动性较强的负债，这一转化过程即为商业银行的流动性创造过程。

传统理论认为，商业银行的流动性主要是由表内业务创造的，主要是由资产负债表的负债端创造的，因为在资产端，商业银行是被动的，只能在给定的投资回报下进行项目投资。本书认为，商业银行的表内业务和表外业务都可以创造流动性，商业银行不仅可以通过表内业务将流动性较差的资产转化为流动性较强的负债来创造流动性，也可以在表外通过贷款承诺和类似流动资金要求权的方式来创造流动性。并且商业银行在资产负债表的资产端和负债端都可以创造流动性，即商业银行在资产端也是主动的，银行贷款会拉动社会总投资。商业银行资产非流动性越大，对社会的流动性创造就越多。

传统理论认为，商业银行主要通过资产负债表的表内业务，将流动性较强的负债转化为流动性较差的资产,从而为社会创造流动性。本书认为,随着金融市场的发展,越来越多的商业银行主要通过贷款承诺及类似流动资金要求权的方式在表外创造流动性。从银行角度来看,贷款承诺与贷款非常相似,银行要在承诺期内随时提供资金给客户,以此为社会创造流动性。从客户角度来看,贷款承诺类似于保证金交易,它允许客户在承诺期内的任何时间取出流动资金。

本书表明,流动性创造涉及商业银行全部资产业务、负债业务和表外业务,并以此为基础,建立了商业银行流动性创造的度量方法和度量指标,使商业银行流动性创造的定量分析和实证研究成为可能。

二、银行流动性创造的度量:度量指标和度量方法

本书最重要的贡献是创造性地建立了商业银行流动性创造的度量指标和度量方法。本书作者综合运用美国商业银行样本期的季度数据,以美联储网站公布的一万多家商业银行的经营报表作为分析背景,首先将商业银行全部业务包括资产、负债、权益、表外业务划分为流动的、半流动的和非流动的三种类型,然后按照各项业务对商业银行流动性创造的不同贡献,分别赋予不同的权重,最后分别按照产品类别、期限、表内和表外四个维度,构建了商业银行流动性创造的度量指标和度量方法。

(一)产品分类

流动性创造涉及商业银行的全部资产、负债和表外业务,本书将所有商业银行业务划分为流动的、半流动的和非流动的三种类型。具体来讲,根据商业银行为满足客户流动性需求而变现资产的便利性、成本和时间,将所有资产划分为流动的、半流动的和非流动的;根据

客户从商业银行获得流动性资金的便利性、成本和时间,将负债和所有者权益划分为流动的、半流动的和非流动的。表外业务按照与表内业务一致的方法进行划分。

(二)业务赋权

商业银行在把非流动资产转换为流动负债时,创造了流动性,意味着客户(社会)的流动性增加,因而赋予非流动资产和流动负债正权重;银行在把流动资产转换为非流动负债或所有者权益时减少了流动性,意味着银行流动性下降,因而赋予流动资产、非流动负债和所有者权益负权重。表外业务所赋权重应同与其功能类似的表内业务保持一致。贷款承诺也被赋予正权重,因为贷款承诺对于银行来说是非流动的,对于客户来说是流动的。由此出发,本书的非流动资产权重为 0.5,流动资产权重为 –0.5;流动负债权重为 0.5,非流动负债权重为 –0.5。

(三)度量指标

本书按照产品类别、期限、表内、表外四个维度,建立了四种商业银行流动性创造度量指标和度量方法。具体做法是,对于银行贷款,按照"产品类别"来划分;对于银行贷款以外的其他资产、负债和表外项目,均按照"产品类别"和"期限"两个维度分类。同时,按照是否包括表外业务,分为"宽口径"与"窄口径"两个维度。这样,将"产品类别"和"期限"与"宽口径"和"窄口径"分别组合起来,就构成四种流动性创造的度量指标体系。

一是"产品宽口径"指标。"产品宽口径"指标是根据"产品类别+期限"对所有银行业务进行分类,对贷款仅按照"产品类别"进行分类,包括表外业务。二是"产品窄口径"指标。"产品窄口径"指标是根据"产品类别+期限"对银行业务进行分类，对贷款仅按照"产品类别"进行分类，不包括表外业务。三是"期限宽口径"指标。"期限宽口径"指标是根据"产品类别+期限"对银行业务进行分类，对贷款仅按照"期限"进行分类，包括表外业务。四是"期限窄口径"指标。"期限窄口径"指标是根据"产品类别+期限"对银行业务进行分类，对贷款仅按照"期限"进行分类，不包括表外业务。

很明显，在这四种度量方法中，"产品宽口径"更具优势。首先，由于表外业务在商业银行流动性创造中的作用越来越重要，从本书所提供的美国商业银行样本期内的数据来看，表外流动性创造占商业银行流动性创造总额的一半以上。因此，包括有表外业务的"宽口径"指标，与不包括表外业务的"窄口径"指标相比，可以更好地反映商业银行流动性创造情况。其次，"产品宽口径"与"期限宽口径"的主要区别在于分类维度不同，"产品类别"维度显然要比"期限"维度更具优势，按照"产品类别"进行分类，可以更多地考虑到商业银行在满足客户流动性需求时，处理其资产的便利性、成本和时间。最后，以"产品宽口径"指标为基础建立的标准化"产品宽口径"指标（即以"产品宽口径"所计算出的商业银行流动性创造金额除以毛总资产），可以间接度量商业银行的流动性，可以直接度量商业银行的非流动性，进而可以预测商业银行的流动性风险，成为流动性风险的预测工具。

三、商业银行流动性创造的运用

（一）商业银行产出的度量

如何度量商业银行产出？传统的度量指标主要有三项，即总资产、毛总资产和贷款。总资产反映了资产负债总规模，它是加总所有记录在资产负债表的资产再减去两项风险准备金，即贷款及租赁损失准备金和对外贷款转账风险损失准备金。因此，总资产只包括贷款净额，不包括贷款总额。毛总资产既包括了贷款及租赁损失准备金，也包括了对外贷款转账风险损失准备金。也就是说，毛总资产包括了银行贷款的实际金额。除了总资产和毛总资产两项指标以外，贷款通常也被视为商业银行的产出。本书认为，关于商业银行产出的传统度量方法，无论是总资产、毛总资产还是贷款指标，都存在一定缺陷。一是传统度量方法忽视了表外业务，表外业务对于商业银行尤其是大型商业银行来说，是一项重要产出。二是传统度量方法忽略了负债业务，与银行负债业务相关的存款服务和支付服务对于商业银行尤其是对于中小型银行来说，是一项重要产出。三是传统度量方法忽略了不同贷款类别对于商业银行产出的不同贡献，也忽略了贷款以外商业银行其他资产、负债和表外活动对产出的影响。

相比之下，"产品宽口径"指标是度量商业银行产出的最佳方法。这一指标考虑到了商业银行所有业务活动，包括所有的资产、负债、所有者权益以及表外业务。它还为不同的资产提供了不同的权重，比如交易存款增加了商业银行的流动性创造，银行股权和有价证券减少了商业银行的流动性创造。为此，本书作者推荐大家尽量使用"产品宽口径"指标来度量商业银行产出。

（二）商业银行流动性的度量

商业银行流动性创造与商业银行流动性不同，度量方法也不相同，但二者之间又存在着联系。商业银行流动性是度量银行在满足客户对其负债、所有者权益、表外业务的流动性需求时，其所必须具备的便利度、成本和时间的指标。商业银行流动性创造是度量商业银行为客户（社会）提供了多少流动性的指标。商业银行流动性指标仅仅测算单个银行的流动性情况。商业银行流动性创造指标则是一个综合指标和动态指标，它可以度量商业银行在为客户（社会）创造了多少流动性的同时自身缩减了多少流动性。

"流动性转换缺口"指标是传统的流动性创造度量方法，其计算公式为（流动负债－流动资产）/总资产。相比之下，本书建立的"产品宽口径"指标更具优势。一是"流动性转换缺口"指标主要基于"期限"来度量贷款的流动性，忽略了其他因素；而"产品宽口径"指标主要是基于"产品类别"对贷款分类，充分考虑了商业银行在满足客户对流动性的需求时，处理其资产的便利性、成本和时间。比如商业银行可以相对容易地通过长期住房抵押贷款证券化来筹集资金，而大部分短期商业贷款不能轻易通过出售或证券化方式来筹集资金。二是"流动性转换缺口"指标不包括表外业务。相关数据表明，表外业务在商业银行流动性创造中发挥着越来越重要的作用。三是"流动性转换缺口"指标关于资产和负债分析，使用了流动的和非流动的两种分类；而"产品宽口径"指标使用了流动的、半流动的和非流动的三种分类。显然后者更为全面，因为一些资产和负债业务介于流动和非流动之间。比如一笔银行定期存款不能随时获取，属于非流动的，但并非完全不流动，可以通过支付一定罚金来获得提前支取的权利。四是"流动性转换缺口"指标是一个相对值，而"产品宽口径"指标是一个绝对值。如果我们要对流动性创造总额进行分析和比较，需要使用"产品宽口径"方法。

四、流动性创造与金融危机预测

与流动性度量相比,流动性创造度量较为复杂。商业银行可以通过调整资产负债表来调整流动性创造。商业银行在为客户(社会)创造流动性的同时,也有可能造成自身流动性的减少。换言之,银行在完成流动性转换的同时,自身承担了相应的流动性风险,并以此博取相应的收益。流动性风险,有些与商业银行流动性创造过度导致风险积累有关,有些则与商业银行流动性创造枯竭导致前期的资产大面积违约有关。尤其是当流动性过剩与流动性枯竭迅速转换时,注定会成为金融危机的导火索。

本书深入研究了银行流动性创造与金融危机的关系,区分了金融危机与银行危机的异同,在借鉴国际经济学界关于金融危机的研究成果的基础上,提出了金融危机尤其是银行危机的分类、定义、根源和预测方法。

(一)金融危机:分类与定义

德米古克 – 昆特和迪特拉吉亚齐(Demirguc-Kunt and Detragiach,1998)将银行危机分为全局性银行危机与局部性银行危机两种,并且提出了区分全局性银行危机与局部性银行危机的方法。他们认为,在下列四项条件中,如果有一项成立即为全局性银行危机,否则为局部性银行危机。这四项条件是:一、一国银行系统中不良资产率超过10%;二、政府危机救助支出占国内生产总值的比重超过2%;三、由银行问题所引起的大规模的银行国有化;四、政府为了应对银行挤兑采取紧急救助措施。

莱因哈特和罗格夫(Reinhart and Rogoff,2009)通过两种方法来定义金融危机。一是定量阈值定义法，具体包括：通货膨胀率超过20%；本币贬值幅度超过15%；流通中货币的含金量下降5%以上。二是重大事件定义法，具体包括：银行危机；国际债务危机；国内债务危机。

拉文和瓦伦西亚（Laeven and Valencia，2013）主要是通过政府对银行的紧急干预行为来定义银行危机。他们认为，各国政府对银行的紧急干预行为主要包括以下几种：一是存款冻结；二是系统重要性银行国有化；三是针对银行部门重组的财政支出占国内生产总值比重超过3%；四是银行债务占存款＋外债的比重超过5%；五是政府对银行负债提供保护，或者对非存款负债提供额外保护；六是政府购买资产的总支出占国内生产总值的比重超过5%。如果一国政府实施了上述三种紧急干预行为，就意味着银行危机来临。

（二）金融危机：分类与根源

本书作者运用"产品宽口径"方法，分析了1984—2010年发生在美国的五次金融危机，其中包括两次银行危机和三次金融市场危机。他们将银行危机分为两类：一是1990—1992年信贷紧缩危机；二是2007—2009年美国次贷危机。他们将金融市场危机分为三类：一是1987年美国股票市场剧烈下跌；二是1998年美国政府对长期资本管理公司的紧急救助；三是2000年互联网泡沫破裂。本书着重分析了美国次贷危机，实证检验了商业银行流动性创造过度或者流动性创造枯竭与金融危机之间的关系。作者表明，在美国次贷危机爆发之前，其运用"产品宽口径"方法，测算出美国商业银行表外流动性创造过度，他们由此成功地预测了美国次贷危机。实际上，在美国次贷危机发生之前，商业银行流动性创造持续增大，而在美国次贷危机爆发之后，由于借款人贷款承诺明显减少，造成商业银行表外流动性创造大幅下降，从而加深了危机程度，最后造成市场信心崩溃，引发全球金融危机。

（三）金融危机：分析与预测

在对美国两次银行危机和三次金融市场危机深入分析的基础上，本书提出如下重要观点，即商业银行流动性创造与金融危机之间存在密切联系，甚至是因果关系。商业银行过度的流动性创造可能酿成金融危机，这既可能发生在表内，也可能发生在表外。当表内业务和表外业务的流动性创造都过度时，发生金融危机的概率会大幅上升。因此，商业银行流动性创造指标，尤其是"产品宽口径"指标，可以成为我们预测金融危机的重要指标。过度的流动性创造，尤其是过度的表外流动性创造可以成为我们预测金融危机的先行指标。

五、银行流动性创造：有待解决的问题

从经济效益角度来看，流动性创造能够支持一国经济增长，流动性创造较多的商业银行能够获得较高估值；从社会效益角度来看，商业银行流动性创造过度增大金融风险隐患，有可能危及商业银行安全。为此，本书期望寻找一国银行业部门或者单个银行机构流动性创造的最适规模。

本书还分析了正常时期与危机时期，宏观政策和政府干预对商业银行流动性创造的不同影响。本书作者认为，资本要求、监管干预、资本救助、货币政策等因素都会对商业银行的流动性创造产生影响。但是，在正常时期与危机时期、在危机发生之前与危机发生之后，这些因素的影响程度和影响方向可能是相同的，也可能是不同的。比如，

对大中型商业银行而言，无论在正常时期或者危机时期，宏观政策和政府干预对其流动性创造的影响都较大；而对小型商业银行而言，无论在正常时期或者危机时期，宏观政策和政府干预对其流动性创造的影响都较小。又如，金融监管部门干预，比如对存贷款业务的紧急限制，会显著降低商业银行流动性创造；中央银行对金融机构的紧急救助，很少会对商业银行流动性创造产生显著影响。为此，本书期望寻找宏观政策和政府干预对流动性创造影响的最适时机和最佳方法。

王宇

目 录

译者序：流动性创造度量与金融危机预测 ………………………………… I

序言 …………………………………………………………………………… 1

致谢 …………………………………………………………………………… 4

第一部分　导论 ………………………………………………………… 5

第1章　引言 ……………………………………………………………… 7
1.1　本书的主要目的 ………………………………………………… 7
1.2　流动性创造理论 ………………………………………………… 15
1.3　理解财务报表 …………………………………………………… 16
1.4　银行流动性创造的度量 ………………………………………… 16
1.5　银行产出的度量 ………………………………………………… 17
1.6　银行流动性的度量 ……………………………………………… 17
1.7　金融危机的界定 ………………………………………………… 18
1.8　正常时期与危机时期银行流动性创造的不同度量 ………… 19

1.9 流动性创造与金融危机 ·················· 19
1.10 资本充足率与银行流动性创造 ············ 19
1.11 流动性创造排名 ······················ 20
1.12 正常时期和危机时期宏观政策与政府行为对
银行流动性创造的不同影响 ············· 20
1.13 银行流动性创造：价值、绩效与可持续性 ····· 21
1.14 充分发挥银行流动性创造的作用 ··········· 21
1.15 有待解决的理论和政策问题 ·············· 21
1.16 银行数据的网址链接 ··················· 22
1.17 本章小结 ··························· 23

第2章 流动性创造理论 ························ 24
2.1 表内流动性创造 ······················ 24
2.2 表外流动性创造 ······················ 25
2.3 其他金融机构和金融市场的流动性创造 ······ 26
2.4 本章小结 ··························· 27

第3章 理解财务报表 ·························· 29
3.1 大型非金融机构与大型商业银行的财务报表比较 ··· 29
3.2 大型商业银行与小型商业银行的财务报表对比 ···· 38
3.3 本章小结 ··························· 40

第二部分 银行流动性创造的度量及其运用 ················ 41
第4章 银行流动性创造的度量 ··················· 43
4.1 "产品宽口径"度量方法 ················ 43
4.2 其他主流的流动性创造度量方法 ··········· 54

4.3　迪普和谢弗关于流动性转换的度量 ·············· 59
　　4.4　根据表外担保的提款概率对"产品宽口径"
　　　　度量方法进行修正 ································ 61
　　4.5　根据证券化频率对"产品宽口径"度量方法进行修正 ·· 61
　　4.6　本章小结 ······································· 62
第5章　银行产出的度量 ································· 64
　　5.1　银行产出的传统度量方法及缺陷 ················· 64
　　5.2　为什么"产品宽口径"度量方法是度量银行
　　　　产出的最佳选择？ ································ 69
　　5.3　本章小结 ······································· 70

第6章　银行流动性的度量 ······························· 74
　　6.1　银行流动性的简单度量 ·························· 75
　　6.2　标准化"产品宽口径"度量方法 ··················· 76
　　6.3　《巴塞尔协议Ⅲ》对银行流动性的度量 ············· 77
　　6.4　流动性错配指数 ································ 87
　　6.5　关于上市银行和银行控股公司的股权及债务流动性度量 ·· 89
　　6.6　本章小结 ······································· 93

第三部分　金融危机、流动性创造及其内在联系 ············ 95
　第7章　金融危机的界定 ································ 97
　　7.1　德米古克-昆特和迪特拉吉亚齐关于各国银行危机的分析 ·· 98
　　7.2　莱因哈特和罗格夫关于全球金融危机的分析 ········ 100
　　7.3　拉文和瓦伦西亚关于全球金融危机的分析 ········· 111
　　7.4　冯·哈根和何关于各国银行危机的研究 ············ 120

- 7.5 伯杰和鲍曼关于美国金融危机的研究 ································ 132
- 7.6 本书实证分析中的金融危机 ······································ 133
- 7.7 本章小结 ·· 139

第8章 正常时期和危机时期银行流动性创造的不同度量 ········ 140
- 8.1 随着时间推移银行数目的变化及其样本描述 ···················· 140
- 8.2 "产品宽口径"度量方法的流动性创造及其变化 ················ 143
- 8.3 度量流动性创造的其他方法 ······································ 149
- 8.4 样本期内银行产出的度量 ·· 152
- 8.5 本章小结 ·· 154

第9章 流动性创造与金融危机 ······································ 156
- 9.1 流动性创造与金融危机的理论联系 ······························ 156
- 9.2 流动性创造与金融危机的实证分析 ······························ 157
- 9.3 由GDP标准化的银行流动性创造与金融危机的关系 ············ 158
- 9.4 如何更加全面认识金融危机? ···································· 161
- 9.5 本章小结 ·· 161

第四部分 流动性创造的因果分析 ···································· 163

第10章 资本充足率与银行流动性创造 ···························· 165
- 10.1 我们为什么要关注这个问题? ··································· 166
- 10.2 理论概述 ··· 166
- 10.3 资本充足率与流动性创造关系的实证分析 ····················· 167
- 10.4 本章小结 ··· 169

第11章 流动性创造排名 ·· 171
- 11.1 不同资产规模的银行流动性创造排名 ·························· 171

11.2 银行流动性创造和银行特征之间关系的新证据 ············ 229
11.3 本章小结 ············ 241

第12章 正常时期和危机时期宏观政策与政府行为对
银行流动性创造的不同影响 ············ 242
12.1 资本要求对流动性创造的影响 ············ 242
12.2 美国和欧洲的压力测试 ············ 253
12.3 流动性要求 ············ 265
12.4 监管干预、资本救助与中央银行操作 ············ 266
12.5 货币政策 ············ 267
12.6 本章小结 ············ 268

第13章 银行流动性创造：价值、绩效与可持续性 ············ 269
13.1 关于流动性创造和银行价值的相关文献 ············ 269
13.2 银行流动性创造与银行绩效关系的新证据 ············ 270
13.3 流动性创造是否具有可持续性？ ············ 278
13.4 本章小结 ············ 289

第五部分 利用银行流动性创造的方法论优势，做好理论研究和政策制定工作 ············ 291

第14章 充分发挥银行流动性创造的作用 ············ 293
14.1 银行流动性创造：一个新的基准评估工具 ············ 293
14.2 银行流动性创造：预测金融危机 ············ 295
14.3 银行流动性创造：评估银行风险 ············ 295
14.4 银行流动性创造：未来的理论研究和政策制定 ············ 297
14.5 本章小结 ············ 297

第15章 有待解决的理论和政策问题 298

- 15.1 目前我们所处的位置 298
- 15.2 各国度量银行流动性创造及其因果分析 299
- 15.3 银行并购对流动性创造的影响 301
- 15.4 银行竞争和市场支配力对流动性创造的影响 302
- 15.5 放松管制对流动性创造的影响 303
- 15.6 存款保险对流动性创造的影响 304
- 15.7 公司治理对流动性创造的影响 305
- 15.8 流动性创造与风险 308
- 15.9 流动性创造对实体经济的影响 308
- 15.10 银行流动性创造是否存在最优规模? 309
- 15.11 流动性创造的动态分析 310
- 15.12 不同金融和法律体系下的银行流动性创造 311
- 15.13 其他金融机构与银行流动性创造的相互影响 312
- 15.14 本章小结 313

第16章 银行数据的网址链接 314

- 16.1 流动性创造的数据 314
- 16.2 商业银行监管报表的数据 315
- 16.3 商业银行监管报表的格式 316
- 16.4 银行控股公司数据 317
- 16.5 银行控股公司报告表格 319
- 16.6 微观数据参考手册 320
- 16.7 结构数据和地理数据 320
- 16.8 联邦存款保险公司的存款概览数据 321

16.9 银行和银行控股公司历史（包括兼并和收购数据）……… 322

16.10 银行倒闭数据……………………………………………… 323

16.11 美联储的高级信贷员调查…………………………………… 323

16.12 银行业综合数据……………………………………………… 324

16.13 圣路易斯联邦储备银行数据库……………………………… 324

16.14 证券价格研究中心关于上市银行和上市银行控股公司的数据……………………………………………… 324

16.15 美国证券交易委员会的电子数据收集、分析和检索系统……………………………………………… 325

16.16 美联储的货币政策工具……………………………………… 326

16.17 通过问题资产救助计划所提供的资金支持………………… 327

16.18 房屋抵押信息披露法数据库………………………………… 327

16.19 银团贷款数据库……………………………………………… 328

16.20 美联储的小企业金融调查数据库…………………………… 329

16.21 考夫曼企业调查数据库……………………………………… 329

16.22 美联储的消费者财务状况调查数据库……………………… 329

16.23 小结…………………………………………………………… 330

注释……………………………………………………………………… 331

参考文献………………………………………………………………… 341

译后记…………………………………………………………………… 359

序　言

2004年夏天我们见面了，当时克里斯塔是美国密歇根大学的博士研究生，艾伦是美国联邦储备委员会华盛顿总部的高级经济学家。克里斯塔的导师阿诺德·布特（Arnoud Boot）是阿姆斯特丹大学的教授，作为艾伦的同行，通过电子邮件介绍我们认识了。阿诺德问艾伦能否接收克里斯塔作为暑期实习生，艾伦表示同意，于是就开始了长期合作。后来，克里斯塔毕业后，到位于克利夫兰的凯斯西储大学任教，此后又来到位于大学城的得克萨斯农工大学，成为终身副教授，以及共和国银行头衔的研究员（Republic Bank Research Fellow）。艾伦转入位于南卡罗来纳州哥伦比亚市的南卡罗来纳大学。他现在是 H.蒙塔古·小奥斯廷头衔的银行与金融学教授以及卡罗来纳特聘教授。

我们的第一个项目开始于2004年初夏，目的是检验银行资本对流动性创造影响的理论是否成立。我们很快就意识到，对于流动性创造，尚没有现成可用的度量方法。流动性创造涉及商业银行创造流动性或抑制流动性的全部资产、负债和表外业务。为此，我们开发了银行流动性创造的度量方法。

我们优先推荐的是"产品宽口径"（"cat fat"）度量方法*，即将所有银行业务划分为流动的、半流动的、非流动的。对银行贷款而言，是按产品类别来划分的（商业银行监管报表只允许要么按产品类别划分，要么按期限划分，不能同时既报告产品类别又报告期限）。但是对于其他的资产、负债和表外项目，可以同时给出既有产品类别又有期限的双重划分。后来我们发现，在同一时期，迪普和谢弗（Deep and Schaefer, 2004）在论文初稿中也提出了银行流动性转换理论，只是不太适合我们的研究目的。次年五月份，在美联储芝加哥分行举办的"银行结构和竞争"会议上，让我们感到惊讶的是，所有参会人员的注意力，并没有集中在我们论文中所提出的银行资本对流动性创造的影响的检验上，而是集中在我们所提出的关于流动性创造的度量方法上。于是，我们只好将研究顺序颠倒过来，即首先研究银行流动性创造的度量方法。后来，我们又将论文题目调整为"银行流动性创造"，发表在 2009 年《金融研究评论》(*Review of Financial Studies*) 上。

2008 年年初，全球金融危机正在酝酿，在 2008 年 9 月雷曼兄弟公司破产导致恐慌之前，我们已经开始着手对金融危机进行研究。我

---

* "产品宽口径"（"cat fat"）度量方法是作者采用的美国缩略谐音命名法。"cat"是"category"的缩写，是指按资产、负债、所有者权益以及表外业务的种类来划分和度量。"fat"在这里是指统计宽口径，既包括表内业务又包括表外业务。"nonfat"在这里是指统计窄口径，仅包括表内业务，不包括表外业务。"mat"是"maturity"的缩写，在这里是指从期限的角度对流动性进行度量。这样，"cat"、"mat"与"fat"、"nonfat"分别交叉，形成了四种组合，它们分别表示"产品宽口径"（"cat fat"）、"产品窄口径"（"cat nonfat"）、"期限宽口径"（"mat fat"）、"期限窄口径"（"mat nonfat"）这四种度量口径。本书作者优先推荐第一种口径。——译者注

序　言

们合作了一篇论文，将金融危机与银行资本、流动性创造和货币政策联系起来，后来我们又将其分拆成两篇论文，第一篇是关于银行资本和金融危机的，发表在 2013 年的《金融经济学杂志》（Journal of Financial Economics）上，第二篇是关于流动性创造、货币政策和金融危机的，目前正在修改并重新提交给另外一家期刊。*

自这些论文发表以来，在银行的流动性创造、金融危机及其相关领域出现了大量的研究成果，引起政策制定者的关注。令我们高兴的是，在我们计划就这个主题写一本著作的时候，恰好爱思唯尔出版社（Elsevier）与我们联系出版事宜。为此，我们针对现有的流动性创造和金融危机的研究成果，进行了综合、比较、分析、评论。新的研究几乎涉及所有商业银行，时间跨度为从 1984 年第 1 季度到 2014 第 4 季度的 31 年期的所有季度。我们还为本书在爱思唯尔出版社的官方网站上建立了网页 http：//booksite.elsevier.com/9780128002339，提供了本书中使用的银行流动性创造的数据，这些数据可以用于银行绩效对标、理论研究和政策分析。该网站还提供了许多包含美国的数据、文件，以及对于这些工作来讲非常重要的其他信息的网站链接。在这一网站上，我们将按期公布新的数据以及最新的网站链接。如果这些资料能对读者带来助益，我们会为此感到欣慰。

---

* 此文已发表，请参阅 Allen N. Berger and Christa H. S. Bouwman, "Bank liquidity creation, monetary policy, and financial crises," *Journal of Financial Stability*, Volume 30, June 2017, issue C, 139-155。——译者注

致　谢

我们感谢诺拉·巴格、蒋嘉春、褚勇强、安德鲁·科恩、迈克尔·戈迪、埃里克·亥特海尔德、伯顿·霍利菲尔德、比约恩·艾比罗维奇、达索尔·金、斯维安特兰纳·费伦、克里斯·劳赫、赫尔曼·萨赫儒丁、布雷克·萨特、安·塔拉齐、霍莉·泰勒、安健·萨科、艾哈迈德·塔散兹、王丽英、洛朗·威尔、简森·吴和吴伟,他们提出了有益的建议。我们感谢马利克·阿拉特山、施拉达·宾达尔、达里安·恩那尔、李欣明和阮卢卡·罗曼,他们不但提出了富有建设性的建议,而且提供了优异的研究帮助。我们还要感谢韩红、黄敬之、吴德明,他们提供了根据《巴塞尔协议Ⅲ》计算的美国商业银行的流动性比率。

第一部分
导　论

第1章 引言

第1章提出了本书的核心问题，向读者介绍了商业银行的流动性创造、金融危机以及两者之间的关系。在本章中，我们引入了流动性创造的基本理论和度量方法，研究并且回答了以下问题：如何运用流动性创造来衡量银行产出和银行流动性；是否可以用其他方式来界定金融危机；银行流动性创造和金融危机之间到底存在什么联系；正常时期与危机时期银行的流动性创造情况；银行资本及其特征、宏观政策对银行流动性创造的影响；以及其他更多的问题。

1.1 本书的主要目的

本书旨在向银行高级管理人员、金融分析师、研究人员（包括学者和学生）以及金融政策决策者（包括立法者、监管者和中央银行行长）说明银行流动性创造、金融危机以及两者之间的关系。本书提出了关于银行流动性创造的新度量指标和度量方法，与传统方法相比，开阔了研究者的视角。本书认为，当银行为公众创造流动性时，可能会造成自身的流动性不足，并在此基础上说明，流动性创造经过标准化处理（即流动性创造除以资产）可以作为银行流动性不足的直接度量，或作为银行流动性的反向指标。本书分析了银行过度的流动性创造是如何造成金融危机、如何预测金融危机，以及在危机期间银行流动性创造是如何减少的。本章回顾了现有理论和实证文献，利用流动性创造和金融危机的相关数据，提供了新的计量分析方法，提出了需要进一步研究的问题，并且针对这些问题，提供了网站链接。需要强调的是，本书中所包括的大量信息在其他银行类教科书中是找不到的（比如 Freixas and Rochet，2008；Saunders and Cornett，2014；Greenbaum，Thakor，and Boot，2016）。

本书所提供的网址（http：//booksite.elsevier.com/9780128002339）包含了美国几乎所有商业银行超过 30 年的流动性创造的季度数据。在写作本书的时候，这些数据涵盖了从 1984 年第 1 季度到 2014 年第 4 季度的数据。本书还提供了包含文件和关键信息数据下载的链接，可以为那些有兴趣使用美国数据来研究银行流动性创造和金融危机等问题的研究者提供帮助。银行流动性创造的数据和相关的网络链接将在未来进行定期更新。

本书研究的重点是商业银行的流动性创造，当然也可以利用这些方法对其他金融机构和金融市场进行度量和分析。

专栏 1-1 主要描述了金融机构的类型，并将商业银行与其他类型的金融机构进行比较。

专栏 1-1　金融机构的类型

下面讨论的金融机构在美国很常见，但在其他国家的金融体系中可能会有所不同。

第1章 引言

商业银行通常定义为发放商业贷款和发行交易存款的机构。商业银行也拥有除存款、贷款以外的许多其他类型的资产和负债,并可以从事表外业务,包括金融担保(比如贷款承诺)和衍生品。[1]商业银行与其他类型金融机构的主要区别是从事表外业务,但这些业务主要发生在较大的商业银行中。另外,商业银行是受到金融监管当局严格监管的。

鉴于商业银行在国民经济中的重要作用,它可以获得政府安全网的保护,商业银行存款资金的一大部分是由政府存款保险覆盖的〔在美国,联邦存款保险公司(FDIC)提供存款保险以避免可能出现的存款挤兑〕。在必要的时候,商业银行可以获得由中央银行(在美国是指美联储)所提供的流动性支持,中央银行也因此被称为最后贷款人。另外,规模庞大的商业银行通常被认为是大而不能倒的,这意味着政府一般不允许这些金融机构破产倒闭。所有这些保护措施可能导致道德风险,导致商业银行的过度风险承担。[2]为了遏制商业银行的过度风险承担行为、保持银行业健康发展,监管机构会对商业银行实施资本要求和其他审慎监管(比如定期检查,以避免商业银行经营风险过高的投资组合)。

美国对于商业银行的监管是由多个部门共同进行的。美国联邦储备委员会和各州银行监管当局规范各州特许银行,只要它们是美联储系统的成员银行。[3]联邦存款保险公司和各州银行监管当局监管州立特许的非成员银行。货币监理署(OCC)对全国性特许银行进行执照颁发、监督和管理。

美国四大商业银行每家资产都超过1万亿美元。截至2014年第4季度,它们分别是摩根大通银行、美国银行、富国银行和花旗银行。

银行控股公司(BHCs)是指持有一家或多家商业银行至少25%股份的金融公司,不过大部分控股公司都100%持有这类商业银行。银行控股公司诞生于20世纪头十年,主要有以下两个原因:

第一,它们突破州内与各州之间的区域限制:银行控股公司可以在各州之间运营,然而商业银行没有这个权利,只能有一个分行在当地运营,所以称为单一银行(unit banking)。为了避免银行控股公司受州内银行设立分支机构的限制，1956年《银行控股公司法案》的《道格拉斯修正案》，将州外的银行控股公司是否可以在该州内运营银行的决定权交由该州行政当局。除非有特殊情况，没有一个州给予期限为22年的运营许可。④ 1978—1994年，各州开始允许银行控股公司拥有跨州的商业银行（缅因州是第一个开始授予该权利的州），1994年《里格尔－尼尔法案》（Riegle-Neal Act of 1994）允许全国性银行控股公司跨州经营公司，并且可以把位于不同州的商业银行合并为一家银行。

第二，当时商业银行被禁止从事一些特定的业务活动，而银行控股公司却能够拥有多种类型的企业，比如零售、交通或者生产企业。这就引发了一种担心——银行控股公司可能利用银行分支机构的存款来向自己所拥有的企业放贷，从而给这些企业带来不公平的竞争优势。1956年《银行控股公司法案》解决了这个问题，并且对持有多家银行的控股公司所能从事的业务范围进行了限制，1970年的修正案还把该规定的适用范围扩大到只拥有一家银行的银行控股公司。⑤

银行控股公司具有三大优势：一是银行控股公司可以从事商业银行不被允许从事的许多经济活动。二是银行控股公司能相对方便地进入资本市场——除发行股票外，银行控股公司还可以举债并将其作为资本注入子银行。三是成立另一家银行会更容易——一家银行控股公司可以将一家银行并入其分支机构，也可以决定运营持有多家银行的银行控股公司，它甚至还能拥有另一家银行控股公司。处于管理层顶端的公司被称为顶层持股人（top holder）。银行控股公司的不利之处是，它必须接受联邦储备系统的金融监管，还要遵守政府提出的其他要求。

根据1999年《格雷姆－里奇－比利雷法案》（Gramm-Leach-Bliley Act），一家银行控股公司可以注册为一家**金融控股公司（FHC）**，可以从事证券承销和交易，以及保险承销等活动。一家金融控股公司既有银行分支机构，又有非银行分支机构。但非银行分支机构的股份具有单独的资本金，不能被视为银行分支的一部分。联邦储备系统目前是美国所有银行控股公

第1章 引言

司包括金融控股公司的伞形监管者。银行控股公司的分支被一些相关的专业职能管理机构管理（例如，专门负责商业银行、投资银行和保险公司业务的监管机构），但是联邦储备系统仍然保留着后备调查的权力。

美国最大的四家银行控股公司，到2014年第4季度，分别都拥有超过1万亿美元的资产，它们是摩根大通公司、美国银行公司、花旗集团公司和富国银行公司。⑥这些银行控股公司有着与这四大商业银行相似的名称，这并不奇怪，因为它们持有这些银行。

储蓄机构（thrifts），也被称为**储蓄协会（savings associations）**或**储蓄和贷款协会（savings and loan associations, S&Ls）**，是主要发放房地产贷款和发行储蓄产品的金融机构。但是，随着时间的推移，储蓄机构和商业银行之间的区别已经变得越来越模糊。许多储蓄机构具有类似于商业银行的商业贷款和交易存款，但在美国的法律中，它们的商业贷款占总贷款的比例不能超过20%，而且必须通过放贷合格测试，确保其资产的65%以上是住房抵押贷款或抵押贷款支持证券（mortgage-backed securities）。这使得它们容易受到住房市场波动的影响。储蓄机构还处于严格的金融监管下，以遏制其道德风险并保证其安全性。它们或者被货币监理署监管，或者被各州的政府机构监管，这取决于它们的执照是全国性的还是州政府特许的。

与商业银行相比，多数储蓄机构是小型的。不过，也有一些大型储蓄机构。与商业银行的情形相似，规模庞大的储蓄机构一般都处于控股公司控制之下。截至2014第4季度，美国最大的公众储蓄控股公司，资产超过100亿美元的有：纽约社区银行公司（旗下拥有纽约社区银行）、哈德森市合众银行股份有限公司（拥有哈德森市储蓄银行）、杰克逊维尔金融公司（拥有杰克逊维尔银行）、投资者公司（拥有投资者银行）、阿斯特里亚金融公司（拥有阿斯特里亚银行）、TFS金融公司（拥有克利夫兰的第三联邦储蓄与贷款协会）。2007年第3季度至2009年第4季度之间，在美国次贷危机中破产倒闭的大型存款类金融机构，就有一些是储蓄机构，包括印地麦克银行（IndyMac Bank）和华盛顿互助银行（Washington Mutual）。

信用社（credit unions）与商业银行相似，发放贷款及发行存款。然而，信用社是以一种与商业银行不同的方式运营的。在美国，信用社是由存款账户持有人（称为会员）拥有的不以营利为目的的金融机构。会员也会从信用社借取消费贷款和住房抵押贷款。有些信用社还为会员提供有数量限制的商业贷款。所有会员都保持着密切联系，这意味着它们为同一雇主工作和（或）生活在同一地理区域。信用社不用交税，所赚利润可以用于再投资、支付股息，或用于为会员提供优惠的存贷款利率。许多信用社提供针对社区发展的服务。信用社由国家信用社管理局（NCUA, National Credit Union Administration）进行监管，国家信用社管理局也为信用社提供存款保险。

信用社的资产通常比商业银行小得多，但也有几家大型的信用社。在美国，截至2014年第4季度，超过100亿美元资产的最大的信用社有：海军联合信用社、州政府雇员信用社（北卡罗来纳州）、美国五角大楼联合信用社、波音公司员工信用社和学校第一联合信用社（SchoolsFirst）（加利福尼亚州）。

财务公司（finance companies）是像商业银行一样提供贷款，但不发行存款的金融公司。为了给贷款进行融资，财务公司可以提供短期债务工具和长期债务工具，比如商业票据⑦和债券，以及股权融资贷款。财务公司一般比商业银行的杠杆水平低，因为它们不具备被保险覆盖的存款资金，必须依靠股权来显示它们有偿付潜在债权人的清偿能力。财务公司可以专注于商业贷款或消费贷款。一些财务公司专门放贷给特定的零售商或制造商客户。在某些方面，财务公司比存款性金融机构受到的监管要少，因为它们并不存在由于存款保险和政府安全网所导致的道德风险，它们也不能获得美联储的流动性便利，更不会受到政府大而不能倒的保护。

福特汽车信用公司是一家财务公司贷款给公司客户的例子。J. G. 温特沃斯是一家财务公司向消费者发放消费贷款的例子。国家金融设备有限责任公司是一家财务公司提供商业贷款的例子。

第1章 引言

投资银行（investment banks）是通常帮助非金融机构和其他金融机构在金融市场合作发行上市股票和债券的金融机构。它们还经常协助参与兼并和收购，还可以提供其他服务，包括做市商（即通过为公司买入和卖出这些证券来方便某些证券交易）及衍生工具的交易。

投资银行没有像存款性金融机构那样受到太多的金融监管，也不进入政府的安全网（比如获得存款保险覆盖，获得美联储的流动性工具，获得大而不能倒的保护）。在美国次贷危机（2007年第3季度至2009年第4季度）中，五大投资银行中有一家破产（雷曼兄弟），两家被收购（贝尔斯登和美林），另外两家投资银行（高盛和摩根士丹利）被赋予从美联储获得流动性的权利和从美国财政部获得资本支持的权利。自从全球金融危机爆发以来，这两家投资银行都放弃了自己的独立性，现在隶属于同时拥有商业银行子公司的金融控股公司。现在它们可以通过被保险的存款获取流动性和从美联储获取流动性，与此同时，现在它们要受到相关银行控股公司监管条例的约束。

美国最大的投资银行包括之前提及的隶属于金融控股公司的高盛和摩根士丹利，以及最大的银行控股公司的投资银行子公司（J.P.摩根、美银美林、花旗证券和富国银行证券）。⑧

共同基金、保险公司和**养老基金**（mutual funds, insurance companies, and pension funds）通常被统称为机构投资者。共同基金是投资于许多不同种类的股票、债券及（或）货币市场工具，以及发行基金份额给投资者的机构。共同基金为中小投资者提供了他们很难单独投资的各类证券的投资机会。共同基金份额可以由投资者随时按任意数量赎回。保险公司是签发保险单、投资于证券、在保险事故发生时予以赔付保单持有人的机构。养老基金同样将员工的储蓄投资于证券，当这些员工退休时再支付给他们。

与大型共同基金、保险公司和养老基金相关的例子分别是先锋集团（Vanguard）、保德信金融公司（Prudential）和加州公共雇员退休基金（CalPERS）。

影子银行（shadow banks）是从事与商业银行相同或类似业务活动的金融机构，但不像商业银行、储蓄机构或信用社那样受到金融监管当局的严格监管。影子银行包括财务公司、投资银行、共同基金、保险公司和养老基金，以及**对冲基金、私募股权基金**和其他金融公司。⑨影子银行之所以很少受到金融监管当局的监督甚至完全不受监督，是因为它们不吸收传统意义上的存款。结果造成许多影子银行不受资本要求的约束，更具风险性。自 2007 年美国次贷危机以来，影子银行受到越来越严格的监管。例如，美国一些影子银行已被列为系统重要性金融机构（SIFIs），现在由美联储进行监管。⑩

---

① 对于商业银行财务报表不熟悉的读者可阅读本书第 3 章。它对大型非金融公司、大商业银行和小商业银行的财务报表进行了对比。

② 如果当事情变糟时，另一方会承担一定的成本，那么本方便会冒更大风险，此时，道德风险就发生了。这个术语来自保险业。保险公司担心购买保险单的人会以冒险的方式行事。例如，汽车保险的买家可能会在驾驶时不再系上安全带。

③ 所有的国民银行都是美联储的成员银行，州特许银行如果选择加入，也可以成为美联储的成员。截至 2015 年，美国 38% 的商业银行是联邦储备系统的成员银行。成员银行尤其是指全国性银行，特别是指规模更大、分支更多的银行。

④ 特殊情况通常包括对问题银行的收购。在 1987 年得克萨斯州和纽约州允许跨州渗透之前，位于纽约的化学银行被允许到得克萨斯州收购处于困境中的商业银行。

⑤ 另一个问题涉及银行的定义。1956 年《银行控股公司法案》规定，银行是存款和贷款机构。1970 年的修正案改变了这一点，将银行定义为吸收活期存款并发放商业贷款（而不是个人贷款）的机构。这迫使一些商业机构只能在吸收活期存款和发放商业贷款这两者之间取一个，从而避免将其划为银行。这也激发了其他机构对联邦存款保险公司所覆盖的非银行的银行（nonbank banks）的收购，这些非银行的银行可以吸收活期存款，发放消费贷款（而不是商业贷款），从而高效地获取低成本资金。针对非银行的银行所出现的问题，1987 年《竞争性平等银行法》中重新给出了银行的定义：银行或者是接受联邦存款保险公司保险的机构（无论它是否

第1章 引言

吸收活期存款,也无论它是否发放商业贷款),或者是吸收定期存款并发放商业贷款的机构。

⑥ 美国国家信息中心将联邦储备系统收集的财务数据和机构特征的资料库存档,列出了资产超过100亿美元的所有控股公司的名称、地点和规模,见 http://www.ffiec.gov/nicpubwelVnicweb/top50form.aspx。

⑦ 商业票据是由大型公司为履行短期债务而获取资金所发行的证券。它是无担保的,这意味着它没有抵押品支持。通常,期限至多270天,因为期限短,可以不必向证券交易委员会(Securities and Exchange Commission,SEC)注册相关的汇总文档——美国证券交易委员会是美国政府机构,负责保护投资者,维护证券市场的公平、有序和高效运行。

⑧ 活跃在美国的最大的投资银行也包括几家外资银行:巴克莱银行、德意志银行、瑞士信贷银行、瑞士联合银行(UBS)和香港-上海汇丰银行(HSBC)。

⑨ 对冲基金(hedge fund)旨在通过投资于宽泛的、流动性证券为主的工具和其他工具,在短时间内为高净值人士创造高回报。私募股权基金(private equity fund)使用高净值人士的资金在更长的时间(3—10年)内购买私人公司(或原本公众公司后转为私人公司)的股权。

⑩ 第12章详细阐述了系统重要性金融机构(SIFIs),并提供了截至2014年第4季度的指定机构的名单。它们包括非银行机构的大都会人寿保险(Met Life,Inc.)、美国国际集团(AIG,Inc.)、通用电气(GE)资本公司和保德信金融公司。

1.2 流动性创造理论

第2章表明,流动性创造是银行在一国经济运行中所承担的最重要职能之一,这一点也为现代金融中介理论所印证。银行通过把非流动性资产(比如商业贷款)转换成流动性负债(比如交易存款),从而创造流动性。现代金融中介理论也承认,银行通过表外业务,比如贷款承诺和类似流动资金要求权的方式,来创造流动性,这样客户就可以按事先约定的条款从商业银行获得资金。

1.3 理解财务报表

银行流动性创造的度量需要具体的财务报表数据,许多读者可能不是很熟悉银行的财务报表。由于这个原因,本书第3章重点研究了大型非金融公司、大型商业银行和小型商业银行财务报表的差异。

1.4 银行流动性创造的度量

第4章分析银行的流动性创造。直到最近,关于银行的流动性创造还只是一个理论概念,没有被度量,也没有能够在实证研究中使用。伯杰和鲍曼(2009)提供了一些可供选择的流动性创造的度量方法。他们首选的"产品宽口径"度量方法是第一个关于流动性创造的最全面的度量方法,这一方法考虑了所有的银行业务(资产、负债、所有者权益以及表外业务),对银行的流动性创造研究做出了贡献。为了原汁原味地呈现这一最新方法,专栏1-2简要总结了度量银行流动性创造的三步法。

专栏1-2　度量银行流动性创造的三步法

步骤1:把所有银行业务划分为三个类型:流动的、半流动的和非流动的。

步骤2:对这些银行业务赋予不同的权重。权重是基于流动性创造理论和对每个项目的流动性判断而得出的。流动性创造理论认为,银行在把非流动资产(例如商业贷款)转换为流动负债(比如交易存款)时创造了流动性,因此,赋予非流动资产和流动负债为正权重。同样,银行在把流动

> 资产（例如有价证券）转换为非流动负债（比如次级债）或所有者权益时，意味着银行流动性的减少，因此给流动资产、非流动负债和所有者权益赋予负权重。表外业务（例如贷款承诺和衍生金融产品）所赋权重应同与其功能类似的表内业务相一致。贷款承诺得到正权重，因为它们对于银行来说是非流动的（相当于商业贷款），对于客户来说是流动的（相当于交易存款）。
>
> 步骤3：根据上述加权计算的美元金额进行求和。

1.5　银行产出的度量

第5章讨论了银行流动性创造与银行产出的度量。在实证研究中，几乎所有文献都使用银行资产或贷款作为度量银行产出的主要方法。我们在本书中所提出的"产品宽口径"度量方法，作为对流动性创造的度量，也是用来度量银行产出的最佳指标，因为它考虑到了银行所有业务活动（包括所有的资产、负债、所有者权益以及表外业务）。此外，相对于其他度量方法而言，它为不同的资产提供了更恰当的权重。例如，"产品宽口径"度量方法之所以对银行持有的有价证券赋予负权重，是因为银行如果持有这些证券，只能抽走流动性，意味着银行产出减少。作为对比，当银行把资产用于度量产出时，这些证券被赋予正权重，当用于贷款时则是零权重。

1.6　银行流动性的度量

第6章解释了银行的流动性创造是不同于银行流动性的，但又与之相关。传统的银行流动性指标仅仅衡量单个银行的流动性情况，通常是简单地使用少数银行的资产负债比率。实际情况是，银行的流动性创造将衡量银行为其客户创造了多少流动性，而在此过程中却使银行自身的流动性变少了。因此，流动性创造除以资产的结果（即标准化的流动性创造）直接度量的是银行本身的非流动性，这是它自身流动性的反向指标。与传统方法相比，标准化"产品宽口径"度量方法更全面，它使用了所有资产、负债、所有者权益以及表外业务的信息。本章在讨论流动性创造的同时也涉及了更复杂的流动性度量，比如《巴塞尔协议Ⅲ》流动性比率和流动性错配指数（Liduidity Mismatch Index）。本章还检验了流动性创造的"产品宽口径"度量方法和《巴塞尔协议Ⅲ》流动性比率之间的相关性，解释了银行流动性度量方法与上市银行股权和债务的流动性的市场度量方法之间的差异。

1.7　金融危机的界定

第 7 章指出，不同的研究文献运用不同的方法来定义金融危机，但是，到目前为止，还没有一个方法是最权威的。金融危机表现为信贷紧缩，即金融机构的信贷供应减少，比如发生在美国 1990 年第 1 季度至 1992 年第 4 季度的情况。金融危机还涉及信贷市场冻结，比如 2007 年第 3 季度至 2009 年第 4 季度，美国次贷危机发生时，发生在商业票据和银行间拆借市场[1]中的情况。金融危机还会对实体经济造成严重冲击，美国次贷危机不仅导致美国经济大衰退（major recession），还蔓延到世界其他国家。

许多文献着重研究了发生在世界不同地区和不同时间段的金融危机。本书则主要通过实证分析，说明了发生在美国的五次金融危机，这五次危机的时间跨度长达 31 年（从 1984 年第 1 季度至 2014 年第 4 季度），包括两次银行危机和三次金融市场危机。

第1章　引言

1.8　正常时期与危机时期银行流动性创造的不同度量

第8章分析了从1984年第1季度到2014年第4季度的31年中，每个季度美国不同规模的商业银行所创造的流动性金额。主要是通过使用我们首选的流动性创造的度量方法及其表内表外的信息来展示的。本章还说明了流动性创造的其他替代度量指标与银行产出是如何随着时间推移而发生变化的，并讨论了流动性创造大幅增长的原因，比较了正常时期和危机期间银行的流动性创造情况。

1.9　流动性创造与金融危机

第9章将银行流动性创造与金融危机联系起来进行分析。银行流动性创造的总额可能直接影响金融危机发生的概率，有助于我们预测金融危机。研究表明，过高的表内流动性创造总额，可能导致资产价格泡沫爆裂，随后引发金融危机。过高的表外流动性创造总额可能成为金融危机的先行指标。研究也表明，当银行流动性创造过度时，银行可能会做出具有较高相关性的表内和表外投资的组合选择。这些具有较高相关性的选择，可能诱发系统性金融风险，增大金融危机的可能性。实证研究与理论观点是一致的，即流动性创造过多，金融危机的可能性越大。

1.10　资本充足率与银行流动性创造

第10章回顾了银行资本的流动性创造效应的理论和经验证据。一些理论认为，资本充足率较高的银行流动性创造能力较差，因为高额资本金会减弱银行管理和服务客户的能力，或者因为资本对存款具有"挤出"作用。而另一些理论认为，更高的资本金提高了银行吸收和消化金融风险的能力，进而提升了银行创造流动性的能力。来自美国的证据表明：对于大银行而言，较高的资本水平对流动性创造具有正效应；对于小银行而言，较高的资本水平对流动性创造具有负效应。来自欧洲和世界其他地区的证据与美国大体一致，但大型银行流动性创造的效果似乎要较弱一些，或许是因为其他国家的大型银行很少有表外业务。

1.11　流动性创造排名

第 11 章分析了在 1984 年第 1 季度和 2014 年第 4 季度创造了最多流动性和最少流动性的银行，包括大型银行、中型银行和小型银行，并且就每家银行的"产品宽口径"度量方法及表内和表外因素进行了细分。本章还考察了银行特征，比如规模、资本、投资组合风险、监管机构、银行控股公司状态，尤其是把这些特征与标准化的流动性创造联系起来。

1.12　正常时期和危机时期宏观政策与政府行为对银行流动性创造的不同影响

第 12 章讨论了宏观政策和政府行为对银行流动性创造的影响，包括资本要求和流动性要求（包括《巴塞尔协议Ⅲ》）、压力测试、监管干预、中央银行资金支持或中央银行救助以及各个国家的货币政策及影响。本章较详细地说明了宏观政策和政府行为，并对相关证据进行了详细讨论。宏观政策和政府行为会对银行流动性创造产生显著影响，这些影响在正常时期和危机时期存在差异。

1.13 银行流动性创造：价值、绩效与可持续性

第13章考察了银行流动性创造对银行价值、绩效和稳定性的影响。回顾了流动性创造与银行绩效之间关系的现有文献，提供了标准化的流动性创造指标和主要银行绩效指标之间关系的实证分析，并分别提供了"产品宽口径"度量方法的流动性创造，以及表内、表外业务的数据。

1.14 充分发挥银行流动性创造的作用

第14章专门说明了银行管理人员、金融分析师、研究人员和政策制定者如何使用银行流动性创造的数据。这些数据来源于 http：//booksite.elsevier.com/9780128002339，是由本书免费为读者提供的。本章讨论了读者如何用流动性创造来评价银行绩效，如何预测金融危机，以及如何评估银行的风险承担、预测银行的破产倒闭情况。本章还提出，使用流动性创造数据可以用来解决前面章节中讨论过的问题，也可以解决下面章节中将要讨论的问题。

1.15 有待解决的理论和政策问题

第15章回顾了现有文献讨论过的主题，并且对那些有待解决的问题进行了展望。这些问题包括，在世界范围内，各国银行流动性创造的度量、原因和后果。银行流动性创造可能会受到很多因素的影响，这些影响包括并购、竞争和市场力量、放松管制、存款保险制度、公司治理（所有权、高管薪酬、董事会和管理层结构），理解这些影响是

---

* 作者于2017年7月14日将数据更新到2016年第4季度。——译者注

非常重要的。同样，理解流动性创造与金融风险的关系以及流动性创造对一国经济活动的影响，也非常重要。进一步的研究主题包括，从行业角度看，是否存在银行流动性创造的最优规模？从单个银行看，银行流动性创造的最优规模是多少？在不同的金融体系和法律体系下，流动性创造的动力和流动性创造的过程存在哪些不同。此外，其他类型的金融机构和金融市场的流动性创造也应该被度量，它们与银行流动性创造的互动关系也应当被研究。

1.16　银行数据的网址链接

第 16 章给出了一些网址链接，这些网址包含了美国经济数据以及其他一些有用的信息，用于银行绩效对标，有利于研究者从银行流动性创造、金融危机以及国外有关银行业主题的角度进行相关理论和政策研究。这些链接在本书提供的网页上（http://booksite.elsevier.com/9780128002339）。其中一些链接会被更新。数据资源提供如下：流动性创造的数据、银行监管报表数据、银行报告的表格、银行控股公司的数据、银行控股公司报告表格、微数据（Microdata）参考手册、银行结构和地理数据、存款数据、银行和银行控股公司合并摘要和收购数据、银行倒闭的数据、高级信贷员调查、银行业汇总的数据、FRED 经济数据、上市银行和银行控股公司的数据（证券价格研究中心，CRSP）和美国证券委员会上市公司财务报表数据（EDGAR）、美联储的货币政策工具、来自财政部的问题资产救助计划（TARP）的资本支持、房屋抵押信息披露法案数据库（HMDA）、银团贷款数据（Dealscan）、小企业金融数据、考夫曼企业调查数据、消费者金融数据。

第 1 章 引言

1.17 本章小结

本章介绍了这本书的写作目的——让读者了解银行流动性创造和金融危机以及两者之间的关系。本书涵盖了现有的理论和实证文献,包含来自世界各国的相关数据以及美国的实证分析。本书使用了美国从 1984 年第 1 季度至 2014 年第 4 季度每个季度的商业银行数据。尤其重要的是,本章告诉大家银行流动性创造的数据可从本书所提供的网站(http://booksite.elsevier.com/9780128002339)上免费获取,并且会定期更新。希望大家对本书所讨论的问题进行更深入的研究。

第 2 章 流动性创造理论

本章简要地介绍了流动性创造理论。流动性创造是银行在一国经济运行中所承担的重要职能。这个概念可以追溯到很久以前。就提出银行流动性创造对经济增长具有重要作用这一观点来说，至少可以追溯到亚当·斯密（1776）。[1] 现代流动性创造理论认为，银行在表内和表外均可创造流动性（见下文）。本章将给出银行如何进行流动性创造的具体实例。本章的讨论可以延伸到其他金融机构和金融市场。

2.1 表内流动性创造

当代金融中介理论主要研究银行表内流动性创造（例如，Bryant，1980；以及 Diamond and Dybvig, 1983）。在这些模型中，强调的是银行资产负债表的负债端，同时，流动性创造被视为在消费期内，储户在偏好不确定性条件下的一种改进的风险共担准则。银行在资产端是被动的，因为它们只在给定投资回报下进行项目投资。也就是说，银行通过给予存款人随时取款的权利来创造流动性。

近期有一种观点强调，资产和负债都会对流动性创造产生重要

第 2 章 流动性创造理论

影响（Donaldson，Piacentino，and Thakor，2015）。在这些模型中，银行在资产端很活跃，因为银行贷款拉动总投资，造成自身资产非流动性越大，对公众的流动性创造就越多。这种方法与伯杰和鲍曼（Berger and Bouwman，2009）所提出的表内流动性创造理念最为接近，也为本书所使用。[2]

要更具体了解表内进行流动性创造的原理，请参考专栏2-1。

专栏 2-1　银行通过表内创造流动性的过程

为说明银行如何在表内创造流动性，我们分析下面一家需要融资的钢铁公司，假设它需要一笔1000万美元、为期10年的贷款。

在不存在银行的世界里，钢铁公司将直接从社会公众手里募集资金，这些社会公众不得不持有钢铁公司提供的缺乏流动性的债权，并且要在10年后获得资金收益。相反，在存在银行的世界里，银行可以为钢铁公司提供融资，公众可以将自己的资金储蓄在银行。银行持有钢铁公司的非流动性债权，公众持有银行提供的高流动性债权，并且能够随时取回资金。

银行拥有的是缺乏流动性的债权，它之所以还能给社会公众提供高流动性债权，是因为商业银行具有资产组合多样化的特点。在实际活动中，商业银行不仅仅只给钢铁公司提供贷款，它还有许多多样化的贷款组合，包括许多经营前景不完全相关的在不同时期内付清的贷款。这使得银行可以开具存款单，储户也可以在不同时点来提取自己存在银行的资金。在这个例子中，银行将一些非常缺乏流动性（大额长期贷款）的东西转化为极具流动性（小额短期交易存款）的东西，从而为社会公众创造了流动性。

2.2　表外流动性创造

最近，人们已经认识到银行也会在表外通过贷款承诺和类似流动资金要求权的方式创造流动性（如 Boot，Greenbaum，and Thakor，1993）。从银行的角度来看，贷款承诺与流动性不足的贷款非常相似，因为从本质上讲，银行要随时提供资金给存款人。从客户的角度来看，贷款承诺类似于保证金交易，它允许客户在到期内的任何时间取出流动资金，只要在承诺期内。[3] 因此，贷款承诺要求银行通过持有一些非流动性的东西，给社会公众一些流动性的东西，以此创造流动性。大多数银行主要通过贷款承诺及类似流动资金要求权的方式在表外创造流动性。最近的一些研究文献明确承认，该理论是基于更早的贷款承诺文献发展而来的——在更为早期的文献中流动性创造以较为含蓄的方式被发现。早期文献认为，银行贷款承诺是度量最优风险共担、减少信贷配给和改善借款人与银行之间信息摩擦的方式。梅尔尼克和普劳特（Melnik and Plaut，1986）、肖克利和萨克尔（Shockley and Thakor，1997）以及苏菲（Sufi，2009）详细概述了贷款承诺和信用额度的合同功能。

银行表外流动性创造是非常重要的。正如第 8 章所示，它大约解释了美国流动性创造额的一半，即大部分流动性都是由表外的贷款承诺来创造的。正如第 9 章所说，商业银行可能通过贷款承诺产生更多的表外流动性，并为未来的金融危机埋下隐患。

2.3 其他金融机构和金融市场的流动性创造

据我们所知，流动性创造理论仍局限在商业银行的范围内，还没有正式推广到其他金融机构和金融市场。但是很明显，这个理论是可以扩展到这些金融机构和金融市场的。

储蓄机构创造流动性的方式与商业银行大致相同：在表内通

过将房地产贷款转化到储蓄账户,或将上述贷款证券化,以此创建可在市场交易的抵押贷款支持证券,这些活动往往是在政府支持机构的协助下开展,比如房利美(Fannie Mae)和房地美(Freddie Mac)。[4]信用社通过将消费贷款和抵押贷款转为存款来创造流动性。在金融市场帮助下的投资银行,会通过首次公开发行和增发股票将流动性较差的非交易股份转变为可交易的证券,从而从社会公众处获得缺乏流动性的东西而返给他们具有流动性的东西,以此来创造流动性。共同基金创造流动性,是因为它们发行的基金份额为投资者在证券多元化背景下提供了获得小面额债权的途径,与单独投资个别证券相比,共同基金为投资者提供了更低的交易成本。保险公司可能会毁灭流动性,因为它们通常投资于流动资产,并且发放相对非流动性的保险,但它们为自己的保单持有人提供有价值的降低风险的服务。其他影子银行,比如对冲基金、私募股权基金以及从事银行类活动的其他金融机构,在创造流动性上与商业银行类似,因为它们提供了与商业银行类似的服务。股票和债券等资本市场为相对缺乏流动性的企业债和政府债提供了平台,从而方便了交易,使它们具有流动性。

2.4 本章小结

这一章简要地回顾了仍在变化之中的流动性创造理论,并且讨论了商业银行如何在表内和表外创造流动性。在表内,商业银行通过非流动资产(例如企业贷款)与流动负债(比如交易存款)进行融资来创造流动性,本章也提供了相应的例子。在表外,商业银行主要通过提供贷款承诺及类似流动资金要求权的方式来创造流动性。虽然现有理论主要考察了商业银行的流动性创造,但是,这些理论可以扩展到金融机构和金融市场,它们同样也可以创造流动性或者毁灭流动性。

本章的关键点是,商业银行在表内和表外都可以创造流动性,这些理论还可以扩展到金融机构和金融市场。

第 3 章 理解财务报表

对于商业银行财务报表的基本理解，是掌握第 4 章所提出的流动性创造度量方法的重点。第 4 章首先比较了大型非金融机构与大型商业银行的财务报表。为了更好地说明大型商业银行和小型商业银行的不同，第 4 章也比较了大型商业银行的财务报表和小型商业银行的财务报表。

3.1 大型非金融机构与大型商业银行的财务报表比较

本节比较了大型上市非金融公司与大型商业银行的财务报表。普遍使用代号为 10-K 的报表来研究上市非金融公司。财务状况和收入的合并报表，被称为监管报表（Call Report），通常适用于商业银行。如果商业银行是私有的且不属于上市银行控股公司，则必须使用监管报表，因为 10-K 报表在这种情况下不适用。如果商业银行是上市的（此情形并不多见）或属于上市银行控股公司的一部分，则使用商业银行的监管报表信息比使用上市公司的 10-K 信息更受欢迎，主要有两个原因：（1）它具有更详细的信息；（2）它避免与投资银行、保险公司及其他也可能在银行控股公司中的非商业银行的分支机构数据混杂。使用监管报表数据的一个优势是不像10-K报表那样有局限性，监管报表适用于所有银行，而不是仅适用于上市交易机构。

表3-1子表A呈现了一家大型非金融公司——埃克森美孚公司（股票代码：XOM）的10-K财务报表数据。子表B呈现了一家大型商业银行——摩根大通银行的监管报表的财务数据。这两个公司的账目都是截止于2014年12月31日。第16章第15节（16.15）和第2节（16.2）中的第3点，分别说明了如何从网站上下载这些数据。

对于这两家公司而言，资产负债表平衡公式为：总资产等于总负债加所有者权益，因为公司所拥有的必须等于公司的金融债权。表3-1的每个资产负债表表内表外的项目都有两种方法表示：以百万美元为单位表示价值状况，同时也标明了每个项目相当于总资产的百分比，但负债、所有者权益以及表外业务并不是资产的一部分。此外，衍生品是根据其名义价值和它们的总公允价值记录的，二者单位皆是百万美元。衍生品合约的名义价值是合同成立时规定的资金交换的标的金额（亦称合约标准金额或本金金额）。[1] 要了解衍生品的总公允价值，须明白衍生品可以是一种资产衍生品，也可以是债务衍生品。衍生品合约的公允价值是"在双方自愿前提下，当前交易中一项资产（负债）可能被买入（承担）或卖出（结清）的数量，也就是说，排除了强制或清算出售的情况"〔财务会计准则委员会（FASB）第133条，第540段〕。[2] 监管报告显示的是当前公允价值毛值总额，这意味着头寸并没有被轧差成净额来计算。

第 3 章 理解财务报表

表 3-1 大型非金融机构、大型商业银行、小型商业银行的资产负债表比较

子表 A 埃克森美孚石油（代号：XOM）

10-K 资产负债表 12/31/2014

资产	百万美元	与总资产之比 %	负债	百万美元	与总资产之比 %
现金及现金等价物（包括存款）	4,658	1.3	应付账款	47,165	13.5
应收账款	28,009	8.0	短期负债	17,468	5.0
存货	16,678	4.8	其他流动负债	0	0.0
其他流动资产	3,565	1.0	流动负债总额	64,633	18.5
流动资产总额	52,910	15.1			
长期投资	35,239	10.1	长期负债	16,978	4.9
地产、工厂和设备	252,668	72.3	其他长期负债	93,483	26.7
其他长期资产	8,676	2.5			
			所有者权益	174,399	49.9
总资产	349,493	100.0	负债和所有者权益合计	349,493	100.0

表外承诺	百万美元	与总资产之比 %
短期信用贷款	6,300	1.8

子表 B 摩根大通银行

监管报表 资产负债表 12/31/2014

资产	百万美元	与总资产之比 %	负债	百万美元	与总资产之比 %
现金和存放同业余额	500,146	24.1	交易存款	270,886	13.1
证券	608,509	29.3	定期存款	73,831	3.6
联邦基金出售和回购	173,329	8.4	储蓄存款	769,462	37.1
			外币存款	325,225	15.7
住宅房地产（RRE）贷款	206,876	10.0	存款总额	1,439,404	69.4
商业房地产（CRE）贷款	82,781	4.0			
商业和工业（C&I）贷款	126,031	6.1	联邦基金购买和回购	94,325	4.5
消费贷款	93,429	4.5	次级债	9,893	0.5
其他贷款	143,036	6.9	其他负债	345,122	16.6
贷款总额	652,153	31.4			
- 贷款及租赁损失准备金（ALLL）	11,352	0.5	所有者权益	186,208	9.0
- 对外贷款转账风险损失准备金（ATRR）	0	0.0			
净贷款	640,801	30.9			
房地产和固定资产	11,028	0.5			
其他资产	141,139	6.8			

第 3 章 理解财务报表

（续表）

总资产	2,074,952	100.0	负债和所有者权益合计	2,074,952	100.0
备注：总贷款细分为：					
短期贷款	141,326	6.8			
长期贷款	510,827	24.6			

表外业务	百万美元	与总资产之比 %
贷款承诺	431,476	20.8
融资备用信用证和履约备用信用证净额	95,129	4.6
其他表外担保	99,951	4.8
衍生品（名义价值）	63,683,309	3,069.1
衍生品（公允价值毛值总额）	14,322	0.7

子表 C　埃尔多拉多斯普林斯社区银行

监管报表　资产负债表 12/31/2014

资产	百万美元	与总资产之比 %	负债	百万美元	与总资产之比 %
现金和存放同业余额	8.0	7.8	交易存款	27.8	27.2
			定期存款	36.9	36.2

（续表）

证券	49.0	48.0	储蓄存款	21.5	21.1
联邦基金出售和回购	3.5	3.5	外币存款	0.0	0.0
			存款总额	86.2	84.5
住宅房地产（RRE）贷款	8.6	8.4			
商业房地产（CRE）贷款	23.0	22.6	联邦基金购买和回购	0.0	0.0
商业和工业（信用证）贷款	0.0	0.0	次级债	0.0	0.0
消费贷款	3.3	3.2	其他负债	0.2	0.2
其他贷款	6.4	6.2			
贷款总额	41.3	40.5	所有者权益	15.6	15.3
－贷款及租赁损失准备金（ALLL）	1.1	1.0			
－对外贷款转账风险损失准备金（ATRR）	0.0	0.0			
净贷款	40.2	39.4			
房地产和固定资产	0.1	0.1			
其他资产	1.2	1.2			
总资产	101.9	100.0	负债和所有者权益合计	101.9	100.0

（续表）

备注： 总贷款细分为：		
短期贷款	21.5	21.1
长期贷款	19.7	19.4

表外业务	百万美元	与总资产之比 %
贷款承诺	2.3	2.2
融资备用信用证和履约备用信用证净额	0.0	0.0
其他表外担保	0.0	0.0
衍生品（名义价值）	0.0	0.0
衍生品（公允价值毛值总额）	0.0	0.0

此表对比了大型非金融企业（埃克森美孚石油——子表A）、大型商业银行（摩根大通银行——子表B）和小型商业银行〔埃尔多拉多斯普林斯社区银行（Community Bank of El Dorado Springs）——子表C〕的财务报表。

如表所示，非金融企业埃克森美孚和商业银行摩根大通的财务报表在维度上有很大的不同。

第一，银行存款和贷款同时出现在埃克森美孚和摩根大通的资产负债表中，但是它们在表中的位置却大相径庭。对于非金融企业埃克森美孚而言，银行存款是作为资产——这些公司拥有并已存入商业银行的资金，与公司持有的现金是相似的，并且包括了现金及现金等价物。相反,对于银行而言,这些存款是作为负债——当公司或个人把资金存入银行,对于银行来说是获得了融资。类似地,银行贷款是非金融企业的负债——银行贷款是大多数公司获得融资的重要来源。这些显示在埃克森美孚的短期债务和长期债务的项目中。相比之下,对银行而言,贷款是它的资产——一旦银行发放贷款给企业和个人,贷款就成为银行拥有的一部分资产。正如表3-1所示,摩根大通的存款总额、贷款总额与其资产的比值相当高,分别为69.4%和31.4%,反映出这些业务是商业银行的主要业务。但是,对于埃克森美孚来说,这两项相对于资产来说小得多,分别是不到1.3%和9.9%(5.0%+4.9%)。

第二,埃克森美孚公司很大一部分资产——高达72.3%的资产——与地产、厂房和设备相关,然而摩根大通银行的房地产和固定资产仅仅占0.5%。由于商业银行可以在不必对建筑物和固定资产进行大额投资的情况下轻易进行扩张,它们的成长比非金融企业更为迅速,尤其是对于那些为了扩大规模而额外投资建筑物和固定资产的非金融机构来说。当然,这并不意味着每一家商业银行都会比非金融机构大,但是最大的商业银行通常比最大的非金融企业要大很多。如表所示,摩根大通银行拥有超过2万亿美元的总资产,是埃克森美孚总资产的6倍之多。

第三,现金及现金等价物仅占埃克森美孚资产的1.3%。相比之下,摩根大通持有的现金和存放同业余额占比为24.1%,并且证券占29.3%。有这么多现金和存放同业余额的部分原因可能是摩根大通是一家大型交易型银行,并且在贷款转售市场和衍生品市场上占有率显著。例如,当它向另一机构销售贷款时,它要么马上收到一笔现金,

第3章 理解财务报表

要么将拥有一笔针对该购买机构的应收账款。大量的证券投资和现金及应收账款也可能是由于摩根大通追求流动性所致,因为储户和表外业务对手方对流动性的需求可能是巨大的。

第四,摩根大通的表外业务比表内业务的资产额更大。表外贷款承诺,正如第8章中所说,占银行流动性创造相当大的部分,相当于表内总资产的20.8%和表内贷款规模的2/3左右。因此,如果所有贷款承诺立即被企业执行,贷款组合(或总资产)将非常显著地上升,并且银行必须通过发行新的债务或股权或出售其他资产来获得融资。其他表外活动,特别是衍生品合约的名义价值,比表内资产大得多。摩根大通衍生品的名义价值差不多是64万亿美元,至少是其表内资产约2.1万亿美元的30倍。相反,它的衍生品合约的总公允价值加总之后,仅为143亿美元,相当于其资产的0.7%,这反映出衍生品公允价值的毛值的正头寸和负头寸往往会相互抵销,因为大多数银行的簿记采用匹配轧平账的操作。相比之下,埃克森美孚的表外承诺以短期信用额度的形式存在,而且仅仅相当于表内总资产的1.8%。

关于摩根大通其他一些事实,将有助于理解第4章的流动性创造和第5章银行产出的其他指标。现有文献主要侧重于以资产或贷款来衡量银行产出。一些学者用总资产(total assets,TA)来度量资产,总资产包括除了贷款及租赁损失准备金(the allocation for loan and lease losses,ALLL,简称贷款准备金)和对外贷款转账风险损失准备金(the allocated transfer risk reserve,ATRR,简称对外贷款准备金)两项之外的所有资产。贷款及租赁损失准备金是指预期损失的会计术语,对外贷款转账风险损失准备金指对于借款人长期无力偿还的有问题的对外贷款损失的准备金。[3] 也有的学者用毛总资产（Gross Total Asset，GTA）来进行度量，它是在总资产的基础上加上了贷款及租赁损失准备金和对外贷款转账风险损失准备金。贷款及租赁损失准备金和对外贷款转账风险损失准备金，也是毛贷款额和净贷款额之间的差额。因此，毛总资产优于总资产的地方是，它包括了所有资产的全部价值，包括最初由银行初始融资贷款的毛值。在贷款及租赁损失准备金和对外贷款转账风险损失准备金二者中，贷款及租赁损失准备金是目前更为重要的项目，因为绝大多数银行的对外贷款转账风险损失准备金为零，包括摩根大通银行。[4]

此外，这里显示的摩根大通的资产负债表按类别（住宅地产、商业地产等）来标明贷款各类。资产负债表的下方，这些贷款也按期限显示，区分了距到期日最长为1年的短期贷款与距到期日1年以上的长期贷款。但是在监管报表中，贷款产品种类虽然有所细分，但没有从期限角度给出信息。如第4章所示，一些流动性创造的度量方法完全按贷款类别来分类（"cat"），而其他的方法完全按贷款期限来分类（"mat"）。

3.2 大型商业银行与小型商业银行的财务报表对比

本书的实证分析基本上包括了美国所有的商业银行，但其中绝大多数是社区银行。商业银行通常被定义为资产超过10亿美元的银行。样本银行中许多资产低于1亿美元。分析社区银行的财务报表非常有意思，因为它们与那些大型银行（比如摩根大通银行）的区别不仅仅体现在规模上。

表3-1C部分展示了埃尔多拉多斯普林斯社区银行的监管报表，

第 3 章　理解财务报表

它位于密苏里州,时间截至 2014 年 12 月 31 日。第 16 章第 2 节中的第 3 点说明了从网站上下载这些数据的方法。埃尔多拉多斯普林斯社区银行资产为 1.019 亿美元。需要注意的是,摩根大通的资产是 2 万亿美元,二者差距达 2 万倍以上。埃尔多拉多斯普林斯社区银行有着与摩根大通类似的金融资产,如贷款和证券,这些资产主要是通过存款来融资。但一些重要的区别是显而易见的,而且大型和小型商业银行之间的差异也是典型的。

第一,在贷款组合中有几个显著的差异。埃尔多拉多斯普林斯社区银行的商业房地产贷款的占比是摩根大通的 5 倍多,比例分别是 22.6% 和 4.0%;埃尔多拉多斯普林斯社区银行几乎没有商业和工业贷款,占资产比例约为 0.0%,而摩根大通为 6.1%;埃尔多拉多斯普林斯社区银行的贷款一半以上都是短期的,而摩根大通的绝大多数贷款是长期的。

第二,埃尔多拉多斯普林斯社区银行存款比例高于摩根大通,二者分别为 84.5% 和 69.4%。这反映了中小银行在零售方面具有更大的潜力。

第三,像摩根大通一样,埃尔多拉多斯普林斯社区银行持有的现金、存放同业及证券超过总资产 50% 以上,但构成明显不同。埃尔多拉多斯普林斯社区银行的 7.8% 的资产为现金形式和存放同业形式,比摩根大通的 24.1% 要低得多。与此相反,埃尔多拉多斯普林斯社区银行拥有更高比例的证券(二者分别为 48.0% 与 29.3%)。埃尔多拉多斯普林斯社区银行较低的现金和存放同业比率可能是因为它不是一个零售银行。它持有较高比例的证券,部分原因可能是,本地零售市场(应对个人和小企业)的贷款机会有限,进入批发贷款市场(应对大型企业客户）的机会也比较缺乏。

第四，显然，埃尔多拉多斯普林斯社区银行具有更高的所有者权益比率（所有者权益/资产），为15.3%，而摩根大通为9.0%。较高的所有者权益比率，对于小银行来说是典型的。其原因有几个：小型银行进行投资组合的分散化难度更大，为此，它们可能持有更多的资本以抵消更高的信用风险。它们的股权相对封闭，其股东风险厌恶程度可能更高并愿意持有更多的资本作为损失保护。不像一些大银行，它们不被视为"大而不能倒"，因而需要持有更多的资本，因为它们在出现严重问题的情况下不可能得到政府的紧急救助。这也是小银行通常更难迅速筹集资金的原因，就是说，它们没有权利进入公众市场。

第五，埃尔多拉多斯普林斯社区银行的表外业务更少。相比于贷款而言，其贷款承诺是非常少的。其他表外担保，比如备用信用证非常少，以至于可以忽略不计，同时衍生品合约的名义价值和总公允价值都为零。[5] 这种统计数据对于只有很少表外担保和没有任何衍生品的社区银行来说是非常正常的。

3.3 本章小结

为了理解银行的流动性创造的度量，对银行财务报表有个基本的认识是很重要的。本章重点介绍了大型非金融公司、大型商业银行和小型商业银行的财务报表及其之间的差异。关键是财务报表在各类型金融公司中存在差异，以致流动性创造度量也会不同。使用这些报表数据来度量流动性创造，更为直观并且容易理解。

第二部分
银行流动性创造的度量及其运用

第 4 章 银行流动性创造的度量

本章介绍了银行流动性创造的度量。我们优先推荐使用"产品宽口径"度量方法,同时和度量流动性创造的其他方法进行对比。

4.1 "产品宽口径"度量方法

金融中介理论直接启发了银行流动性创造的"产品宽口径"度量方法。金融中介理论认为,银行创造表内流动性是通过将相对非流动资产与相对流动负债之间进行融资,而在表外,银行则是通过贷款承诺及类似的流动资金要求权创造流动性。

伯杰和鲍曼(2009)通过构建一些可供选择的流动性创造的度量方法以试图体现这些理论的精神实质。但是必须承认,现实世界中的银行比理论更为复杂。"产品宽口径"度量方法是在理论上最接近现实的,是首选的度量方法。它主要由三个步骤构成。

在步骤 1 中,所有银行的资产、负债、所有者权益以及表外业务被分为流动的、半流动的或非流动的。在步骤 2 中,对步骤 1 中划分的经营活动赋予权重。在步骤 3 中,将步骤 1 的分类活动与步骤 2 的权重结合,构成"产品宽口径"度量方法下的流动性创造的数值。"产品宽口径"度量方法将贷款仅按产品类别分类,这是由于在下一节第一步所解释的数据获取原因造成的。它还包括银行创造的表外流动性的度量。

表4-1子表A使用步骤2显示了"产品宽口径"度量方法。此简化版仅包含资产端、负债端和表外业务的一个或两个科目,这些对象被分为流动的、半流动的或非流动的,用来解释流动性创造理论。子表B运用步骤2解释了"产品宽口径"度量方法理论的构建,这有助于读者更深入了解"产品宽口径"度量方法,也有利于那些身处美国之外的想为本国银行、其他金融机构或金融市场构建自己的度量方法的海外学者进行参考。

表4-1 构建伯杰和鲍曼优先选用的"产品宽口径"度量方法
　　子表A 使用简化版的步骤2来理解"产品宽口径"度量方法

步骤1:将所有银行业务分为流动的、半流动的或非流动的。除贷款以外,其他业务均将产品类别和期限信息相结合。由于数据的限制,完全按产品类别对贷款进行分类。包括表外活动。

步骤2:将步骤1中分类的业务赋予权重。为了简便,该子表仅展示资产端、负债端、表外项目的一到两个科目。

(权重=1/2)	(权重=0)	(权重=-1/2)
非流动资产 例如商业贷款	半流动资产 例如住房抵押贷款	流动资产 例如证券
流动负债 例如交易存款	半流动负债 例如定期存款	非流动负债+所有者权益 例如次级债、所有者权益
非流动担保 例如贷款承诺	半流动担保 例如信用衍生品净额	流动担保 例如通过并购获得的净参与额

第 4 章 银行流动性创造的度量

（续表）

| | | 流动衍生品
例如利率衍生品 |

步骤 3：按步骤的分类和步骤 2 的权重分配将银行活动加总。

"产品宽口径"度量方法

= +1/2 × 非流动资产	+0 × 半流动资产	-1/2 × 流动资产
+1/2 × 流动负债	+0 × 半流动负债	-1/2 × 非流动负债
-1/2 × 流动衍生品	-1/2 × 流动担保	-1/2 × 所有者权益
+1/2 × 非流动担保	+0 × 半流动担保	-1/2 × 流动担保

子表 B 使用细化版的步骤 2 来理解"产品宽口径"度量方法

步骤 1：将所有银行业务分为流动的、半流动的和非流动的。除贷款以外，其他业务均将产品类别和期限信息相结合。由于数据的限制，完全按产品类别对贷款进行分类。包括表外活动。
步骤 2：将步骤 1 中分类的业务赋予权重。

资产		
非流动资产 （权重=1/2）	半流动资产（权重=0）	流动资产 （权重=-1/2）
商业房地产贷款 （CRE）	住宅房地产贷款 （RRE）	现金及其他机构应收
农业生产贷款	消费贷款	所有证券 （不论期限长短）
工商业贷款	存款机构贷款	交易资产
其他贷款及租赁融资应收账款	国家和地方政府贷款	已售隔夜及短期联邦基金

（续表）

自有的其他房地产（OREO） 客户对银行承兑汇票的债务 对未并表子公司投资 无形资产 经营场所 其他资产	外国政府贷款	

负债加所有者权益		
流动负债 （权重=1/2）	半流动负债 （权重=0）	非流动负债+所有者权益 （权重=-1/2）
交易存款 储蓄存款 购买的隔夜联邦基金 交易负债	定期存款 其他借款（包括已购买的短期联邦基金）	银行在银行承兑汇票上的负债 次级债 其他负债 所有者权益

表外担保（名义价值）		
非流动担保 （权重=1/2）	半流动担保（权重=0）	流动担保 （权重=-1/2）
未使用的承诺 备用信用证净额 商业信用证及类似信用证 所有其他表外负债	信用衍生品净额 证券借出净额	通过并购获得的净参与

（续表）

	表外衍生品（总公允价值）	
		流动衍生品 （权重 =-1/2）
		利率衍生品
		外汇衍生品
		股票和商品衍生品

步骤 3：按步骤 1 的分类和步骤 2 的权重分配将银行业务加总。

"产品宽口径"度量方法

=+1/2× 非流动资产	+0× 半流动资产	-1/2× 流动资产
+1/2× 流动负债	+0× 半流动负债	-1/2× 非流动负债
-1/2× 流动衍生品	-1/2× 流动担保	-1/2× 所有者权益
+1/2× 非流动担保	+0× 半流动担保	-1/2× 流动担保

这个表运用简化版的步骤 2（子表 A）和细化版的步骤 2（子表 B），解释了"产品宽口径"度量方法的构建。

资料来源：改编自伯杰和鲍曼（2009，表 1）。

以上三个步骤，均改编自伯杰和鲍曼（2009），现在对它们进行详细讨论。

4.1.1 第一步，将银行业务划分为三种类型：流动的、半流动的、非流动的

在步骤 1 中，银行为了获得流动资金以满足客户需求，将所有资产按照其变现容易程度、成本和履行义务的期限，分为流动的、半流动的或非流动的三类。对银行负债和所有者权益也可以进行类似的划分，以便从银行获得流动资金。表外的担保和衍生品与表内的科目分类也是相似的。

在理想情况下，所有银行业务都可以根据产品类别和期限两种方式进行划分。例如，企业贷款一般要比住宅抵押贷款的流动性差，因为后者往往可以通过证券化的方式交易，以满足流动性需求。在每个类别中，短期项目比长期项目更具流动性，因为它们的自我清偿更容易，并且不需要额外的精力和成本。

对于除贷款以外的其他商业银行业务，监管报告提供了关于类别和期限的足够细节，所以我们对于这些业务的分类，包括了上述两个方面。然而对于贷款来说并不是这样。监管报告将贷款拆分成各项贷款类别，并分为不同的期限等级，但不提供关于个人贷款类别的期限信息。"产品宽口径"度量方法完全是按类别对贷款进行分类的。这样做主要是因为对于资产端流动性创造而言，重要的是银行履行义务时资产变现过程的容易程度、成本和时间长短。相比于按期限分类，特定贷款类别可以进行证券化，证券化的便利性、成本和时间更接近流动性创造的概念。例如，一笔30年的住宅抵押贷款，这是长期贷款，但仍然可以相对快速地以相对低的成本进行证券化，因此，它被划分为半流动的。与此相反，任何期限的工商业贷款通常是难以证券化的，它们只有到到期日[1]才能偿还银行。因此，被列为非流动的。

专栏4-1显示了第1步银行业务的分类。

4.1.2　第二步，将上一步已分类的业务赋予不同权重

在步骤2中，将所有步骤1的分类业务赋予权重。也就是说，在表4-1中权重被赋予流动的、半流动的和非流动的资产、负债、所有者权益以及表外担保和衍生品。

第 4 章　银行流动性创造的度量

专栏 4-1　第一步，从资产、负债和表外角度的划分

资产

- 对贷款进行分类：商业贷款和任何类型的租赁（例如，工商业贷款、商业房地产贷款、农业贷款）被列为非流动资产，因为它们通常不能很快地在不造成重大损失的情况下出售。住宅抵押贷款和消费贷款一般都比较容易证券化，储蓄业务和政府的贷款也相对容易出售或以其他方式处置，因为对手都相对较大而且信息透明。这些贷款被划分为半流动资产。

- 对贷款以外的其他资产进行分类：在未合并子公司情况下的房地产和投资被列为非流动资产，因为通常这些东西不能迅速地在不产生重大损失的情况下出售。有价证券和其他市场化资产被列为流动资产，银行可以利用它们来迅速满足流动性需求而不会产生重大损失。

负债和所有者权益

- 对负债进行分类：可以由客户迅速撤回而不受处罚的资金，比如交易存款、储蓄存款和联邦基金，都算作银行的流动负债。要处以大额罚金或更为费力才能取出的存款可以视为半流动的，包括所有的定期存款。因为所有的定期存款，无论是否到期，都可以在处以大量罚款的前提下被提取。资产负债表项目中的"其他借款"，包含其他期限长于隔夜的短期和中期借款，比如定期联邦基金、回购协议以及由联邦储备银行和联邦住房贷款银行[①]提供的借款，也被列为半流动的。不能被轻易或迅速地撤回的长期负债，比如次级债，被列为非流动的。

- 对所有者权益进行分类：所有者权益被列为非流动的，因为投资者不能从银行获取流动资金。虽然有些银行的所有者权益可以被公开交易，也比较容易出售，投资者可以通过资本市场来获取流动资金，但这里获得流动性的是投资者而不是银行。从个人投资者的角度看，虽然可交易的所有者权益可能是具有流动性的，但这样的流动性是由资本市场创造的，而不是由银行创造的。[②]

表外业务

• 对银行担保进行分类：贷款承诺及（备用和商业）信用证被列为非流动担保。[3]这些项目在功能上类似于表内业务的贷款，因为从银行角度来说，它们的义务是非流动的。通常在合同条款满足的情况下，银行必须提供资金给客户。同时，在大多数情况下，银行不能出售或让别人参与这些科目。[4][5]信用衍生品净额（即担保金额减去受益金额）[6]和净证券借出（即贷方金额减去实借金额）被列为半流动担保，因为它们可能会被出售或让别人参与，类似于表内半流动的住宅抵押贷款和消费者贷款。来自其他机构的净参与额（即原始获取额减去转让额）被视为流动担保，因为它们在功能上类似于表内资产中的流动性证券。

• 对衍生品进行分类：所有衍生品（除了更早被划分为作为担保品的信用衍生品外）——利率、外汇、权益及商品衍生品被划为流动的，因为它们可以很容易地被购买和出售，在功能上类似于流动性证券。这些衍生品的总公允价值可以被用来度量银行从社会公众吸收的流动性（在总公允价值为正的情况下）或者向社会公众提供（在总公允价值为负的情况下）的流动性。

---

① 在美国有 11 家联邦住房贷款银行。这些银行都是政府资助的，它们向属于美国联邦住宅贷款银行系统（FHLB）的成员金融机构提供稳定、低成本的资金，以此促进它们对住房和社区放贷的融资。

② 正如在第 15 章讨论的那样，度量有多少流动性是由资本市场创造的这一问题，将是未来研究的一个有趣的方向。

③ 银行监管报表提供了一些关于贷款承诺的期限的信息，所以看起来贷款承诺也是可以根据期限进行分类的，而且仅仅是期限最长的贷款承诺被看作非流动的。然而，这并不可行，因为监管报表仅仅提供了原始合同的期限，并没有包含贷款承诺在执行时随着时间变化而变化的剩余期限。

④ 正如在第 2 章提到的那样，银行可以把贷款过程中出现重大不利因素作为理

第 4 章　银行流动性创造的度量

> 由来撤销贷款承诺，或直接违反合约，这样客户就不能获得资金。然而，出于对法律和名誉问题的顾虑，银行拒绝执行贷款承诺的情形是非常少见的。
>
> ⑤从客户角度来说，贷款承诺与流动交易存款在功能上比较相似，因为客户可以根据自己的意愿随时提取资金。从银行的角度来说，它与非流动商业贷款功能类似，因为银行不能轻易解除其提供资金的责任。在步骤 2 中，交易存款、商业贷款和贷款承诺，都被赋予相同权重。因此，这种划分保持了内在一致性。
>
> ⑥信用衍生品是将一方（受益人）的贷款或证券的信用风险转移给另一方（担保人）的工具，这表示其中一方不用承担信用风险就可以发放贷款，或者承担了信用风险而没有实际发放贷款。在一些交易中银行可能是担保人的角色，而在另一些交易中可能是受益人的角色。信用衍生品净额为担保总额减受益总额。

权重赋值是基于流动性创造理论的。根据这个理论，银行通过将非流动资产转化为流动负债，来创造表内流动性，有效地代替非银行公众持有非流动性产品，并向公众提供流动性产品。因此，正的权重被赋予非流动资产和流动负债，流动性创造发生在当非流动资产（例如商业贷款）被转换为流动负债（例如交易存款）时。根据相似的逻辑，负的权重被赋予流动资产、非流动负债和所有者权益。当流动资产（比如美国国债）转化为非流动负债或所有者权益时，流动性毁灭了。[2]

权重大小的确定是基于简单的用美元换美元的总和的约束，因此，当银行将 1 美元的非流动资产转化为 1 美元的流动负债时，1 美元的流动性就被创造出来了。同样，当银行将 1 美元的流动资产转化为 1 美元的非流动负债时，1 美元的流动性就毁灭了。基于这些约束，$+1/2$ 的权重被赋予非流动资产和流动负债，$-1/2$ 的权重被赋予流动资产和非流动负债。+1/2 和 –1/2 的权重是符合直觉的，因为流动性创造或毁灭的金额，是由资金来源方和资金使用方共同决定的，单个方面只能决定"一半"的量。由于半流动的活动处于流动的和非流动的活动之间，所以中间权重设为0，它适用于半流动资产和半流动负债。

专栏4–2提供了数值例子来进一步说明权重。

专栏4–2　第二步，权重赋值的数值例子

当银行将1美元交易存款用于发放1美元商业贷款时，它创造了 $1/2 \times \$1 + 1/2 \times \$1 = \$1$ 的流动性（它的负债方和资产方都创造了流动性：流动性创造达到最大）。

当银行将1美元的交易存款购买1美元国债时，它创造了 $1/2 \times \$1 + (-1/2) \times \$1 = \$0$ 的流动性（虽然它创造了负债方的流动性，但毁灭了资产方的流动性：它创造的净流动性为零）。

当银行将1美元定期存款购买1美元住宅抵押贷款时，它创造了 $0 \times \$1 + 0 \times \$1 = \$0$ 的流动性（它的负债方或资产方都没有流动性创造）。

当银行发行1美元股票去购买1美元国债时，它创造了 $(-1/2) \times \$1 + (-1/2) \times \$1 = -\$1$ 的流动性（它毁灭了负债方和资产方双方的流动性：流动性毁灭达到最大）。

根据同样的原则，权重被赋予表外担保和衍生品，与第一步的资产负债表项目类似。流动性差的表外担保，比如贷款承诺，在功能上类似于表内的非流动资产，比如商业贷款，因为银行有义务提供不容易出售或被他人参与的资金。因此，相同的1/2权重被赋予非流动担保即非流动资产。同样，相同的权重0被赋予半流动担保和功能类似

第 4 章　银行流动性创造的度量

的半流动表内资产,相同的 −1/2 权重被赋予流动担保和功能类似的表内流动资产。

类似地,衍生品的总公允价值像表内流动资产一样被赋予 −1/2 的权重。[3] 正如步骤 1 所讨论的,这些合同可以购买并容易被卖掉,并在功能上类似于流动性证券。和证券一样,有正的公允价值的衍生品会降低银行的流动性创造,因为商业银行有效地代替了社会公众持有正的价值的流动资产。负的公允价值的衍生品则会增加银行的流动性创造,因为银行有效地代替公众持有负的价值的流动性资产。银行监管报表显示,具有正的公允价值的合同用正号标出,具有负的公允价值的合同用负号标出。二者在流动性创造上具有反向抵消的作用,可以将 −1/2 权重(和赋予流动性证券的权重相同)赋予上述二者。虽然衍生品的正的或负的公允总值往往相当可观,比如在摩根大通的例子(见第 3.1 节)中,但是,这些数值往往相互对冲和抵销,由于大多数银行的簿记采用匹配轧平账的操作,最终对流动性创造只产生一个较小的净贡献额。

表 4-1 中步骤 2 的各列如下安排:将有助于银行流动性创造的所有业务安排在左侧,所有抑制流动性创造的业务放在右侧,所有对流动性创造具有中性效果的放在中间。因此,那些被分配 1/2 权重的(非流动资产、流动负债和非流动担保)都被放在左侧。流动资产、非流动负债加所有者权益,以及流动担保和衍生品(被分配的权重为 −1/2)放在右侧。最后,半流动资产、半流动负债和具有零权重的担保放在中间。

4.1.3 第三步，将前两步结合起来，构建"产品宽口径"度量方法

第三步，"产品宽口径"度量方法通过结合步骤1的业务分类和步骤2的加权活动进行构建。它按类别将贷款分类，包括表外活动。确切的方法展示在表4-1的底部。增加流动性创造的银行业务再次安排在左侧，抑制流动性创造的放在右侧，而中性的放在中间。权重1/2、-1/2或0分别乘以相应的银行业务的金额，将这些加权金额加总后，就是该银行所创造流动性的总金额。对各个银行的流动性创造进行求和，可以得出整个银行业流动性创造的总金额。同样，它可以针对所有银行在某个特定层面进行求和（比如指定银行类型、银行位置等），来度量这些银行的分支机构创造了多少流动性。

专栏4-3解释了"产品宽口径"度量方法只运用三个流动性类别和三个权重的原因。

专栏4-3　为什么运用三个类别的流动性和三个权重?

"产品宽口径"度量方法同时将所有银行业务分类为流动的、半流动的或非流动的，并且只应用三个权重1/2、0和-1/2。在这三种分类中，流动性的差异是明显存在的，但数据通常不允许进行更加精密的区分，并且没有其他明确的权重可使用。采用1/2、-1/2和0表现了完全流动性、完全非流动性和中立的界限，再找不出其他明确的选项能表现这些。

4.2　其他主流的流动性创造度量方法

伯杰和鲍曼（2009）还引入了流动性创造的其他三个主要度量方法——"期限宽口径"度量方法、"产品窄口径"度量方法和"期限

窄口径"度量方法。它们的使用方法和"产品宽口径"度量方法是类似的，但假设略有不同。

专栏 4-4 解释了这三个首字母缩略词，以及它们与"产品宽口径"度量方法的差异。

专栏 4-4　关于"产品宽口径"度量方法及其字母缩写的解释

"产品宽口径"（"cat fat"）"产品窄口径"（"cat nonfat"）"期限宽口径"（"mat fat"）"期限窄口径"（"mat nonfat"）这四种度量方法是不同的，因为贷款分类时仅仅根据产品种类分类，或者仅仅根据期限分类。这是由于在步骤 1 中解释过的数据获取问题造成的。然而其他所有业务都可以按上述两个维度的信息分类。这些度量方法在是否包括了表外业务方面也存在差异（宽口径与窄口径）。下表对上述四种方法给出了简要概览。

针对除了贷款以外的银行业务，既根据产品种类分类又根据期限分类：	是否包括表外活动	
	包括	不包括
按产品种类分类	"产品宽口径"	"产品窄口径"
按期限分类	"期限宽口径"	"期限窄口径"

表 4-2 从细节上强调了"产品窄口径""期限宽口径""期限窄口径"三种度量方法与我们优先推荐的（在本节进行了解释并列示在表 4-1 中）的"产品宽口径"度量方法有何不同。

"期限宽口径"度量方法中的期限维度代替了"产品宽口径"度量方法中的产品维度。所有的剩余期限在一年以上的借贷和租赁,被划为非流动资产,并赋予权重1/2。所有的剩余期限至多为一年的借贷和租赁,被划为半流动资产,赋予0权重。如4.1节所示,"产品宽口径"度量方法比"期限宽口径"度量方法要更有优势。这是因为,与期限相比,银行为履行债务义务而获得流动资金的便利性、成本和时间都与产品种类更为密切相关,尤其是对于住宅抵押这一银行贷款产品中的最大类别来说。

表 4-2　伯杰和鲍曼关于流动性创造的其他三种口径的度量方法

子表 A　构建"产品窄口径"度量方法(使用简化版的步骤2)

步骤1:将所有银行业务分为流动的、半流动的和非流动的。除贷款以外,其他业务均将产品类别和期限信息相结合。由于数据的限制,完全按产品类别对贷款进行分类。不包括表外业务。

步骤2:将步骤1中分类的业务赋予权重。为了简便,这个子表仅展示一个或两个资产端、负债端和表外项目。

(权重=1/2)	(权重=0)	(权重=-1/2)
非流动资产 例如商业贷款	半流动资产 例如住房抵押贷款	流动资产 例如证券
流动负债 例如交易存款	半流动负债 例如定期存款	非流动负债+所有者权益 例如次级债、所有者权益
非流动担保 例如贷款承诺	半流动担保 例如信用衍生品净额	流动担保 例如参与收购净额
		流动衍生品 例如利率衍生品

第4章 银行流动性创造的度量

（续表）

步骤3：按步骤1的分类和步骤2的权重分配将银行活动加总。

"产品窄口径"

=+1/2× 非流动资产	+0× 半流动资产	−1/2× 流动资产
+1/2× 流动负责	+0× 半流动负债	−1/2× 非流动负债
		−1/2× 所有者权益
+1/2× 非流动担保	+0× 半流动担保	−1/2× 流动担保
		−1/2× 流动衍生品

子表B 构建"期限宽口径"度量方法（使用简化版的步骤2）

步骤1：将所有银行业务分为流动的、半流动的和非流动的。除贷款以外，其他业务均将产品类别和期限信息相结合。由于数据的限制，完全按产品类别对贷款进行分类。包括表外业务。

步骤2：将步骤1中分类的业务赋予权重。为了简便，这个子表仅展示一个或两个资产端、负债端和表外项目。

（权重=1/2）	（权重=0）	（权重=−1/2）
非流动资产 例如商业贷款 例如长期贷款	半流动资产 例如住房抵押 例如短期贷款	流动资产 例如证券
流动负债 例如交易存款	半流动负债 例如定期存款	非流动负债+所有者权益 例如次级债、所有者权益
非流动担保 例如贷款承诺	半流动担保 例如信用衍生品净额	流动担保 例如净参与收购
		流动衍生品 例如利率衍生品

（续表）

步骤3：按步骤1的分类和步骤2的权重分配将银行业务加总。

"期限宽口径"

=+1/2× 非流动资产	+0× 半流动资产	−1/2× 流动资产债
+1/2× 流动负债	+0× 半流动负债	−1/2× 非流动负债
		−1/2× 所有者权益
+1/2× 非流动担保	+0× 半流动担保	−1/2× 流动担保
		−1/2× 流动衍生品

子表C 构建"期限窄口径"度量方法（使用简单步骤2）

步骤1：将所有银行业务分为流动的、半流动的和非流动的。除贷款以外，其他活动均将产品类别和期限信息相结合。由于数据的限制，完全按产品类别对贷款进行分类。不包括表外业务。

步骤2：将步骤1中分类的业务赋予权重。为了简便，这个子表仅展示一个或两个资产端、负债端和表外项目。

（权重=1/2）	（权重=0）	（权重=−1/2）
非流动资产 例如商业贷款 例如长期贷款	半流动资产 例如住房抵押 例如短期贷款	流动资产 例如债券
流动负债 例如交易存款	半流动负债 例如定期存款	非流动负债+所有者权益 例如次级债、所有者权益
非流动担保 例如贷款承诺	半流动担保 例如净信用衍生品	流动担保 例如净参与收购
		流动衍生品 例如利率衍生品

(续表)

步骤3:按步骤1的分类和步骤2的权重分配将银行业务加总。

"期限窄口径"

=+1/2× 非流动资产 +1/2× 流动负债	+0× 半流动资产 +0× 半流动负债	−1/2× 流动资产 −1/2× 非流动负债 −1/2× 所有者权益
+1/2× 非流动担保	+0× 半流动担保	−1/2× 流动担保 −1/2× 流动衍生品

此表解释了三种主要流动性创造度量方式的构建:"产品窄口径"度量方法(子表A)、"期限宽口径"度量方法(子表B)和"期限窄口径"度量方法(子表C),是对步骤2的简化。
资料来源:根据伯杰和鲍曼(2009,表1)进行改编。

"产品窄口径"度量方法和"期限窄口径"度量方法与"产品宽口径"度量方法和"期限宽口径"度量方法是大致相同的,只不过前者的度量不包括表外业务,或者说对表外业务赋予0权重。"宽口径"度量方法优于"窄口径"度量方法,因为最新的理论研究承认表外业务对于银行流动性创造有所贡献。此外,如第8章所示,在美国如果按"产品宽口径"度量方法,在银行流动性创造金额中,表外业务占到了一半。

4.3 迪普和谢弗关于流动性转换的度量

迪普和谢弗(Deep and Schaefer, 2004)提出了流动性转换方法,这是一个与流动性创造相关的概念,被称为"流动性转换缺口"(liquidity transformation gap or "LT gap"),其计算公式为(流动负债−流动资产)/总资产。这一方法关注了贷款期限,并且考虑了所有一年期或更短期的贷款和所有流动性差的长期贷款。基于产品类别和期限,其他资产和负债被分为流动的或非流动的。由于二者的性质,"流动性转换缺口"方法明确排除了贷款承诺和其他表外业务,因为它们具有金融产品的"或有"属性。

迪普和谢弗(2004)的"流动性转换缺口"方法,在概念上接近于"期限窄口径"度量方法,可以被看作是后者的一个特例。如果所有资产和负债划分为流动的或非流动的(即没有半流动的),期限被用于贷款分类,表外业务被排除,且总资产而不是毛总资产被使用,"期限窄口径"度量方法公式就简化为"流动性转换缺口"的公式。[4]"产品宽口径"度量方法之所以比"流动性转换缺口"度量方法更受欢迎,主要有以下几方面的原因:一是"流动性转换缺口"度量方法是基于期限来衡量贷款的流动性,从而忽略了其他影响流动性的因素。正如在4.1节中所讨论的,"产品宽口径"度量方法基于贷款产品类别对贷款进行分类,它更多地考虑了银行在履行义务以满足客户对流动性的需求时,处理其资产的便利性、成本和时间。例如,银行可以相对容易地通过将长期住房抵押贷款证券化来筹集流动资金,而大部分短期商业贷款不能轻易通过出售或证券化的方式来筹集流动资金。"流动性转换缺口"理论认为住房抵押贷款是非流动的,而短期商业贷款是流动的,但是前者比后者更具流动性的观点似乎更符合逻辑。

二是"流动性转换缺口"理论没有考虑到表外业务对银行流动性创造功能的贡献。流动性创造理论认为,银行的确创造表外的流动性,而且按"产品宽口径"度量方法,表外业务大约能够带来美国商业银行流动性创造额的一半。

三是"流动性转换缺口"理论只考虑资产和负债是流动还是不流动这两个分类,而"产品宽口径"度量方法使用三种分类——流动的、半流动的和非流动的。使用三种分类好过使用两种分类,因为一些资产和负债显然介于完全流动和非流动之间。例如,一笔银行定期存款不能随时获取,所以它不是流动的,但在同一时间,它可能并不是完全不流动的,因为可以通过支付一定罚金来获得存款的快速支取。因此,为了能便利地获得流动资金,其成本和时间是不能忽略的,但成本不应该太高,时间也不应太长。

4.4 根据表外担保的提款概率对"产品宽口径"度量方法进行修正

伯杰和鲍曼(2009)还介绍了"产品宽口径"度量方法的其他两个延伸版本。第一个版本,引入了客户通过表外担保获得流动资金的频率,而不是从便利性、成本和时间角度度量担保的变现性。这种流动性创造的度量方法与"产品宽口径"度量方法一致,但流动性差的表外担保的金额须乘以 0.30,这是他人研究得出的观察值(Sufi,2009)。这一方法是从客户从银行获得流动资金[5]的概率角度来度量的。

这种度量方法不如"产品宽口径"度量方法理想,因为在需要资金时获得资金的能力比表外担保实际提取频率重要。这也是理论所揭示的:银行通过建立表外担保来创造流动性,因为在客户需要资金时,它们赋予客户动用流动资金的权利。

4.5 根据证券化频率对"产品宽口径"度量方法进行修正

第二个修正的"产品宽口径"度量方法结合了贷款证券化的频率。要知道,不同类型的贷款,其证券化程度是随时间改变的。这一方法，除了贷款分类以外，其余都与"产品宽口径"度量方法相同。对于每笔贷款类别，美国季度资金流量表（US Flow of Funds）数据记载了贷款余额和证券化贷款总额。这些数据被用于计算每年金融市场上贷款被证券化的比例。鲁斯金那（Loutskina，2011）认为，可以假定每个银行可以对其自身贷款进行证券化。例如在2014年第4季度，美国住宅房地产贷款余额为9.9万亿美元，而这些贷款的22.1%被证券化。如果一家银行在该年有1,000万美元的住宅房地产贷款，则22.1%可证券化，因此，这些贷款中的221万美元被列为半流动的，其余为非流动的。此度量方法有两个问题。首先，它使用证券的实际量。理论认为，对于流动性创造而言重要的是证券化的能力，而不是证券化的量。其次，这种度量方法假定每个银行在一个特定的类别中证券化贷款的比例相同，即使在现实中银行之间存在很大不同。也就是说，当美国资金流量表显示，在2014年所有住宅房地产贷款的22.1%被证券化时，这假设各家银行在当年恰好将22.1%的贷款实施了证券化，但实际情况可能是某家银行可能将整个住宅房地产贷款组合全部进行了证券化，而另一家银行可能没有对任何贷款实施证券化。[6]

4.6 本章小结

本章介绍了银行流动性创造的"产品宽口径"度量方法，同时本书实证分析了银行流动性创造。这种度量方法利用产品类别和期限信息进行分类，将几乎所有银行业务分为流动的、半流动的或非流动的，而由于数据的限制，对贷款的分类纯粹是按产品类别划分的，并且还包括了表外业务。本章比较了这种方法与其他几种流动性创造度量方

第4章 银行流动性创造的度量

法,这些方法基于贷款期限,排除了表外业务,仅将流动性分为两类(流动的和非流动的),同时考虑到表外担保的提款概率,考虑到证券化的频率。本章还讨论了为什么"产品宽口径"度量方法是首选。本章的要点是运用"产品宽口径"度量方法计算流动性创造,而且要理解为什么"产品宽口径"度量方法是首选,因为它与流动性创造理论最为一致。

第 5 章　银行产出的度量

本章对度量商业银行产出的流动性创造度量方法和传统度量方法进行了探索。首先讨论了传统度量方法,它使用资产或贷款来度量产出。然后,将其与"产品宽口径"度量方法进行比较。本章将用详细实例具体阐述二者的差异。

5.1　银行产出的传统度量方法及缺陷

历史上,许多经济学家的研究旨在量化银行行为:或者度量银行产出,或者聚焦于银行规模。银行产出和银行规模基本上是相同的,这两个术语在这里也是可以交换使用的。

通常在文献中关于银行产出有三种度量方法:总资产(total assets)、毛总资产(gross total assets)和贷款(lending)。我们对这些方法依次进行讨论。

1. 总资产(TA)反映了资产负债总规模,通过加总所有记录在资产负债表中的资产再减去在第 3 章中强调的两项相关变量——贷款及租赁损失准备金(预期损失的会计科目)和对外贷款转账风险

第 5 章 银行产出的度量

损失准备金(用作某些对外贷款损失的准备金)。因此,总资产不包括贷款总额(银行贷款的实际金额),但包括贷款净额。如第 3 章所述,几乎对于所有银行来说,对外贷款转账风险损失准备金都为 0。确实,在表 3-1 子表 A 和子表 B 中,摩根大通和埃尔多拉多斯普林斯社区银行的对外贷款转账风险损失准备金均是零。然而贷款及租赁损失准备金占摩根大通银行资产的 0.5%,占埃尔多拉多斯普林斯社区银行资产的 1%。

2. 毛总资产(GTA)包括两项风险准备金。毛总资产可能会被认为是一个比总资产更好的度量银行产出的指标,因为毛总资产包括贷款总额——银行实际发放的贷款金额,从而包括了需要得到资金的所有业务,而总资产并非如此。在本书余下的内容里,总资产和毛总资产笼统称作资产,但在实证研究中常常用毛总资产来度量资产。[1,2]

在绝大多数实证研究中,总资产和毛总资产都会作为银行产出的主要衡量指标。大多数实证研究采用把银行资产作为分母算出比率的方法进行研究。资产也被用来把银行划分为大、中、小类型,用来定义社区银行的规模,以及不同规模银行的政策规则。

专栏 5-1 列出了文献中的研究的例子。

专栏 5-1 使用资产来度量银行产出:文献

在实证研究或政策规则中,如何使用资产变量?	主题	研究成果
A.在回归方程中直接将资产视为银行产出或规模的变量	竞争	•谢弗(1993) •伯杰和鲍曼(2013)

（续表）

公司治理	• 拉文和莱文（Laeven and Levine, 2009）
银行失败概率	• 科尔和怀特（Cole and White, 1995, 2012）
银行风险承担	• 德姆塞茨和斯特拉汉（Demsetz and Strahan, 1997）
小企业贷款、关系型贷款	• 皮特森和拉詹（Petersen and Rajan, 1994） • 伯杰、米勒、皮特森、拉詹和斯戴恩（Berger, Miller, Petersen, Rajan, and Stein, 2005）
银行兼并和收购的贷款和定价结果	• 伯杰、桑德斯、斯卡利斯和乌代尔（Berger, Sannders, Scalise and Udell, 1998） • 弗克瑞里和帕内塔（Focarelli and Panetta, 2003）
流动性创造	• 伯杰和鲍曼（2009）
货币政策和传递渠道	• 基尚和欧匹拉（Kishan and Opiela, 2012） • 吉明乃兹、奥吉那、佩德罗和索瑞纳（Jimenez, Ongena, Peydro, and Saurina, 2014）
银行转型	• 艾欧尼都和奥吉那（Ioannidou and Ongena, 2010） • 迪格莱斯、马圣莱恩和米切尔（Degryse, Masschelein, and Mitchell, 2011）
政府干预和救助的风险和放贷结果	• 布莱克和黑兹尔伍德（Black and Hazelwood, 2013） • 道钦和索斯玉若（Duchin and Sosyara, 2014）

第5章 银行产出的度量

（续表）

B.在回归方程中将财务变量通过资产进行标准化	股权资本与资产比率对银行失败的影响分析	•科尔和冈瑟（Cole and Gunther, 1995）
	股权资本与资产比率对银行承担风险的影响分析	•科恩和圣多马罗（Koehn and Santomero, 1980）
	股权资本与资产比率对流动性创造的影响	•伯杰和鲍曼（2009） 霍瓦斯、赛德乐和威尔（Horvath, Seidler and Weill, 2014）
	问题资产救助计划①对竞争的影响分析	•伯杰和罗曼（Berger and Roman，即将发表）
	监管对风险承担的影响分析	•奥吉那、波波夫和乌代尔（Ongena, Popov, and Udell, 2013）
	货币政策对放贷的影响分析	•卡什亚普和斯戴恩（Kashyap and Stein, 2000）
C.将资产作为机构规模划界的临界值	定义社区银行规模	•迪永、亨特和乌代尔（De Young, Hunter, and Udell, 2004） • 联邦存款保险公司（2012）
	银行的系统风险是否受制于压力测试，或者不同规模的银行有不同的资本规则	•监管资本评估项目（SCAP）2009 •多德-弗兰克法案2010 •综合资本分析和审查（CCAR）（自从2011以来） •美联储新闻发布稿，2013年7月2日

①问题资产救助计划在7.5部分中有详细讨论。

资产——定义为总资产或毛总资产——并不是一个特别好的度量银行产出的方法，原因有以下几个方面。第一，它忽略了表外业务，这对于一些商业银行来说是一项重要的产出，尤其是大型美国商业银行，正如第 3 章讨论的摩根大通银行。例如，银行客户通常使用表外担保业务（像贷款承诺和备用信用证）来计划它们的投资和其他支出，并支持其他资本市场融资（如商业票据）和衍生工具，以对冲它们的市场风险。第二，这些方法忽略了银行负债的作用，比如与银行负债相关的存款服务和支付服务等，应该被视为重要的产出，这些产出对于在第 3 章所讨论的摩根大通和埃尔多拉多斯普林斯社区银行的意义都很重大。第三，这些度量方法认为，所有的资产与银行产出呈正相关关系，这是不对的。因为现金和有价证券，尽管在减少流动性风险上颇为有用，但是从类似于贷款的角度看，对客户而言并不产生产出。

3. 贷款在一些研究中更狭义地被界定为银行产出。被研究的至少有三个主题：在 1990 年第 1 季度到 1992 年第 4 季度的信贷危机中，低银行资本和最低监管资本对于银行贷款的影响；在 2007 年第 3 季度到 2009 年第 4 季度的美国次贷危机中，政府干预对银行贷款的影响；通过银行贷款渠道的货币政策对银行贷款的影响。[3] 这些研究通常忽略了不同贷款类别对产出贡献的不同，也忽略了与其他资产、负债和表外业务相关的重要的银行服务。

专栏 5-2 给出了一些例子。

第 5 章 银行产出的度量

专栏 5-2 使用贷款来度量银行产出的文献

如何使用贷款进行实证研究？	研究成果
A. 在1990年第1季度到1992年第4季度的信贷危机中，低银行资本和最低监管资本对于银行贷款的影响	• 伯杰和乌代尔（Berger and Udell, 1994） • 汉考克、莱恩和威尔考克斯（Hancock, Laing, and Wilcox, 1995） • 匹克和罗森格林（Peek and Rosengren, 1995a, b） • 施瑞夫斯和达尔（Shrieves and Dahl, 1995） • 萨克尔（Thakor, 1996）
B. 在2007年第3季度到2009年第4季度的次贷危机和信贷危机中，政府干预对银行贷款的影响	• 科耐特、麦克纳特、斯特拉汉和特瑞宁（Cornett, McNutt, Strahan, and Tehranian, 2011） • 甘姆班科塔和马尔科斯-伊本耐兹（Gambacorta and Marques-Ibanez, 2011） • 戴尔阿里西亚、伊根和拉文（Dell'Ariccia, Igan, and Laeven, 2012） • 伯杰、布莱克、鲍曼和德卢古兹（Berger, Black, Bouwman, and Dlugosz, 2015）
C. 通过银行贷款渠道的货币政策对银行贷款的影响	• 卡什亚普和斯戴恩（1994, 2000） • 伯南克和格特勒（Bernanke and Gertler, 1995） • 吉明乃兹、奥吉那、佩德罗和索瑞纳（2012）

5.2 为什么"产品宽口径"度量方法是度量银行产出的最佳选择？

流动性创造相比于度量资产或贷款的其他替代方法而言，是度量银行产出的最佳方法，因为它更符合我们在第2章中讨论的银行理论。流动性创造考虑了所有银行业务（所有资产，包括不同的贷款类型，所有负债加上所有者权益，以及所有表外业务）。我们也认识到，商业银行在从事某些活动时会创造流动性，但是，在从事另外一些活动时也会毁灭流动性。

资产只度量表内资产总规模，贷款则更为狭义，只把重点只放在一个很细的资产类别。这两项度量都忽略了表外业务的产出。贷款承诺和备用信用证让客户在关键的情况下获得资金，以便他们更好地计划投资和采购。资产和贷款也忽视了负债端的组成成分的差异。因为它们直接为公众的流动性和支付服务，所以它们没有认识到交易存款也会增加银行的产出，而银行股权会降低流动性创造，因为公众的资金易被锁定，不能方便地提现。最后，资产和贷款体现出了资产负债表的组成部分中的重要区别。它们忽视了不同贷款类别具有不同的产出贡献。它们也没有考虑到可流通的有价证券通过减少公众流动性而减少了银行产出。

"产品宽口径"度量方法在处理上述问题时采取了不同的方式。它包含了表外业务。事实上，表外业务占美国"产品宽口径"度量方法流动性创造额的一半，这正是第 8 章描述的内容。它也包含了不同权重下的不同的贷款种类，认为交易存款增加了流动性创造，银行股权和有价证券减少了流动性创造。这些不同的解决方式与理论相符，使得"产品宽口径"度量方法比起资产和贷款，用来度量银行产出更为合适。

专栏 5-3 给出了量化的具体例子。

5.3 本章小结

本章将使用"产品宽口径"度量方法度量银行产出与使用传统方法（总资产、毛总资产和贷款）度量银行产出进行了对比。本章认为，

第5章 银行产出的度量

"产品宽口径"度量方法比其他方法更有优势,因为它更符合理论。我们用一个量化例子解释了上述要点。最关键的是,"产品宽口径"度量方法比其他方法在度量银行产出方面更有优势。

专栏5-3 为什么"产品宽口径"度量方法是度量银行产出的最佳方法

考虑两个银行:懒惰的银行和勤劳的银行。懒惰的银行有所有者权益、次级债,吸收存款,并将所有这些资金投资于国债。它不发放任何贷款,也没有提供任何贷款承诺给客户。勤劳的银行拥有相同数量的所有者权益,没有次级债,也没有更多的存款。它把所有这些资金都借给了客户,并为它们提供贷款承诺。

懒惰的银行			勤劳的银行		
国债	10美元	交易存款 6美元	国债	0美元	交易存款 8美元
住宅抵押贷款	0美元	次级债 2美元	住宅抵押贷款	6美元	次级债 0美元
商业贷款	0美元	所有者权益 2美元	商业贷款	4美元	所有者权益 2美元
总资产	10美元	负债和所有者权益合计 10美元	总资产	10美元	负债和所有者权益合计 10美元
贷款承诺	0美元		贷款承诺	5美元	

在这个简单的例子中,我们假定,贷款及租赁损失准备金和对外贷款转账风险损失准备金为零,那么总资产等于毛总资产,净贷款等于贷款总额。[①] 现在让我们利用资产、贷款和"产品宽口径"度量方法对懒惰银行的产出和勤劳银行的产出进行对比。所有的计算结果都显示在下面的表格中。

使用资产来度量银行的产出,则这两个银行生产相同的产出,因为两家银行都有10美元的资产。

把贷款作为银行产出的度量指标,则勤劳的银行表现出更高的产出,因为它产出6美元的住宅抵押贷款+4美元的商业贷款=10美元的贷款,而懒惰的银行只提供0美元的贷款。

"产品宽口径"度量方法考虑到表外业务、交易存款的产出增加效应、所有者权益和有价证券的产出减少效应,并区分不同贷款类别对产出的影响。

使用"产品宽口径"度量方法,勤劳的银行会生产更多的产出:在资产端,勤劳的银行创造了1/2×4美元的商业贷款+0×6美元的住宅抵押贷款+(-1/2)×0美元的国债=2美元的流动性;在负债端,它创造1/2×8美元的交易存款+(-1/2)×2美元的所有者权益=3美元的流动性;在表外,它创造了1/2×5美元的贷款承诺=2.5美元的流动性;总计有2美元+3美元+2.5美元=7.5美元的流动性创造。

相反,懒惰的银行在资产端创造了1/2×0美元的商业贷款+0×0美元的住宅抵押贷款+(-1/2)×10美元的国债=-5美元的流动性;在负债端,它创造了1/2×6美元的交易存款+(-1/2)×2美元的次级债+(-1/2)×2美元的所有者权益=1美元的流动性;在表外,它创造了1/2×0美元的贷款承诺=0美元的流动性;所以流动性创造总额为-5美元+1美元+0美元=-4美元,一共毁灭4美元的流动性。

产出度量	懒惰的银行	勤劳的银行
资产	10美元	10美元
贷款	0美元	6美元+4美元=10美元
流动性创造		
资产端	1/2×0美元+0×0美元+(-1/2)×10美元=-5美元	1/2×4美元+0×6美元+(-1/2)×0美元=2美元

第 5 章 银行产出的度量

（续表）

负债端	1/2×6 美元 +（-1/2）×2 美元 +（-1/2）×2 美元 =1 美元	1/2×8 美元 +（-1/2）×2 美元 =3 美元
表外	1/2×0 美元 =0 美元	1/2×5 美元 =2.5 美元
总计	-5 美元 +1 美元 +0 美元 =-4 美元	2 美元 +3 美元 +2.5 美元 =7.5 美元

①毛总资产 = 总资产 + 贷款及租赁损失准备金 + 对外贷款转账风险损失准备金；贷款总额 = 净贷款 + 贷款及租赁损失准备金 + 对外贷款转账风险损失准备金

第 6 章 银行流动性的度量

银行的流动性各不相同,但均与银行的流动性创造有关。银行流动性创造是体现商业银行为社会公众带来多少流动性的指标。银行的流动性则是衡量银行在满足客户对其负债、所有者权益、表外业务的流动性需求时,其所必须具备的便利度、成本和时间的指标,银行可以通过减少资产(已储备的流动性管理)或增加负债(对债务工具的管理[1])来创造流动性。度量银行流动性创造是非常关键的,因为富有流动性的银行具备降低流动性风险的能力,流动性风险是银行面临的最重要的风险之一。如果一家银行的流动性不足,同时又面临着大量流动资金需求,它就会有很高的流动性风险:它可能要降价销售资产或者放弃收益性投资机会(包括贷款)来满足客户的流动性需求。在一种极端的情况下(比如银行发生挤兑),流动性风险会导致银行破产。

在这一章中,我们将评述银行流动性的度量方法,并且展示一个合适的"产品宽口径"度量方法标准化版本来间接度量银行流动性,而这种方法是优于普通度量方法的。将标准化的流动性创造度量方法与更为复杂的银行流动性创造度量方法进行对比,最后运用市场流动性度量方法来计算上市银行和银行控股公司公开交易的股权或债务的流动性。

6.1 银行流动性的简单度量

通常用现金比率和其他流动资产占总资产或存款的比率来度量银行流动性。专栏 6-1 列出了很多实例分析。

这种度量方法仅仅考虑了银行的某些方面,比如资产和负债的流动性,并不能解释银行所有的资产、负债、所有者权益及表外业务的不同流动性。

专栏 6-1 使用简单比例方法度量银行流动性的文献实例

	主题	研究成果
A. 存款增长率	银行流动性冲击的影响	• 卡瓦加和缅因(Khwaja and Mian, 2008) • 阿查里雅和茅若(Acharya and Mora, 2015)
B. 现金与存款的比率	问题资产救助计划效应	• 李(Li, 2013) • 道钦和索斯玉若(2014) • 伯杰和罗曼(2015,即将发表)
C. 现金与资产的比率	银行流动性和危机解决	• 马丁内斯·佩利亚和舒穆克勒(Martinez Peria and Schmukler, 2001) • 阿查里雅、申和约尔马泽(Acharya, Shin, and Yorulmazer, 2011)

（续表）

D. 现金和流动资产与总资产比率	贷款和存款之间的协同作用	• 卡什亚普、拉詹和斯戴恩（2002）
	银行流动性风险管理	• 盖特夫、舒尔曼、斯特拉汉（Gatev, Schuermann, and Strahan, 2009）
	银行资本对绩效的影响	• 伯杰和鲍曼（2013） • 褚（Chu，即将发表）
	流动性囤积	• 贝罗斯拜德（Berrospide, 2013）
	银行税对银行资本结构的影响	• 沙得尔鲍尔（Schandlbauer, 2013）
	流动性冲击从银行控股公司传播到银行	• 艾伦、莱基维茨、科瓦勒斯基和图莫-阿尔坎（Allen, Hryckiewicz, Kowalewski, and Tumer-Alkan, 2014）
	小银行市场占有率对小企业的影响	• 伯杰、瑟奎若和皮那斯（Berger, Cerquiero, and Penas, 2015）
E. 证券与总资产比率	货币政策效应	• 卡什亚普和斯戴恩（2000）

6.2 标准化"产品宽口径"度量方法

尽管这些资产负债表比率直接度量了银行流动性，但是银行流动性创造，既可以被看作是对银行非流动性的直接度量方法，也是银行流动性的反向度量方法，因此，可以间接度量银行流动性。对于这种度量方法，首先需要意识到当银行创造流动性时，它对社会公众提供了流动性，同时在此过程中也使银行自身欠缺了流动性。银行创造流动性越多,它自身越难以流动,或者说流动性减少得越厉害。流动性创造与资产(总资产或毛总资产)的比率度量了银行单位资产的非流动性状况。这种方法可被认为是度量流动性的标准化方法。自从流动性创造度量方法在 2009 年发表以来,"产品宽口径"度量方法计算的流动性创造除以资产得出的比率,被用于很多的银行实证研究,并且作为银行流动性或非流动性的控制变量(例如,Distinguin, Roulet, and Tarazi, 2013; Berger, Goulding, and Rice, 2014; Horvath, Seidler, and Weill, 2014; Berger, Black, Bouwman, Dlugosz, 2015; Berger, Cerqueiro, and Penas, 2015)。

使用"产品宽口径"度量方法计算的流动性创造除以资产后得出的比率,而不是简单使用银行的流动性比率,有一个优点,就是它在同一种度量过程中,包含了流动性所涉及的各式各样的资金来源与资金运用。例如,商业贷款、交易存款和贷款承诺在流动性创造度量中被赋予正权重,它们使银行本身变得更欠流动性;而现金、流动资产、次级债和所有者权益被赋予负权重,它们使银行本身变得更具流动性。

6.3 《巴塞尔协议Ⅲ》对银行流动性的度量

从 19 世纪 20 年代开始,美国的银行不得不以存款准备金的形式来满足流动性要求。这要求银行持有足够的流动资金来满足预期存款提取要求。当前美国银行不得不以存放于美国联邦储备银行的金库现金或存款的方式持有与交易存款成比例的准备金。[2] 在许多国家,银行不得不满足相似的要求。银行也受制于关于银行流动性的例行评级审查和限制。[3]

2007年第3季度到2009年第4季度的美国次贷危机表明,长期以来,银行的流动性问题并没有引起足够的重视。关于实施更严格的流动性要求的讨论和严格的标准在《巴塞尔协议Ⅲ》中展开。这个条例在国际清算银行的主持下,由巴塞尔银行法规和监督管理委员会起草。在历史上,国际清算银行只专注于实施统一的资本要求,它从1988就开始这样做。第12章中的专栏12-1解释了更多关于《巴塞尔协议》的起源,第12.2节讨论了《巴塞尔协议Ⅲ》的资本要求。

《巴塞尔协议Ⅲ》提出了两条流动性要求。流动性覆盖比率(LCR)规定,银行需要有足够的优质流动性资产来维持生存30天的标准压力情景。净稳定资金比率(NSFR)指在资金批发市场延长关闭期的情况下银行能生存的情形:银行要在一年期或更长的期限中,针对自身资产和经营活动的特点,拥有最低可接受金额的"稳定资金"。流动性覆盖比率正在被美国和全球执行。净稳定资金比率将在2018年实行。专栏6-2提供了流动性覆盖比率和净稳定资金比率的细节。它也解释了美国的流动性覆盖比率监管方案与原始《巴塞尔协议》监管方案的区别。对于净稳定资金比率,上述信息目前还不清楚。

专栏6-2 《巴塞尔协议Ⅲ》对流动性的要求

《巴塞尔协议Ⅲ》规定了两个最低的流动性要求,实现目标互补。

1.流动性覆盖比率(Liquidity Coverage Ratio, LCR)专注于短期恢复能力。它要求银行具有足够的优质流动资产来度过30天的标准化压力的情景。尤其当完全执行时,银行未用作抵押的优质流动资产(high-quality liquid assets, HQLA),一定要足以覆盖超过30天的净现金流出(Net Cash Outflows, NCOF): $LCR = \dfrac{HQLA}{NCOF} \geqslant 100\%$。[1]

第6章 银行流动性的度量

• 分子:优质流动资产,包括两类资产:

——一级资产包括现金,存放在中央银行的准备金和一些由国家、公共部门实体和中央银行支持的有价证券。这些资产没有限制条款,也不需要经受估值折扣(haircut)。②

——二级资产包括:2A级资产(一些政府证券、AA级以上的担保债券和公司债券),这些资产在经受15%的估值折扣后上限是优质流动资产的40%;和2B级资产(一定的住房抵押贷款支持证券、评级在BBB和A+之间的公司债券和普通股票),这些资产在经受25%—50%的估值折扣后,上限是资产的15%。

• 分母:净现金流出,指在未来30天,预期的现金流出总额减去下述两者中的最小值,即预期的现金流入总额以及预期的现金流出总额的75%。预期的现金流出总额,计算方式为不同类型的负债加上表外承诺的余额乘以它们预期提款率。例如,无担保的银行间贷款,如果它们假定在压力情况下到期,则被假定为完全提光。然而剩余期限不到30天的定期存款和交易存款,则被假定为按3%—10%提走。

• 流动性覆盖比率于2015年1月1日在全球引进,先按最低要求的60%来执行,以后每年递增10%,到2019年1月1日按100%执行。

• 美联储、货币监理署和联邦存款保险公司于2014年10月在美国发布了流动性覆盖比率实施的最终规则(财政部、联邦储备系统、美国联邦存款保险公司,2014)。重要区别包括以下几个方面:

——美国正在实施两个版本:一个是全面的流动性覆盖比率监管(开始于2016中期,按每个营业日计算),对象是在国际比较活跃的大型银行组织和它们的一些在美国的子公司。另一个是较为宽松的、可调整的流动性覆盖比率监管(2016年开始按月计算),对象是针对大型区域性银行控股公司③。规模较小的机构不受流动性覆盖比率的约束。

——美国对优质流动资产的定义更为严格,优质流动资产不包括公共部门发行或担保的证券、担保债券或住宅抵押贷款支持证券。公司债券不能算作2A级资产,但可能有资格算作2B级资产。界定优质流动资产时不参考外部信用评级,这是由于《多德-弗兰克法案》禁止使用外部评级。[④]

——所有接受流动性覆盖比率监管的银行都要接受额外的资金净流出峰值日期的测试,这个测试确保了银行的优质流动资产可以充分满足预期资金流出高峰期的资金需要(在接下来30天的某天,累积现金流出预估为最大值)。

——美国实施的速度快:接受全面的流动性覆盖比率监管约束的银行组织,截至2015年1月1日,必须达到流动性覆盖比率最低水平的80%。截至2016年1月1日,必须达到流动性覆盖比率最低水平的90%,并于2017年1月1日达到100%。

2. 净稳定资金比率(NSFR)侧重于长期的韧性。为了在资金批发市场延长关闭期时生存,银行必须按可接受的最低的稳定资金进行运营,这个稳定资金的特点是,银行资产要有流动性,经营活动要超过一年期。

• 净稳定资金比率要求银行的可用稳定资金数量(available of stable funding, ASF)要超过满足银行流动性和一年期以上经营活动所必备的稳定资金数额(required amount of stable funding, RSF)。

场景:$NSFR = \dfrac{ASF}{RSF} \geqslant 100\%$

——分子,银行可用的稳定资金,包括股权,至少一年期的优先股,至少一年期的负债,小于一年期的活期存款、定期存款、批发资金。即使在极端复杂压力下,这些资金是预计留存在该银行内的。这个分子取决于可用稳定资金数量(权重)的赋值。例如,如果1级资本和2级资本的剩余期限超过一年,那么可用稳定资金数量的权重就可赋予100%。对于稳定的活期存款和剩余期限小于一年期的存款,可赋予90%—95%的权重,而对于不太稳定的存款,可赋予50%的权重。

——分母,必备稳定资金数额,是银行资产与表外业务总和乘以必备稳定资金数额权重的总和。必备稳定资金数额旨在量化银行在开展一年期以

第6章 银行流动性的度量

内的资产或表外业务时不必支付高昂代价所需的资金金额。银行经营活动的流动性越高，必备稳定资金数额权重越低（所需要的稳定资金会减少），因为它们在压力下，可被作为延伸的流动性的来源。例如，现金的必备稳定资金数额权重为0，一些有价证券和高利率公司债券具有15%的必备稳定资金数额权重，住宅抵押贷款支持证券和较低评级的公司债券拥有50%的必备稳定资金数额权重，对非金融机构贷款且剩余期限至少一年的被赋予65%权重，实物交易包括黄金在内的大宗商品，拥有85%的必备稳定资金数额权重，而剩余期限至少一年的不良贷款，必须拥有100%的必备稳定资金。

——巴塞尔委员会在2014年10月宣布，到2018年1月1日为止，净稳定资金比率将成为最低的标准（国际清算银行，2014）。

——在巴塞尔委员会采用国际最终版本后，美国监管机构预期发布实施净稳定资金比率的建议函。

---

①流动性覆盖比率预计至少是100%。银行在遭受特殊压力或系统性压力的时候，它可能会低于100%，但是银行机构应该在发生这种情况或预期发生这种情况时立即通知监管机构。

②估值折扣（Haircut）是指降低资产的市场估算价值，以提供额外的缓冲的百分比。

③具体来说，完整的流动性覆盖比率监管适用于至少拥有2,500亿美元的合并资产或至少拥有表内100亿美元的外汇业务的银行机构，或其中一家公司拥有并表银行或储蓄协会子公司，其银行的总资产至少为100亿美元。经修改后的流动性覆盖比率监管适用于没有明显的保险业务或商业经营的银行控股公司，其合并资产总额至少为500亿美元，且在国际上不活跃。

④关于《多德-弗兰克法案》的更多内容，见专栏12-3。

《巴塞尔协议Ⅲ》的流动性比率和标准化"产品宽口径"度量方法之间有一个相似性非常关键，即它们都有固定的权重。然而，它们之间有一个重要的区别,即《巴塞尔协议Ⅲ》的比率只专注于在压力情景下流动性将会是多少,而标准化"产品宽口径"度量方法是当前流动性的一个逆指标。另一个重要区别是,即使美国银行监管报表那样的数据源,也没有提供足够的细节来计算《巴塞尔协议Ⅲ》比率,但足以详细计算出"产品宽口径"度量方法的流动性创造。[4] 造成这一现象的原因是《巴塞尔协议Ⅲ》需要在某些资产和负债存在压力的情景下,确定现金流出率和流入率,而《巴塞尔协议Ⅲ》对这些资产和负债的分类与公开可用数据源的分类是不同的。因此,如果把银行监管报表或其他公开可用的数据库用于估算《巴塞尔协议Ⅲ》指标,是有必要进行前提假设的。

目前我们所知道的,使用公开可获得的美国商业银行数据且唯一做出假设并估计《巴塞尔协议Ⅲ》比率的研究是洪、黄和吴(2014)。他们使用银行监管报表季度数据,覆盖了8,349家银行,时间跨度从2001年至2011年。他们之所以选择从2001年开始研究,是因为之前的数据在银行监管报表数据库收录不全。他们得出两个有意思的结论。一是当分析《巴塞尔协议Ⅲ》比率变化时,他们发现在次贷危机时期及其后,《巴塞尔协议Ⅲ》比率增长迅速(表明银行更具备流动性),这个结论与其他银行在这场危机中囤积流动性的论据是一致的(Berrospide,2013)。二是在运行银行倒闭模型时,他们发现该比率在预测单个银行是否会倒闭方面几乎没有解释力。

迪瑞克、海斯和万森莱德(Dietrich, Hess, and Wanzenried,2014)做出了假设并估计了净稳定资金比率,使用了来源于Bankscope数据库的921家西欧(奥地利、比利时、法国、德国、卢森堡、荷兰和瑞士)大型银行的数据,时间跨度从1996年至2010年。[5] 他们没有

第6章 银行流动性的度量

度量流动性覆盖比率,因为 Bankscope 没有提供足够的数据支持。与洪、黄和吴(2014)相似,他们发现净稳定资金比率在次贷危机期间显著增加。他们还认为这个比率并不能显著解释银行的赢利能力。

洪、黄和吴(2014)提供了从 2001 年第 1 季度到 2012 年第 4 季度的流动性覆盖比率和净稳定资金比率的季度估计值,以便在同时间内与标准化"产品宽口径"度量方法做对比。[6] 图 6-1 子图 A 和子图 B 分别显示了标准化"产品宽口径"度量方法与流动性覆盖比率及净稳定资金比率的相关关系,分别囊括了小型、中型、大型银行。正如在后面第 8 章讨论的那样,这些规模类别分别表示总资产不超过 10 亿美元的银行、总资产为 10 亿—30 亿美元的银行以及总资产超过 30 亿美元的银行。在此期间的两次金融危机,在图中用垂直虚线划段表示。相关性的计算是按季度进行的。

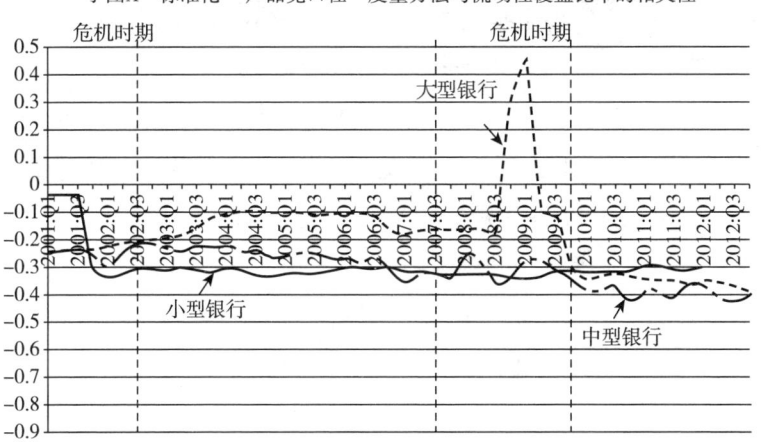

子图A 标准化"产品宽口径"度量方法与流动性覆盖比率的相关性

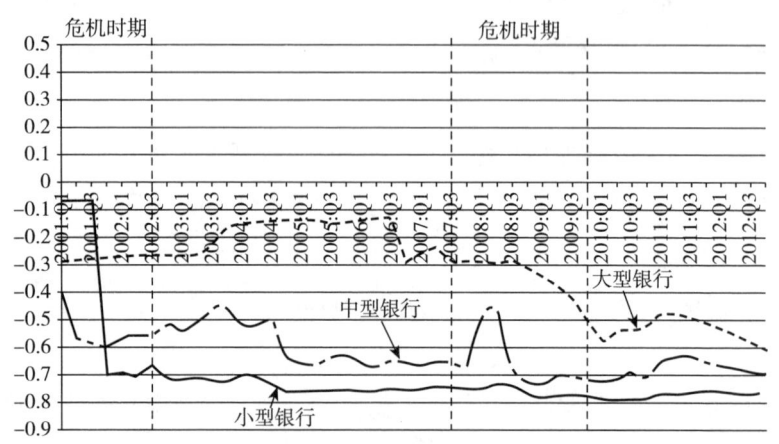

子图B 标准化"产品宽口径"度量方法与净稳定资金比率的相关性

图 6-1 标准化"产品宽口径"度量方法与《巴塞尔协议Ⅲ》
流动性比率的相关性

图 6-1 子图 A 显示了"产品宽口径"度量方法计算的流动性创造经毛总资产标准化后的比率与《巴塞尔协议Ⅲ》流动性比率之间的关系。子图 B 显示了它与净稳定资金比率的关系。"产品宽口径"度量方法是将期限和产品类别相结合对贷款以外的银行业务进行分类,但由于数据限制,仅按产品类别对贷款进行分类。"产品宽口径"度量方法包括表外业务。流动性覆盖比率和净稳定资金比率分别侧重于短期和长期的活力恢复状态。

图 6-1 子图 A 显示了标准化"产品宽口径"度量方法和流动性覆盖比率的关系如预期所示,呈负相关,但关联度很小。大银行的关联度最小,而且在美国次贷危机的最严重时期,即 2008 年第 4 季度至 2009 年第 1 季度,也就是在雷曼兄弟破产之后,其关联度转为正值。缺乏连续的负相关关系表明,流动性覆盖比率与标准化"产品宽口径"度量方法所度量的是完全不同的内容。

第 6 章 银行流动性的度量

子图 A 标准化表内流动性创造与流动性覆盖比率的相关性

子图 B 标准化表内流动性创造与净稳定资金比率的相关性

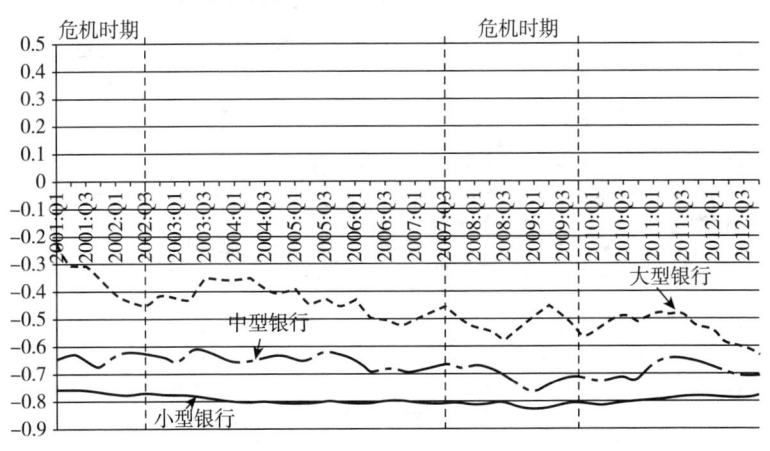

图 6-2 标准化表内流动性创造与《巴塞尔协议 III》流动性比率的相关性

图 6-2 子图 A 显示了表内流动性创造经毛总资产标准化后的比率与流动性覆盖比率的关系。子图 B 显示了它与净稳定资金比率的关系。表内流动性创造是将期限和产品类别相结合对贷款以外的银行业务进行分类,但由于数据限制,仅按产品类别对贷款进行分类。流动性覆盖比率和净稳定资金比率分别侧重于短期和长期的活力恢复状态。

子图A 标准化表外流动性创造与流动性覆盖比率的相关性

子图B 标准化表外流动性创造与净稳定资金比率的相关性

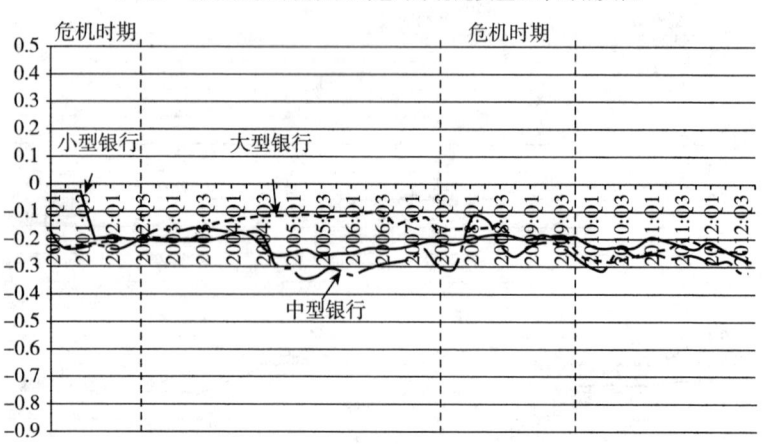

图 6-3 标准化表外流动性创造与《巴塞尔协议Ⅲ》流动性比率的相关性

图 6-3 子图 A 显示了表外流动性创造经毛总资产标准化后的比率与流动性覆盖比率的关系，子图 B 显示了它与净稳定资金比率的关系。表外流动性创造是将期限和产品类别相结合对银行表外业务进行分类。流动性覆盖比率和净稳定资金比率分别侧重于短期和长期的活力恢复状态。

图 6-2 子图 A 和图 6-3 子图 A 分别展示了表内及表外的流动性创造状况。同时大银行在金融危机时期，由表外流动性创造产生的正相关关系是非常明显的。表内的相关关系在金融危机时期改变甚微，表外流动性创造的相关关系是正向的。正如在第 8 章讨论的那样，表外流动性在次贷危机时期急剧下降，这是由于在此期间表外贷款承诺减少。这一发现似乎没有在流动性覆盖比率中显示出来，否则二者应当呈负相关关系。

图 6-1 子图 B 显示了净稳定资金比率和标准化"产品宽口径"度量方法的关系。结果呈负相关，且对于中小银行尤为明显。对于大银行，相关性依然是负相关，但是在数值上较小，一部分原因是表内流动性创造的相关性相对较小（见图 6-2 子图 B），但最主要原因是表外流动性创造的相关性非常小。这说明净稳定资金比率对于大银行的度量是不同的，同时对于表外流动性创造是微弱的。

综上所述，标准化"产品宽口径"度量方法、流动性覆盖比率和净稳定资金比率研究的是不同的内容。所以同时度量三个变量，并判断出哪个变量在预测未来单独的银行或整体银行业的绩效上更胜一筹，是十分重要的。

6.4 流动性错配指数

我们这里所介绍的最后一个度量流动性的方法是流动性错配指数（LMI），由布拉那梅尔、戈登和克瑞施那摩斯（Brunnermeier, Gorton, and Krishnamurthy, 2011, 2014）进行理论发展，被白、克瑞施那摩斯和维穆勒（Bai, Krishnamurthy, and Weymuller, 2014）套用在美国银行控股公司中。流动性错配指数的方法度量了机构资产的市场流动性与表内和表外负债的资金流动性之间的错配关系。[7] 流动性错配指数旨在度量金融市场流动性的失衡，以及美联储需要在危机时期提供给银行控股公司的流动性总量。

流动性错配指数通过将随时间变换的权重（调整后的权重适用于金融市场下随时间变换的情况）赋予银行控股公司的资产和负债（表内和表外）计算得来。共有三个步骤计算资产和负债（表内和表外）。

获取资产的市场流动性的第一步是关注资产变现的难易程度。难以售卖的资产赋予权重0（如固定资产），流动性高的资产赋予权重1（如现金和联邦基金）。第二步，用初始权重×（1-该资产类别的回购折扣）。资产估值折扣意味着在给定抵押资产后可以借到多少现金。资产估值折扣平均权重从0（对现金而言）到6.3%（对股权而言）。[8] 第三步，将每类资产的美元金额与资产估值折扣调整权重相乘。银行控股公司资产的市场流动性就是加权计算的美元金额之和。

获取负债（表内、表外）的资金流动性的第一步是评估投资者提取资金的难易程度。通过给每项资金来源赋予期限，范围从隔夜融资（如联邦基金）的0年，到长期融资（如所有者权益）的30年。第二步是将所有的初始权重乘以流动性溢价，作为测算隔夜指数互换（OIS）与国债利率之间的价差。[9] 第三步，每种负债的美元数量（表内、表外）乘以负债权重，它等于 $-e^{-\text{期限} \times \text{流动性溢价}}$。银行控股公司的负债资金流动性是这些被赋予权重计算的美元金额的总和。

银行控股公司的流动性错配指数是资产的（正的）市场流动性和表内表外负债的（负的）资金流动性的总和。

流动性错配指数和"产品宽口径"度量方法有两个关键区别。第一，流动性错配指数只赋予正或零（没有负）的权重给资产，并且只赋予负或零（没有正）的权重给负债，然而"产品宽口径"度量方法根据资产或负债的流动性状况，赋予正、负、零的权重给不同产品种类的资产和负债。原因是流动性错配指数旨在度量资产的市场流动性和债务融资流动性之间的错配关系，而"产品宽口径"度量方法旨在度量银行能为客户创造出多少流动性。

第二，流动性错配指数中的权重根据市场条件和回购折扣的状况随时间而变化，而"产品宽口径"度量方法的权重是固定的。随时间变化的权重的使用使得流动性错配指数很难计算："产品宽口径"度量方法可以直接根据银行监管报表数据计算，而流动性错配指数需要额外的市场和回购折扣信息。伯杰和鲍曼（2009）采用证券化因素对度量方法进行了调整，对于贷款来说，确实存在着随时间变化的权重，但是正如在4.5部分解释的那样，"产品宽口径"度量方法是首选的度量方法。

6.5　关于上市银行和银行控股公司的股权及债务流动性度量

这章讨论的内容集中在银行流动性自身度量方法上。这些度量方法可以被用作非上市银行、上市银行和银行控股公司。对于上市公司来说，有很多市场度量方法，这些度量方法着重于资本市场上的银行和其他公司发行的非流动性股权和债务创造出来的流动性。正如第4章所解释的那样，银行的股权和一些债务在计算流动性创造时被视作非流动的，因为投资者从银行得到流动资金是非常艰难且成本昂贵的。而对于上市公司和银行控股公司来说，投资者可以通过出售上市股票和债券获得流动资金。这种流动性是由资本市场创造的，而不是由银行或银行控股公司创造的，是不计入商业银行的流动性创造或银行流动性的其他度量方法之中的。

有很多关于上市公司公开交易股权和债务的流动性的市场度量方法。这些度量方法都试图通过便利性、成本和时间来将特定金融工具转换为现金。至于哪种度量方法能获得关于市场流动性的最好结果，目前还没有达成共识。专栏6-3解释了这些度量方法，并且提及了一些使用过这些度量方法的研究。从原则上来说，这些方法可以应用于上市银行和银行控股公司的股权和债务。

上市银行和银行控股公司的流动性与公开交易的股权和债务的市场流动性相关性如何，这是一个非常有意思的问题。很有可能存在一种假设，即银行和银行控股公司流动性程度越高，其可交易条款内容的市场流动性越强，因为流动性程度越高的银行和银行控股公司在流动性危机中可能出现问题的概率较低。例如，标准化"产品宽口径"度量方法（逆向度量银行和银行控股公司的流动性）可能与市场流动性呈负相关关系，因为创造更多单位资产流动性的银行和银行控股公司流动性更为匮乏，并且发生流动性危机的可能性更高。

专栏6-3　流动性度量：从市场角度

流动性度量	定义	研究成果
交易量	各段时间间隔的汇总。一些研究使用美元交易量，即交易次数乘以交易价格。交易量是一种间接的，但却是普遍使用的流动性度量方法。	• 乔迪亚、罗尔和萨博拉姆尼亚姆（Chordia, Roll, and Subrahmanyam, 2001） • 哈斯布鲁克和塞皮（Hasbrouck and Seppi, 2001） • 卡马拉和考斯基（Kamara and Koski, 2001）

第6章　银行流动性的度量

（续表）

周转率	交易量除以同期限内的股票或债务的余额。周转率越高则流动性越强。	• 乔迪亚、罗尔和萨博拉姆尼亚姆（2001）
深度	在特定时间点，买入量和卖出量的总和。这也被称为数量或交易量深度。一些研究者使用平均深度，即用深度除以二。其他人以美元计价表示深度，用买入深度乘以买入价格加上卖出深度乘以卖出价格。一些人则使用深度的对数，即最低价买入量和最高价卖出量的总和，再取对数，来改善统计分布的性质。	• 乔迪亚、罗尔和萨博拉姆尼亚姆（2001） • 胡伯曼和霍尔卡（Huberman and Halka, 2001） • 巴特勒、格如伦和威斯顿（Butler, Grullon, and Weston, 2005）
交易频率	各个时间间隔的交易总频次。高的交易频率可能暗示市场流动性较强。	• 乔迪亚、罗尔和萨博拉姆尼亚姆（2001） • 哈斯布鲁克和塞皮（2001） • 卡马拉和考斯基（2001）
买卖价差	一个交易中最低卖出价和最高买入价的差额。一些人使用价差的对数来改善统计分布性质。这些价差通常除以中间价（得出"相对价差"）。较小的价差暗示着较高的流动性。	• 阿米胡德和门德尔松（Amihud and Mendelson, 1986） • 克里斯蒂和舒尔茨（Christie and Schultz, 1998） • 格林和斯马特（Greene and Smart, 1999） • 乔迪亚、罗尔和萨博拉姆尼亚姆（2001） • 哈斯布鲁克和萨尔（Hasbouck and Saar, 2002）

（续表）

有效买卖差价	执行价与当前中间价的差额。这个差额有时乘以2，使其与其他差价的度量方法更具兼容性。这个差价有时用当前买入价除以中间价得出的比率表示。较小的差价标志着较高的流动性。	• 乔迪亚、罗尔和萨博拉姆尼亚姆（2001）
罗尔度量法（Roll measure）	罗尔表明，成交价在买入价与卖出价之间跳来跳去，产生负的自相关。罗尔度量法是用-1乘以每日自相关系数，再取平方根。其值越高则流动性越低。	• 罗尔（1984）
吉布斯度量法（Gibbs measure）	罗尔度量方法并不总是有定义的，因为自相关系数有时可能是正数。哈斯布鲁克对罗尔方法使用吉布斯抽样估计，来克服上述问题。此法就是吉布斯度量法。其值越高则流动性越低。	• 哈斯布鲁克（2009）
报价斜率（Quote slope）	买卖价差除以市场深度的对数：其值越高则流动性越低。一些研究也使用报价斜率的对数。	• 哈斯布鲁克和塞皮（2001）
阿米胡德度量法（Amihud measure）	每日1美元的交易额可以让绝对价格发生改变。在一段时间内，将所有具有正数交易额的日度数据进行加总，再取均值。这个方法发展于凯尔的λ这一概念（1985）（对于交易额为0的情况，没有给出相应比率的定义）。该比率越高则暗示非流动性越强。	• 阿米胡德（2002）

(续表)

阿米维斯特度量法（Amivest measure）	阿米胡德度量法的倒数。其值越高则流动性越强。	• 阿米胡德、门德尔松和劳特巴赫（Amihud, Mendelson, and Lauterbach, 1997）
帕斯特和斯坦堡的 γ（Pastor and Stambaugh gamma）	带符号的成交量的回归系数（有符号的成交量就是把当日收益率的正负方向乘以当天成交量）。通过把每日股票收益率对滞后的股票收益率和滞后的带符号的成交量进行回归分析，得出此系数。这个度量方法所依赖的原理是，流动性越弱，与成交量相关的收益率反转会越强。	• 帕斯特和斯坦堡（Pastor and Stambaugh, 2003）
无交易天数所占百分比	无交易天数所占百分比指在一段时间内日度收益为0的天数除以这段交易时期的总天数。所以这个度量方法假设当价格不变时，不存在交易。其值越高则非流动性越强。	• 雷斯蒙、奥格登和特里兹辛卡（Lesmond, Ogden, and Trzcinka, 1999） • 贝卡尔特、哈维和龙贝雷德（Bekaert, Harvey, and Lundblad, 2007）

6.6 本章小结

本章首先介绍了在文献中使用的一些银行流动性度量方法。然后讨论了由资产进行标准化处理的"产品宽口径"度量方法，可以作为银行流动性的一个逆向度量标准。还解释了"产品宽口径"度量方法与简单度量方法相比的优势。比较了标准化流动性创造度量方法与更复杂的流动性度量方法、《巴塞尔协议Ⅲ》比率（流动性覆盖比率和净稳定资金比率）及流动性错配指数。最后研究了上市银行及银行控股公司公开交易的股权和债务的市场流动性度量方法。经标准化处理之后，"产品宽口径"度量方法比流动性创造的简单测度方法更具有优势，它汲取了《巴塞尔协议Ⅲ》比率和流动性错配指数等多元信息，这些信息与上市银行及银行控股公司的股权、债务的市场流动性度量方法都具有相关性。

第三部分
金融危机、流动性创造及其内在联系

第 7 章　金融危机的界定

现在将研究重点转向本书的另一个问题，即金融危机。在世界范围内，关于金融危机的定义和金融危机时间界定的研究非常多，每一项研究成果对金融危机的定义似乎都不相同。艾伦和盖尔（Allen and Gale，2007）认为，没有所谓的"某某"金融危机理论，原因是"金融危机是实践中存在的复杂现象……目前还没有任何理论可以解释这种现象的所有方面"（Allen and Gale，2007）。定义金融危机和界定其时间的最好方式是从手边的工作做起，同时还要加上自己的判断。

本章将主要研究五个问题，其中定义金融危机和界定其时间的方式至少从局部上看是基于他人的研究。但本章并非简单地将上述研究成果进行汇总，而是要逐一评述这些研究成果的贡献。尽管存在共性，但是很明显，每一项研究中，无论是定义金融危机的方式，还是界定金融危机发生的实际时间的方式，都存在很多差异。正是由于这一原因，本章绘制了一张表，列出了每项研究成果中所分析的金融危机的日期。

7.1 德米古克-昆特和迪特拉吉亚齐关于各国银行危机的分析

德米古克-昆特和迪特拉吉亚齐（Demirguc-Kunt and Detragiache，1998）分析了从1980年到1994年世界范围内发达国家和发展中国家所发生的银行危机的决定因素。他们对银行危机的分类主要基于其他五项研究（Drees and Pazarbasioglu，1995；Sheng，1995；Caprio and Klingebiel，1996；Kaminsky and Reinhart，1996；Lindgren，Garcia，and Saal，1996）。他们认为，这些研究构建了有关出现在世界范围内的银行"脆弱期"（银行危机时期）的完整调查。他们将从这些论文中所辨别出的546个脆弱期，分为全局性银行危机（systemic banking crisis）*和与之相对的总体性脆弱期和局部危机。若下列四个条件中有一个成立，脆弱期则被定义为全局性银行危机，这些条件分别为：

1."银行系统中不良资产与总资产的比率超过10%。

2.救助费用与国内生产总值的比率超过2%。

3.银行问题导致大规模的银行国有化。

4.大规模银行挤兑发生；或者作为对危机的应对，政府颁布紧急措施，比如冻结存款、银行延期休假、存款担保普遍化。"[1]（Demirguc-Kunt and Detragiache，1998）

若上述条件无一成立，那么银行脆弱期则被视为局部的或次

---

* 请注意"systemic"和"systematic"的区别。在现代金融理论中系统性风险（systematic risk）称市场风险，也称不可分散风险，即使通过资产组合也不能被分散。而"systemic"是指全身的、全局的、整个体系的。由于系统性风险已经早有明确特定的用法，这里用了"全局性"的说法，以便区分。——译者注

第 7 章 金融危机的界定

要的。

德米古克-昆特和迪特拉吉亚齐（1998）将其对金融危机的定义应用于 1980—1994 年这一时间段的 65 个国家，发现总数达 546 个的脆弱期中，有 31 个属于全局性银行危机，其中 23 个发生在发展中国家（7 个在非洲，7 个在亚洲，6 个在拉丁美洲，3 个在中东地区），8 个发生在发达国家，正如表 7-1 所示。有意思的是，他们发现，美国银行危机从 1981 年持续到 1992 年。在这里，他们已经将美国 20 世纪 80 年代的发生的储贷危机与 1990 第 1 季度到 1992 年第 4 季度的银行信贷紧缩联结起来了。[2]

他们的回归分析结果表明，当宏观经济环境差（低 GDP 增长率、高通货膨胀率）、实际利率高、国际收支失衡时，银行危机更有可能发生。[3] 他们还发现，实施显性存款保险计划的国家更容易受到银行危机的冲击，反映了这些计划中所隐藏的道德风险情况。[4]

表 7-1 德米古克-昆特和迪特拉吉亚齐关于各国银行危机的界定

国家	银行危机时间	国家	银行危机时间
哥伦比亚	1982—1985	尼泊尔	1988—1994
芬兰	1991—1994	菲律宾	1981—1987
圭亚那	1993—1995	巴布亚新几内亚	1989—1994
印度	1991—1994	葡萄牙	1986—1989
印度尼西亚	1992—1994	塞内加尔	1983—1988
以色列	1983—1984	南非	1985
意大利	1990—1994	斯里兰卡	1989—1993
日本	1992—1994	瑞典	1990—1993
约旦	1989—1990	坦桑尼亚	1988—1994

（续表）

肯尼亚	1993	土耳其	1991，1994
墨西哥	1982—1994	乌干达	1990—1994
马里	1987—1989	美国	1981—1992
马来西亚	1985—1988	乌拉圭	1981—1985
尼日利亚	1991—1994	委内瑞拉	1993—1994
挪威	1987—1993		

该表展示了根据德米古克－昆特和迪特拉吉亚齐（1998）对金融危机的定义和对金融危机时间的界定，这些危机包括1980—1994年发生在世界范围内发展中国家和发达国家的31个全局性银行危机。

资料来源：德米古克－昆特和迪特拉吉亚齐（1998）。

7.2 莱因哈特和罗格夫关于全球金融危机的分析

莱因哈特和罗格夫（Reinhart and Rogoff, 2009）通过实证的方法分析了近两个世纪的金融危机。他们的分析主要集中于66个国家或地区，从1800年或这些国家独立开始至2008年。他们至少使用两种不同的方法来定义金融危机。

方法Ⅰ：使用严格的定量阈值来定义金融危机

➢ 通货膨胀危机（年通货膨胀率超过20%）；

➢ 货币崩溃（年贬值率超过15%）；

➢ 货币成色下降（流通中货币的金属含量减少量超过5%）；

➢ 资产泡沫破裂。

方法Ⅱ：通过大事件定义金融危机

➢ 银行危机：通过下面两种大事件之一来定义

1. 银行挤兑导致银行倒闭、兼并，或由一个或更多金融机构公共

第7章 金融危机的界定

部门收购（比如委内瑞拉1993年的情况或阿根廷2001年的情况）；

2. 在没有发生银行挤兑的情况下，一个重要金融机构（或者一系列金融机构）的倒闭、兼并、收购或大规模政府援助——标志着其他金融机构一系列相似后果的开端（比如泰国1996—1997年的情况）（Reinhart and Rogoff，2009）。

➤ 外部债务危机（主权债务违约，即政府无法偿债）。

➤ 国内债务危机〔主权债务违约，即政府无法偿债，同时，银行存款被冻结和（或）银行存款被兑换成当地货币〕。

从本书研究的角度考虑，他们所说的银行危机的相关性最大。莱因哈特和罗格夫（2009）暗示，他们考虑采用其他替代方法来界定银行危机的时间。他们认为，银行危机的时间界定不可采用方法 I，因为长期序列的数据是非常匮乏的。例如，不可能使用银行股票价格数据，因为许多银行的这些数据是非公开的。采用银行挤兑数据来界定金融危机的时间也是不可行的：20世纪80年代银行运行良好，近来银行危机并非因为负债方的问题，而是因为资产质量恶化（例如，房地产价格下跌）或者非金融部门破产。不良贷款和贸易失败的数据通常也是不可用的。

为此，莱因哈特和罗格夫采用方法 II 来界定银行危机的时间，但由于几方面的原因，他们并不认为这种方法是完美的。银行危机的实际开始时间很可能早于界定时间，金融问题通常是在银行倒闭或兼并之前发生的。银行危机的实际开始时间也可能晚于界定时间，银行危机最为严重的部分可能会发生得更晚一些。准确界定银行危机的结束时间通常也是不可能的。

表 7-2 子表 A 表明，银行危机在从 1800 年或一个国家独立开始至 2008 年这段时间内对于莱因哈特和罗格夫所提供的数据集中的所有国家来说都很普遍，它们通常占据了所研究的整个时期的大部分时间。俄罗斯银行危机发生概率最低，发生年份占所有年份的百分比低至 1.0%；中非共和国最高，高至 38.8%（见表 7-2 子表 A，第二栏）；美国为 13.0%，但美国自 1945 年以来只发生过两次银行危机。表 7-2 子表 B 中使用莱因哈特和罗格夫（2009）的方法来界定银行危机的时间，采样时间主要限定于从 1970 年至 2008 年。

表 7-2 莱因哈特和罗格夫关于银行危机的界定

子表 A 自国家独立或 1800 年以来，银行危机发生频率[1]

国家	国家独立年份（如果国家独立年份在 1800 年之后）	自国家独立或 1800 年以来，银行危机发生年份所占百分比	自国家独立或 1800 年以来，银行危机数量	自国家独立或 1945 年以来，银行危机数量
阿尔及利亚	1962	6.4	1	1
安哥拉	1975	17.6	1	1
阿根廷	1816	8.8	9	4
澳大利亚	1901	5.7	3	2
奥地利		1.9	3	1
比利时	1830	7.3	10	1
玻利维亚	1825	4.3	3	3
巴西	1822	9.1	11	3
加拿大	1867	8.5	8	1
中非	1960	38.8	2	2

第7章 金融危机的界定

（续表）

智利	1818	5.3	7	2
中国		9.1	10	1
哥伦比亚	1819	3.7	2	2
哥斯达黎加	1821	2.7	2	2
科特迪瓦	1960	8.2	1	1
丹麦		7.2	10	1
多米尼加	1845	1.2	2	2
厄瓜多尔	1830	5.6	2	2
埃及	1831	5.6	3	2
萨尔瓦多	1821	1.1	2	2
芬兰	1917	8.7	5	1
法国		11.5	15	1
德国		6.2	8	2
希腊	1829	4.4	2	1
危地马拉	1821	1.6	3	2
洪都拉斯	1821	1.1	1	1
匈牙利	1918	6.6	2	2
印度	1947	8.6	6	1
印度尼西亚	1949	13.3	3	3
意大利		8.7	11	1

（续表）

日本		8.1	8	2
肯尼亚	1963	19.6	2	2
韩国	1945	17.2	3	3
马来西亚	1957	17.3	2	2
毛里求斯	1968	2.4	1	1
墨西哥	1821	9.7	7	2
摩洛哥	1956	3.8	1	1
缅甸	1948	13.1	1	1
荷兰		1.9	4	1
新西兰	1907	4.0	1	1
尼加拉瓜	1821	5.4	1	1
尼日利亚	1960	10.2	1	1
挪威	1905	15.7	6	1
巴拿马	1903	1.9	1	1
巴拉圭	1811	3.1	2	1
秘鲁	1821	4.3	3	1
菲律宾	1947	19.0	2	2
波兰	1918	5.6	1	1
葡萄牙		2.4	5	0
罗马尼亚	1878	7.8	1	1
俄罗斯		1.0	2	2

第7章 金融危机的界定

（续表）

新加坡	1965	2.3	1	1
南非	1910	6.3	6	2
西班牙		8.1	8	2
斯里兰卡②	1948	8.2	1	1
瑞典		4.8	5	1
泰国		6.7	2	2
突尼斯	1957	9.6	1	1
土耳其		2.4	2	2
英国		9.2	12	4
美国		13.0	13	2
乌拉圭	1811	3.1	5	2
委内瑞拉	1830	6.2	2	2
赞比亚	1964	2.2	1	1
津巴布韦	1965	27.3	1	1

子表 B　1970—2008 年银行危机时间③

国家或地区	银行危机时间	国家或地区	银行危机时间
阿尔巴尼亚	1992	智利	1976
阿尔及利亚	1990—1992	智利	1980
安哥拉	1992—1996	中国	1997—1999
阿根廷	1980.3—1982	哥伦比亚	1982.7—1987
阿根廷	1985.5	哥伦比亚	1998.4

（续表）

阿根廷	1989—1990	刚果（金）	1982
阿根廷	1995	刚果（金）	1991—1992
阿根廷	2001.3	刚果（金）	1994—?
亚美尼亚	1994.8—1996	刚果（布）	1992—?
澳大利亚	1989—1992	哥斯达黎加	1987
奥地利		哥斯达黎加	1994—1997
阿塞拜疆	1995	科特迪瓦	1988—1991
孟加拉国	1987—1996	克罗地亚	1996
白俄罗斯	1995	捷克	1991—?
比利时		丹麦	1987.3—1992
贝宁	1988—1990	吉布提	1991—1993
玻利维亚	1987.10—1988	多米尼加	1996
玻利维亚	1994	多米尼加	2003
玻利维亚	1999	厄瓜多尔	1981
波黑	1992—	厄瓜多尔	1994
博茨瓦纳	1994—1995	厄瓜多尔	1996
巴西	1985.11	厄瓜多尔	1998.4—1999
巴西	1990	埃及	1980.1—1981
巴西	1994.7—1996	埃及	1990.1—1995

第7章 金融危机的界定

（续表）

文莱	1986	萨尔瓦多	1989
保加利亚	1995—1997	萨尔瓦多	1998
布基纳法索	1988—1994	赤道几内亚	1983—1985
布隆迪	1994—1995	厄立特里亚	1993
喀麦隆	1987—1993	爱沙尼亚	1992—1995
喀麦隆	1995—1998	爱沙尼亚	1994
加拿大	1983—1985	以色列	1983.10
佛得角	1993	意大利	1990—1995
中非	1976—1982	牙买加	1994—1997
中非	1988—1999	牙买加	1995—2000
乍得	20世纪80年代	日本	1992—1997
乍得	1992	约旦	1989.8—1990
爱沙尼亚	1998	肯尼亚	1985—1989
埃塞俄比亚	1994—1995	肯尼亚	1992
芬兰	1991.9—1994	肯尼亚	1993—1995
法国	1994—1995	肯尼亚	1996
加蓬	1995	韩国	1986.1
冈比亚	1985—1992	韩国	1997.7
格鲁吉亚	1991	科威特	1983

(续表)

德国	1977	吉尔吉斯共和国	1993
加纳	1982—1989	老挝	20世纪90年代早期
加纳	1997	拉脱维亚	1994—1999
希腊	1991—1995	黎巴嫩	1988—1990
危地马拉	1991	莱索托	1988
危地马拉	2001	利比里亚	1991—1995
危地马拉	2006	立陶宛	1995—1996
几内亚	1985	马其顿	1993—1994
几内亚比绍	1995	马达加斯加	1988
洪都拉斯	1999	马来西亚	1985.7—1988
洪都拉斯	2001	马来西亚	1997.9
洪都拉斯	2002	马里	1987—1989
中国香港	1982	毛里塔尼亚	1984—1993
中国香港	1983—1986	毛里求斯	1997
中国香港	1998	墨西哥	1981—1982
匈牙利	1991—1995	墨西哥	1982.9—1991
冰岛	1985—1986	墨西哥	1992.10
冰岛	1993	墨西哥	1994—1997

第 7 章 金融危机的界定

(续表)

印度	1993—1996	斯洛伐克	1991
印度尼西亚	1992.11	斯洛伐克	1993—1994
印度尼西亚	1994	南非	1977.12—1978
印度尼西亚	1997—2002	南非	1989
爱尔兰		西班牙	1977—1985
以色列	1977—1983	斯里兰卡	1989—1993
摩洛哥	1983	斯威士兰	1995
莫桑比克	1987—1995	瑞典	1991.12—1994
缅甸	1996—?	瑞士	
尼泊尔	1988	中国台湾	1997—1998
荷兰		中国台湾	1983—1984
新西兰	1987—1990	中国台湾	1995.7
尼加拉瓜	1987—1996	塔吉克斯坦	1996—?
尼加拉瓜	2000—2002	坦桑尼亚	1987
尼日尔	1983—?	泰国	1979.3
尼日利亚	1992—1995	泰国	1983.10—1987
尼日利亚	1997	泰国	1996.5
挪威	1987—1993	多哥	1993—1995
巴拿马	1988—1989	特立尼达和多巴哥	1982—1993

(续表)

巴布亚新几内亚	1989—?	突尼斯	1991—1995
巴拉圭	1995—1999	土耳其	1982—1985
巴拉圭	2002	土耳其	1991.1
秘鲁	1983.4—1990	土耳其	1994.4
秘鲁	1999	土耳其	2000
菲律宾	1981.1—1987	乌干达	1994—2002
菲律宾	1997.7—1998	乌克兰	1997—1998
波兰	1991	英国	1974—1976
葡萄牙		英国	1984
罗马尼亚	1990	英国	1991
俄罗斯	1995.8	英国	1995
俄罗斯	1998—1999	美国	1984—1991
卢旺达	1991	乌拉圭	1971.3
圣多明各		越南	1997—?
苏格兰		也门	1996—?
圣多美和普林西比	1991	赞比亚	1995

(续表)

塞内加尔	1988—1991	津巴布韦	1995
塞拉利昂	1990	新加坡	1982
乌拉圭	1981.3—1984	委内瑞拉	1978—1986
乌拉圭	2002	委内瑞拉	1993.10—1995

该表聚焦于根据莱因哈特和罗格夫（2009）对银行危机的定义和时间界定，从1800年或一个国家独立以来65个国家所经历的银行危机。表中子表A展示了65个国家独立的时间（如果独立时间在1800年以后）；自1800年或一个国家独立以来该国经历银行危机的年份百分比；自1800年或一个国家独立以来该国经历银行危机的数量；以及自独立或1945年以来该国银行危机的数量。子表B展示了被调查国家或地区从1970年至2008年银行危机的时间。
①资料来源：莱因哈特和罗格夫（2009）。独立年份——见该书表3-1第一栏；自独立或1800年以来违约或重组年份比率——见表10-1第2栏；自独立或1800年以来银行危机的数量——见表10-3和表10-4第一栏；自独立或1945年以来银行危机的数量——见表10-3或表10-4第二栏。
②斯里兰卡独立年份并未出现在莱因哈特和罗格夫（2009）著作的表3-1中。本书作者添加了这一信息。
③资料来源：莱因哈特和罗格夫（2009）：附录中表A-4-1数据。

在对各国金融危机详细分析的基础上，他们提出，"很显然，一次又一次，国家、银行、个人、公司在好的时期过度负债，对风险没有足够的意识；当不可避免的衰退来袭时，风险也将紧随其后"（Reinhart and Rogoff, 2009）。他们认为，政府和政府担保的债务（暗含由于存款保险而产生的银行债务）所导致的问题最为严重，因为这时可累积大量市场无法消化的债务。这一问题我们将主要放在第9章进行讨论，第9章将集中分析流动性创造与金融危机预测。

7.3 拉文和瓦伦西亚关于全球金融危机的分析

拉文和瓦伦西亚（Laeven and Valencia, 2013）研究了一个

从 1970 年至 2011 年各国银行危机、主权债务危机以及货币危机的综合数据库。[5] 他们发现在这一时期共发生 147 次银行危机（其中 13 次属于临界事件）、66 次主权债务危机以及 211 次货币危机。他们发现，银行危机和主权债务危机造成的损失最大，货币危机次之。我们这里的讨论主要集中于银行危机，这也是他们论文的重点。

他们认为，根据莱因哈特和罗格夫（2009）的论文所述，对银行危机时间的界定通常基于"事件"或主观标准的定义。这样的方法非常灵活但随意性可能很大。为了想出一个方法以减少上述问题，他们将银行危机定义为符合下列两种条件的事件：

1."银行系统发生危机的重要迹象（以重大的银行挤兑、银行系统亏损或银行清算为标志）。

2.作为对银行系统重大亏损的回应，政府出台重要的银行干预措施。"（Laeven and Valencia，2013）

为了明确危机时间的界定是根据主要问题的最初迹象，这些条件均符合的第一年被定义为危机全局化的年份。

拉文和瓦伦西亚（2013）认为，从原则上讲，条件 1 便足以界定危机时间，因为无政策干预的银行危机便可导致银行部门的倒闭，但是，他们承认有时通过及时而精确的方法也无法衡量危机。为此，他们增加了条件 2，将政府干预作为衡量危机的直接方法。他们认为，倘若干预对银行部门而言十分重要的话，那么，仅根据条件 2 便足以对银行危机进行分类，也就是说，下列 6 种政府干预中至少 3 种得到使用：

1."存款冻结和（或）银行假期（当局实施存款冻结或宣布银行

第 7 章　金融危机的界定

放假）。

2. 重要银行国有化（政府接管对于全局来讲重要的金融机构，包括政府获得机构的大多数股权）。

3. 银行重组总支出（针对银行部门重组的总财政支出——包括资本重组支出，但不包括流动资产和资产购买——至少占 GDP 的 3%）。

4. 大规模偿债支持（超过存款和外债的 5%，相当于危机前水平的两倍以上）。

5. 重要担保（政府对负债提供充分保护，或者对非存款负债提供额外保证）。

6. 重要资产购买（政府购买资产的总支出占 GDP 5% 以上）。"（Laeven and Valencia，2013）

如果仅存在两种政府干预，事件就可以被认为是临界事件。[6] 根据他们的方法论，只有连续两年实际 GDP 上升、实际信贷增长成为可能，这之前才为危机的结束年份。

表 7-3 子表 A 与他们论文中表 1 一致，该表聚焦于 2007—2011 年的最近一段时期。它展示了 2007—2011 年的 17 次全局性银行危机和 8 次临界事件，包括危机发生的年份、危机蔓延的年份（至少 3 种干预政策得到执行）以及所执行的干预政策。正如拉文和瓦伦西亚（2013）在论文中所说的，子表 A 并不包括措施 1——存款冻结和银行假期这一栏，这是因为在 21 世纪前十年的后几年中，不存在银行假期，并且只存在一次存款冻结（拉脱维亚的巴莱克斯银行）。子表 A 也不包括危机结束时间，因为直到 2011 年（样本结束年份），所有国家均不满足危机结束条件。

表 7-3 拉文和瓦伦西亚关于银行危机的界定

子表 A 2007—2011 年发生的 17 次全局性银行危机和 8 次临界事件[①]

国家	危机开始时间	全局化时间	大量流动性支持	重大债务担保	重大重组开支	重大资产购买	重要国有化事件
全局性事件							
奥地利	2008	2008	√	√	√		√
比利时	2008	2008	√	√	√		√
丹麦	2008	2009	√	√			√
德国	2008	2009	√	√			
希腊	2008	2009	√	√	√		√
冰岛	2008	2008	√	√	√		
爱尔兰	2008	2009	√	√	√	√	√
哈萨克斯坦	2008	2010	√	√			√
拉脱维亚	2008	2008	√	√	√		√
卢森堡	2008	2008	√	√	√		
蒙古	2008	2009	√	√	√		√

第 7 章 金融危机的界定

（续表）

荷兰	2008	2008	✓	✓		✓
尼日利亚	2009	2011	✓	✓	✓	✓
西班牙	2008	2011	✓	✓	✓	
乌克兰	2008	2009	✓	✓	✓	✓
英国	2007	2008	✓	✓	✓	✓
美国	2007	2008	✓	✓	✓	
临界事件						
法国	2008		✓	✓		
匈牙利	2008		✓	✓		
意大利	2008		✓	✓		
葡萄牙	2008		✓	✓		
俄罗斯	2008		✓	✓		
斯洛文尼亚	2008		✓	✓		
瑞典	2008		✓			
瑞士	2008				✓	

子表 B 1970—2011 年发生的全局性银行危机[②]

国家	开始时间	结束时间	产出损失	国家	开始时间	结束时间	产出损失
阿尔巴尼亚	1994	1994	—	格鲁吉亚	1991	1995	—
阿尔及利亚	1990	1994	41.4	德国	2008	—	12.1
阿根廷	1980	1982	58.2	加纳	1982	1983	14.1
阿根廷	1989	1991	12.6	智利	1976	1976	19.9
阿根廷	1995	1995	0.0	智利	1981	1985	8.6
阿根廷	2001	2003	70.9	中国	1998	1998	19.5
亚美尼亚	1994	1994	—	哥伦比亚	1982	1982	47.0
奥地利	2008	—	13.8	哥伦比亚	1998	2000	43.9
阿塞拜疆	1995	1995	—	刚果（金）	1983	1983	1.4
孟加拉国	1987	1987	0.0	刚果（金）	1991	1994	129.5
白俄罗斯	1995	1995	—	刚果（金）	1994	1998	79.0
比利时	2008	—	19.1	刚果（布）	1992	1994	47.4
贝宁	1988	1992	14.9	哥斯达黎加	1987	1991	0.0
玻利维亚	1986	1986	49.2	哥斯达黎加	1994	1995	0.0
玻利维亚	1994	1994	0.0	科特迪瓦	1988	1992	44.8
波黑	1992	1996	—	克罗地亚	1998	1999	—
巴西	1990	1994	62.3	捷克	1996	2000	
巴西	1994	1998	0.0	丹麦	2008	—	36.3
保加利亚	1996	1997	63.1	吉布提	1991	1995	0.0
布基纳法索	1990	1994	—	多米尼加	2003	2004	—
布隆迪	1994	1998	121.2	厄瓜多尔	1982	1986	98.2
喀麦隆	1987	1991	105.4	厄瓜多尔	1998	2002	23.3
喀麦隆	1995	1997	8.1	埃及	1980	1980	0.9

第7章 金融危机的界定

（续表）

佛得角	1993	1993	0.0	萨尔瓦多	1989	1990	0.0
中非	1976	1976	0.0	赤道几内亚	1983	1983	0.0
中非	1995	1996	1.6	爱尔兰	2008	—	105.3
乍得	1983	1983	0.0	以色列	1977	1977	76.0
乍得	1992	1996	0.0	意大利	2008	—	33.2
厄立特里亚	1993	1993	—	牙买加	1996	1998	32.2
爱沙尼亚	1992	1994	—	日本	1997	2001	45.0
芬兰	1991	1995	67.3	约旦	1989	1991	106.4
法国	2008	—	23.6	哈萨克斯坦	2008	—	0.0
希腊	2008	—	43.1	肯尼亚	1985	1985	23.7
几内亚	1985	1985	0.0	肯尼亚	1992	1994	50.3
几内亚	1993	1993	0.0	韩国	1997	1998	56.1
几内亚比绍	1995	1998	15.7	科威特	1982	1985	143.4
圭亚那	1993	1993	0.0	吉尔吉斯共和国	1995	1999	—
海地	1994	1998	37.5	拉脱维亚	1995	1996	—
匈牙利	1991	1995	—	拉脱维亚	2008	—	106.2
匈牙利	2008	—	39.9	黎巴嫩	1990	1993	102.2
冰岛	2008	—	41.9	利比里亚	1991	1995	—
印度	1993	1993	0.0	立陶宛	1995	1996	—
印度尼西亚	1997	2001	69.0	卢森堡	2008	—	36.4
马其顿	1993	1995	—	波兰	1992	1994	—
马达加斯加	1988	1988	0.0	葡萄牙	2008	—	36.8

（续表）

马来西亚	1997	1999	31.4	罗马尼亚	1990	1992	—
马里	1987	1991	0.0	俄罗斯	1998	1998	—
毛里塔尼亚	1984	1984	7.5	俄罗斯	2008	—	0.0
墨西哥	1981	1985	26.6	圣多美和普林西比	1992	1992	1.9
墨西哥	1994	1996	10.2	塞内加尔	1988	1991	5.6
蒙古	2008	—	0.0	塞拉利昂	1990	1994	34.5
摩洛哥	1980	1984	21.9	斯洛伐克	1998	2002	44.2
莫桑比克	1987	1991	0.0	斯洛文尼亚	1992	1992	—
尼泊尔	1988	1988	0.0	斯洛文尼亚	2008	—	38.0
荷兰	2008	—	23.0	西班牙	1977	1981	58.5
尼加拉瓜	1990	1993	11.4	西班牙	2008	—	38.7
尼加拉瓜	2000	2001	0.0	斯里兰卡	1989	1991	19.6
尼日尔	1983	1985	97.2	斯威士兰	1995	1999	45.7
尼日利亚	1991	1995	0.0	瑞典	1991	1995	31.6
尼日利亚	2009	—	0.0	瑞典	2008	—	25.5
挪威	1991	1993	5.1	瑞士	2008	—	0.0
巴拿马	1988	1989	85.0	坦桑尼亚	1987	1988	0.0
巴拉圭	1995	1995	15.3	泰国	1983	1983	24.8
秘鲁	1983	1983	55.2	泰国	1997	2000	109.3
菲律宾	1983	1986	91.7	多哥	1993	1994	38.5
菲律宾	1997	2001	0.0	突尼斯	1991	1991	1.3
土耳其	1982	1984	35.0	乌拉圭	1981	1985	38.1

第 7 章 金融危机的界定

（续表）

土耳其	2000	2001	37.0	乌拉圭	2002	2005	66.1
乌干达	1994	1994	0.0	委内瑞拉	1994	1998	1.2
乌克兰	1998	1999	0.0	越南	1997	1997	0.0
乌克兰	2008	—	0.0	也门	1996	1996	12.2
英国	2007	—	25.6	赞比亚	1995	1998	31.6
美国	1988	1988	0.0	津巴布韦	1995	1999	10.4
美国	2007	—	30.6				

该表展示了根据拉文和瓦伦西亚（2013）对银行危机的定义和时间界定，发生在1970—2011年世界范围内的全局性银行危机。子表 A 集中于发生在 2007—2011 年的 17 次全局性银行危机和 8 次临界事件。全局性银行危机（临界事件）即为 6 种干预中至少 3 种（精确地说是 2 种）发生时的情况。干预包括：大规模偿债支持，超过存款和外债的 5%，并且至少相当于危机前水平的两倍以上；重要债务担保，政府对负债提供充分保护，或者对非存款负债提供额外保证；重大重组支出，针对银行部门重组的总财政支出——包括资本重组支出，但不包括流动资产和资产购买——至少占 GDP 的 3%；重要资产购买，超过 GDP 的 5%；重要银行国有化，政府接管系统中重要的金融机构；存款冻结和（或）银行假期，这一栏在拉文和瓦伦西亚（2013）中被省略，因为 2007—2011 年不存在银行假期且只存在一次存款冻结。子表 B 展示了发生在 1970—2011 年的 100 多次全局性银行危机的开始年份、结束年份以及产出损失。产出损失是在 [T，T+3] 时段内实际 GDP 和实际 GDP 趋势的差值除以实际 GDP 趋势后的百分数的累积值，T 为危机开始年份。
① 资料来源：拉文和瓦伦西亚（2013），表 1。
② 资料来源：拉文和瓦伦西亚（2013），表 A1 前四栏。

表 7-3 子表 B 展示了拉文和瓦伦西亚（2013）论文中表 A1 的前四栏，覆盖他们论文的全部时期：从 1970 年至 2011 年。该表列举了总共 147 次银行危机。根据他们的方法，美国在这一时期经历了两次银行危机：一次为发生于 1988 年的临界事件，一次为从 2007 年至少持续至 2011 年的全局性银行危机。以下三点值得注意：

第一，他们的分类方法没有将 1990 年第 1 季度—1992 年第 4 季度的信贷紧缩归至银行危机。第二，他们的分析方法表明，美国次贷危机至少持续至 2011 年，即样本的最后一年。第三，第四栏展示了每一次危机的产出损失，表明 1988 年的银行危机导致的产出损失占 GDP 的比例为 0.0%，次贷危机导致的产出损失占 GDP 的比例为 30.6%。

7.4 冯·哈根和何关于各国银行危机的研究

冯·哈根和何（Von Hagen and Ho，2007）的研究表明，定义危机事件是银行危机实证研究中的挑战。文献中通常使用事件方法（events method），聚焦于可预见的政策干预，比如强制兼并、停业或紧急救助。他们基于几种原因反对这种方法：有时政府干预并非是对危机的回应；很难判断何时干预才重要到足以使事件称为危机；政府干预通常在危机之后发生。他们指出，研究表明当数据存在重叠时，使用事件方法界定出的银行危机时间通常是不准确的。

表 7-4 子表 A 显示了他们强调的七项使用事件方法的研究中所界定的银行危机时间，这七项研究分别为：林格伦、加西亚和萨尔（Lindgren, Garcia, and Saal, 1996）；卡普里奥和克林格比尔（Caprio and Klingebiel, 1996）；德米古克-昆特和迪特拉吉亚齐（1998）；格里克和哈奇森（Glick and Hutchison, 2001）；卡明斯基和莱因哈特（Kamingsky and Reinhart, 1999）；波尔多和施瓦茨（Bordo and Schwartz, 2000）；波尔多、艾肯格林、克林格比尔和马丁内斯-佩利亚（Bordo, Eichengreen, Klingebiel, and Martinez-Peria, 2001）。

第 7 章 金融危机的界定

表 7-4 冯·哈根和何关于全球银行危机日期与其研究日期的比较

子表 A 关于所选论文中银行危机时间间的比较①

	林格伦、加西亚和萨尔（1996）	卡普里奥和克林格比尔（1996）	德米古克-昆特和迪特拉吉亚齐（1998）	格里克和哈奇森（2001）	卡明斯基和莱因哈特（1999）（开始时间）	卡明斯基和莱因哈特（1999）（高峰时间）	波尔多和施瓦茨（2000）	波尔多、艾肯格林、克林比尔和马丁内斯-佩利亚（2001）
涵盖时期	1980—1996年	20世纪70年代末—1995年	1980—1994年	1975—1997年	1970—1995年	1970—1995年	1973—1999年	1972—1998年
阿根廷	1980—1982年	1980—1982年		1980—1982年	1980年3月	1982年7月	1980年	1980年
	1989—1990年	1989—1990年		1989—1990年	1985年5月	1989年6月	1985年	1985年
	1995年	1995年		1995—1997年	1994年12月	1995年3月	1989年	1989年
							1995年	1995年
玻利维亚	1986—1987年	1986—1987年		1986—1987年	1987年10月	1988年6月	1985年	
	1994年至今			1994—1997年				

（续表）

国家						
巴西	1994年至今	1994—1995年		1990年	1985年11月　1985年11月	1990年	1990年
喀麦隆	1989—1993年	1987—?		1987—1993年			
	1995年至今			1995—1997年	1994年12月　1996年3月	1994年	1994年
智利	1981—1987年	1976年	无	1976年	1981年9月　1983年3月	1976年	1976年
		1981—1983年		1981—1983年		1981年	1981年
哥伦比亚	1982—1985年	1982—1987年	1982—1985年	1982—1987年	1982年7月　1985年6月	1982年	1982年
科特迪瓦	1988—1990年	1988—1991年					

第 7 章　金融危机的界定

（续表）

国家									
丹麦	1987—1992年		无	1987—1992年		1987年3月	1990年6月		1987年
厄瓜多尔	1995年至今	20世纪80年代初	无	1980—1982年				1981年	1981年
埃及	1991—1995	20世纪80年代初	无	1996—1997年					1990年
芬兰	1991—1994年	1991—1993年	无	1980—1985年	1991—1995年	1991年9月	1992年6月		1991年
法国	1991—1995	1994/1995年	无	1991—1994年	1994—1995年				1994年
德国	1990—1993	20世纪70年代末	无	1978—1979年					1977年

（续表）

国家							
加纳	1983—1989年	1982—1989年				1982—1989年	1997年
希腊	1991—1995年		无			1991—1995年	
冰岛	1985—1986年	1985—1986年		1993年		1993年	
印度	1991年至今	1994—1995年	1991—1994年			1993—1997年	
印度尼西亚	1992年至今	1994年	1992—1994年	1994年	1992年11月	1992年11月	1992年
				1997年			1997年
爱尔兰	1985年		无			无	

第 7 章 金融危机的界定

（续表）

以色列	1983—1984年	1977—1983年	1983—1984年		1983年10月	1984年6月 1977年
意大利	1990—1995年		1990—1994年	1990—1995年		
牙买加	1994年至今		无	1994—1997年		
日本	1992年至今	20世纪90年代	1992—1994年	1992—1997年		1992年
	1993年	1985—1989年	1993年	1985—1989年		
肯尼亚		1992年		1992—1997年		
		1993—1995年				

银行流动性创造与金融危机

（续表）

国家							
马来西亚	1985—1988年	1985—1988年	1985—1988年	1985年7月 1986年8月	1985年	1985年
			1997年			1998年
墨西哥	1982年	1981/1982年	1982年	1982年9月 1984年6月	1981年	1981年
	1994年至今	1995年	1994年	1992年10月 1996年3月	1994年	1994年
尼泊尔	20世纪80年代末至今	1988年	1988—1994年			
新西兰	1989—1990年	1987—1990年	1987—1990年	无	1987年	1987年
尼日利亚	1991—1995年	20世纪90年代	1993—1997年	1991—1994年	1993—1997年		1991年
挪威	1987—1993年	1987—1989年	1987—1993年	1987—1993年	1998年11月 1991年10月	1987年	1987年

第 7 章 金融危机的界定

（续表）

国家							
巴拉圭	1995年至今	1995年	无	1995—1997年		1995年	1995年
秘鲁	1983—1990年	1981—1987年	无	1983—1990年	1983年3月	1983年	1983年
菲律宾	1981—1987年	1988—1991年	1981—1987年	1981—1987年	1983年4月	1981年	1981年
				1997年	1981年1月 1985年6月	1998年	1998年
葡萄牙			1986—1989年	1986—1989年			无
塞内加尔	1983—1988年	1983—1988年					
新加坡	1982年	无	1982年			1982年	1982年
南非	1977年	1985年	1977年			1977年	1977年
	1989年至今		1985年	1989年			1985年

（续表）

国家					
西班牙	1977—1985年	1977—1985年		1977—1985年 1978年11月 1983年1月	1977年
瑞典	1990—1993年	1991年	1990—1993年	1991年11月 1992年9月	
泰国	1983—1987年	1983—1987年	无	1983—1987年 1979年3月	1983年
			1997年	1997年 1983年10月 1985年6月	1997年
土耳其	1982年	1982—1985年	1991年	1982—1985年 1991年1月 1991年3月	1982年
	1991年		1994年	1991年	1991年
	1994年			1994—1995年	1994年
乌干达	1990年至今	1994年	1990—1994年	1994—1997年	

第 7 章 金融危机的界定

（续表）

英国	1974—1976年	无	1975—1976年				1984年
美国	1980—1992年	1984—1991年	1981—1992年				
乌拉圭	1981—1985年	1981—1984年	1981—1985年	1981—1984年	1971年3月 1981年3月	1971年12月 1985年6月	1981年
委内瑞拉	1994年至今 1994/1995年	1980—?	1993—1994年 1994—1997年	1978—1986年	1993年10月	1994年8月	1980年 1993年

子表 B　47 个国家的银行危机时间[②]

国家	窗宽 =8 个季度	国家	窗宽 =8 个季度
奥地利	无危机	墨西哥	1989 年第 2 季度
布隆迪	1998 年第 4 季度	尼泊尔	无危机
智利	1984 年第 4 季度	荷兰	1986 年第 4 季度
塞浦路斯	1986 年第 1 季度	新西兰	1983 年第 1 季度
丹麦	1993 年第 1 季度	尼日尔	1982 年第 3 季度
厄瓜多尔	1984 年第 2 季度	尼日利亚	1996 年第 3 季度
埃及	1990 年第 4 季度	巴布亚新几内亚	1981 年第 2 季度
萨尔瓦多	1987 年第 4 季度	秘鲁	1990 年第 2 季度
芬兰	1989 年第 4 季度	葡萄牙	1985 年第 3 季度
法国	1981 年第 3 季度	塞内加尔	1995 年第 4 季度
德国	1988 年第 4 季度	塞舌尔	1982 年第 2 季度
希腊	1981 年第 2 季度	南非	1990 年第 1 季度
危地马拉	1991 年第 4 季度	西班牙	1983 年第 3 季度
洪都拉斯	1985 年第 4 季度	斯里兰卡	1983 年第 3 季度
印度	1999 年第 4 季度	斯威士兰	1982 年第 1 季度
印度尼西亚	1998 年第 1 季度	瑞典	1992 年第 3 季度
爱尔兰	1992 年第 4 季度	瑞士	1998 年第 4 季度
以色列	1984 年第 3 季度	泰国	1998 年第 1 季度

第7章 金融危机的界定

（续表）

意大利	1992年第3季度	多哥	1980年第3季度
牙买加	1997年第1季度	土耳其	2001年第1季度
日本	1998年第3季度	乌干达	1989年第3季度
肯尼亚	1993年第2季度	美国	1981年第3季度
韩国	1998年第1季度	乌拉圭	1983年第1季度
		委内瑞拉	1997年第4季度

该表展示了两部分，包含来自冯·哈根和何（2007）论文中的表。子表A对比了七项研究中通过事件方法所界定的银行危机的时间，事件方法聚焦于可预见的政策干预，比如强制兼并、停业或紧急救助。研究包括：林格伦、加西亚和萨尔（1996）；卡普里奥和克林格比尔（1996）；德米古克-昆特和迪特拉吉亚齐（1998）；格里克和哈奇森（2001）；卡明斯基和莱因哈特（1999）；波尔多和施瓦茨（2000）；波尔多、艾肯格林、克林格比尔和马丁内斯-佩利亚（2001）。空白部分表明研究并未评定该国的危机，"无"表明研究评定并发现该国并无危机存在。子表B包含了根据冯·哈根和何提出的货币市场压力指数所定义的47次银行危机的时间。货币市场压力指数是1980—2001年储备与银行存款比率变化率和短期实际利率变化率的加权平均数。
① 资料来源：冯·哈根和何（2007），表1。
② 资料来源：冯·哈根和何（2007），表8。

冯·哈根和何（2007）采用了针对货币危机的文献中所提倡的一种替代方法。他们认为，当银行部门对央行储备的需求由于下列原因而大幅增加时，银行危机便会发生。这些原因为：(1) 贷款质量显著下降，不良贷款显著增加；(2) 出乎意料的存款撤回；(3) 同业拆借枯竭。[7]中央银行可以通过以下途径进行应对：(1) 提高短期利率；(2) 向银行系统注入更多储备。在此基础上，他们提出了货币市场压力指数（index of money market pressure，IMP），这是储备与银行存款比率变化率和短期实际利率变化率的加权平均数。他们认为,若一国某一时期的货币市场压力指数超过该国所有样本分布中98.5%百分位数的货币市场压力指数值,并且自上一时期以来该国货币市场压力指数增长率至少达到5%,则该时期即为该国银行危机的开始时间。因而,只有特殊事件才能归为危机。他们使用了1980—2001年47个国家的数据来对银行危机进行分类(详见表7-4子表B),并且表明大衰退、高通货膨胀率、巨额财政赤字、估值过高的货币以及显性存款保险等有助于预测危机。

7.5 伯杰和鲍曼关于美国金融危机的研究

伯杰和鲍曼(2013)聚焦于1984年第1季度至2010年第4季度发生在美国的金融危机,来研究危机时期和正常时期银行资本对其运营所产生的影响。他们认识到并非所有金融危机都是相似的。起源于银行部门的危机与起源于资本市场的危机所产生的影响是不同的。他们将银行危机(起源于银行部门的危机)分为两类:20世纪90年代早期的信贷紧缩(1990年第1季度至1992年第4季度);美国次贷危机(2007年第3季度至2009年第4季度)。他们也将市场危机(起源于金融市场中银行业之外的危机)分为三类:1987年股市崩盘(1987年第4季度);1998年俄罗斯债务危机,以及美国政府对长期资本管理公司的紧急救助(1998年第3季度至1998年第4季度);2000年互联网泡沫破裂和2001年"9·11"恐怖袭击(2000年第2季度至2002年第3季度)。[8]

表7-5给出了这五次危机的时间,而专栏7-1则详细介绍了这五次危机。

表 7–5　伯杰和鲍曼对五次金融危机的界定

危机	时间
银行危机	
信贷紧缩	1990 年第 1 季度至 1992 年第 4 季度
次贷危机	2007 年第 3 季度至 2009 年第 4 季度
市场危机	
股市崩盘	1987 年第 4 季度
俄罗斯债务危机／对长期资本管理公司的救助	1998 年第 3 季度至 1998 年第 4 季度
互联网泡沫破灭和"9·11"恐怖袭击	2000 年第 2 季度至 2002 年第 3 季度

该表展示了两次银行危机（源于银行部门的危机）和三次市场危机（源于非银行金融市场的危机）。

7.6　本书实证分析中的金融危机

对于本书的实证分析部分来说，对是否构成金融危机的选择非常重要。本书中的所有汇总统计数据和新实证分析数据均采用美国商业银行 1984 年第 1 季度至 2014 年第 4 季度这 31 年的季度数据。数据时间起始于 1984 年第 1 季度是因为银行监管报表季度数据对于用以计算该时期之后的流动性创造的表内业务和表外业务均提供了足够的细节。数据时间结束于 2014 年第 4 季度，该时间为本文撰写时可利用的监管报表的最后一季度。然后要做出的选择是确定这一时期的美国发生了哪些危机。

德米古克-昆特和迪特拉吉亚齐（1998）、莱因哈特和罗格夫（2009）以及拉文和瓦伦西亚（2013）聚焦于通过政策干预帮助定义金融危机，本书则根据冯·哈根和何（2007）的建议，反对采用上述方法来定义金融危机。不过，本书又有别于冯·哈根和何（2007）将金融危机限定于流动性冲击的做法，因为美国许多重大的金融危机并不涉及银行流动性问题。例如，1990年第1季度至1992年第4季度美国信贷紧缩是由资本冲击而非流动性冲击导致。如同德米古克－昆特和迪特拉吉亚齐（1998）以及拉文和瓦伦西亚（2013）所述，本书既包括银行危机，同时也包括通常牵涉重大金融混乱并且能够导致经济衰退的市场危机（正如发生在2000年互联网泡沫破裂和2001年"9·11"恐怖袭击事件之后的情况）。如同拉文和瓦伦西亚（2013）所述，本书包括了始于2007年美国的金融危机，但不包括主权危机和货币危机，因为在样本数据时间段这些都没有在美国发生过。最后，很重要的一点，本书包括了足够数量的金融危机（而大多数研究只考察了这一时期发生在美国的一两次金融危机），这样，就可以得出有关金融危机的更为一般性的结论。

正是由于这些原因，本书使用由伯杰和鲍曼（2013）所分类的五次银行危机和市场危机。不同于他们的数据集结束于2010年第4季度，本书的数据一直持续到2014年第4季度，但是，本书并未添加额外的金融危机，因为在样本数据时间段的最后四年中没有一次危机发生在美国。[9]

专栏7-1　从1984年第1季度至2010年第4季度发生在美国的五次金融危机

该专栏描述了由伯杰和鲍曼（2013）分类的自1984年第1季度至2010年第4季度发生在美国的两次银行危机和三次市场危机，改编于伯杰和鲍曼（2013）的论文。

第7章 金融危机的界定

两次银行危机

信贷紧缩（从1990年第1季度至1992年第4季度）：在20世纪90年代的前三年中，银行商业贷款和工业贷款扣除物价因素实质上是减少的，特别是小银行和小额贷款。信贷紧缩的原因包括：20世纪80年代后期由于贷款损失经历而导致的银行资本下降；[①]银行杠杆需求增加；《巴塞尔协议Ⅰ》中基于风险的资本标准的执行；这一时期《联邦存款保险公司改进法案》及时纠正行动规定的执行；给定银行条件下更糟的检验评级面临的监管严格度的提高；以及由于宏观经济和局部衰退导致的贷款需求减少。[②]现有的研究对这些假设中的每一项都提供了支持（例如，Bernanke and Lown, 1991; Bizer, 1993; Berger and Udell, 1994; Hancock, Laing, and Wilcox, 1995; Peek and Rosengren, 1995a, b; Thakor, 1996; 以及 Berger, Kyle, and Scalise, 2001）。

美国次贷危机（从2007年第3季度至2009年第4季度）：美国次贷危机成形于2007年第3季度，这一时期次级抵押贷款支持的证券所产生的亏损开始向其他市场传播，包括银团贷款市场、同业拆借市场以及商业票据市场。许多银行经历了资本的大量损失。在全国范围内大量贷款损失导致了美国银行的并购。贝尔斯登融资人遭受了重大损失，贝尔斯登被摩根大通公司以低价收购，而美国纽约联邦储备银行为潜在的损失提供了290亿美元的担保。华盛顿互惠银行成为了美国历史上最大的破产金融机构。摩根大通公司购买了银行业务，而该机构的其他业务均以破产告终。印地麦克银行在遭受大量损失并且银行挤兑开始发生之后由联邦存款保险公司查封。联邦存款保险公司向联邦技术规范局第一西部银行出售了所有存款以及大部分资产，造成了40亿—80亿美元的损失。这些大银行破产加之许多小银行倒闭，导致联邦存款保险公司的存款保险基金出现赤字。美联储也通过一些前所未有的方式进行市场干预，包括量化宽松政策。[③]这些做法提高了市场的成熟度，同时降低了贴现窗口贷款利率，并且通过设立定期拍卖工具以鼓励商业银行从美联储更多地贷款。[④]美联储还向投资银行和一个保险公司（美国国际集团）扩展了其安全网，同时干预商业票据市场。自问题资产救助计划于2008年10月实施以来，美国财政部最初从救助资金（问题资产救助计划）7,000亿美元中预留出2,500亿美元以加强所选定银行的资本比率，包括2008年10月28日用于八大银行机构和美林证券公司的总数为1,250亿美元的救助资金。在2008年和2009年的其他时间，其他银行通过正式程序自动获得问题资产救助计划的救助基金。到2009年年底，美国财政部通过问题资产救助计划向709家银行机构注入2,049亿美元的资产。次贷危机被认为是于2009年第4季度结束的，在2009年第4季度，大部分投资给金融机构的问题资产救助计划基金已经偿还，大部分金融市场秩序已经恢复，美联储不久便重新扩展贴现窗口，结束定期拍卖工具。有关美国次贷危机的更多细节，见罗（Lo，2012）和萨克尔（2015）的综述论文。

三次市场危机

股市崩盘（1987年第4季度）：1987年10月19日星期一，股市发生崩盘，美国标准普尔500指数下跌20%左右。在股市崩盘之前的几年里，股价水平一路攀升，引起了市场关于股市被高估的担忧。[5]在股市崩盘发生之前的几天里，有两件大事的发生可能加速了股市崩盘：(1) 美国政府颁布法律，减少与融资并购有关的税收优惠；(2) 美国贸易赤字超出预期。这两件大事似乎都与10月19日的沽售压力和破纪录的交易量有关（部分由程序化交易导致）。[6]

俄罗斯债务危机/美国长期资本管理公司紧急救助（1998年第3季度至1998年第4季度）：自1994年3月危机爆发以来，长期资本管理公司对冲基金紧随"市场中立"的套利策略，旨在不管价格是涨还是跌都能赚钱。1998年8月17日，俄罗斯国债违约，投资者从其他政府债券市场逃离，转向美国国债的避风港。这一流动性转移导致了低风险投资组合价差迅速扩大。1998年8月底，长期资本管理公司的资本跌至23亿美元，不到其1997年12月资本价值的50%，资产为1,260亿美元。在9月份的前三周，美国长期资本管理公司的资本进一步跌至6亿美元，并未减少投资组合。银行开始怀

第7章 金融危机的界定

疑他们追加保证金的能力。⑦为了阻止由世界上最大的对冲基金倒闭而可能触发的系统性金融风险，1998年9月23日，纽约联邦储备银行帮助组织了一次35亿美元的救助，支付给美国长期资本管理公司的债权人。1998年第4季度，由于投资损失，许多大银行不得不采取大量的冲销措施。

互联网泡沫破裂和"9·11"恐怖袭击事件（2000年第2季度至2002年第3季度）：互联网泡沫是一种投机性股票价格泡沫，在20世纪90年代中期至21世纪初期形成。在这一时期，许多以互联网为基础的公司（通常被称为"网络公司"）成立。迅速飙升的股票价格和广泛利用的风险资本（早期高潜力成长中的初创公司可以发行股票筹资）创造了这些公司中的许多公司似乎主要关注市场占有率提高的环境。在经济繁荣的情况下，许多网络公司能够上市并且筹集大量资金，尽管它们并无利润，甚至无任何收入。2000年3月10日，纳斯达克综合指数达到顶峰，超过一年前价值的两倍，随后互联网泡沫破裂。许多网络公司用光资金并被收购或申请破产（破产的案例包括世界通讯公司和Pets.com公司）。美国经济开始下滑，商业投资减少。2001年9月11日的恐怖袭击事件通过影响投资情绪而加剧了股票市场的衰退。到2002年第3季度，纳斯达克综合指数下降了78%，技术类企业的市场价值减少了5万亿美元。

---

①这些贷款损失部分是由于20世纪80年代后期商业房地产泡沫的破裂以及在储蓄和贷款危机期间为复活而赌博的储蓄和贷款机构的不正当竞争（见7.1部分注释2中关于储蓄和贷款危机的内容）。

②《联邦存款保险公司改进法案》（FDICIA）于1991年通过，旨在改善银行监管，降低处理失败的成本。FDICIA第38条要求联邦银行监管机构在被保险机构资本不足的情况下采取"及时纠正行动"（PCA）。PCA规定了监管机构必须采取的一系列强制性行动，以及银行处于较低的资本范围时监管机构可以酌情采取的一系列行动。强制性措施包括提交可接受的资本恢复计划、股息限制以及接受新的高息存款的限制。如果资本处于较低的范围内，也可以不允许机构支付奖金，增加高级管理人员薪酬，或支付次级债的利息或本金。

银行流动性创造与金融危机

③"量化宽松"一词是 2001 年日本央行首次使用的。量化宽松政策是中央银行在普通货币政策工具无效时刺激经济的一种货币政策。例如,中央银行通常首先尝试通过购买短期政府债券来刺激经济,试图降低短期利率。当这些利率为(接近)零时,这种做法就无效了。这时,中央银行可以使用量化宽松政策:可以从商业银行和其他机构购买较长期限的金融资产,从而提高这些资产的价格并降低收益(即降低长期利率)。

④自 1913 年成立以来,美联储一直扮演着最后贷款人的角色,通过贴现窗口向面临着暂时流动性短缺的银行提供短期资金。在从 2007 年第 3 季度至 2009 年第 4 季度的次贷危机期间,贴现窗口基金起初被延长至 30 天,后又延至 90 天。为了解决贴现窗口使用可能与"污点"相关联的担忧(其使用可能被认为是存在问题的迹象),美联储创建了定期拍卖工具(TAF),一系列拍卖资金可用于合格的存托机构——这些机构的财务状况普遍良好。

⑤例如,1987 年 1 月 19 日的《华尔街日报》第 1 页的文章 "Raging bull, stock market's surge is puzzling investors: When will it end?"

⑥程序化交易是大型机构投资者使用的计算机化交易策略,其中大量交易的至少 15 只股票直接输入市场的计算机系统并自动执行。

⑦投资者以自有资金加上从经纪人处借入的资金买入证券,这是保证金购买。如果证券价格上涨,保证金购买能增加收益,但如果证券价格下降,也会放大损失。例如,如果投资者购买 100 美元的证券,其中一半用自己的资金购买,另一半用借款的方式购买,当证券价格上涨到 125 美元时,投资者赚取 50% 的利润,而当证券价格下跌到 75 美元时,投资者就会损失 50%。此外,当证券价格下跌时,经纪人可以发送追加保证金的通知,要求投资者注入资金,以恢复达到原始权益(所有权)余额,否则,经纪人将冲销投资者所持头寸。如果投资人不能满足保证金要求,经纪人可以对冲仓位。追加保证金通知或保证金通牒(Margin Call)之所以得其名,就是因为经纪人将通过电话呼叫投资者。

7.7　本章小结

本章首先概述了文献中所使用的定义金融危机和界定金融危机时间的方法。它们中的一些依赖于政策干预的使用，一些聚焦于流动性冲击。然后选择一个最适合本书所展示的实证分析的定义和时间界定方法，主要分析了1984年第1季度至2014年第4季度美国的情况。所选定的方法允许对不存在重大政策干预的、由不一定涉及流动性问题的银行或市场冲击引起的危机进行检验。关键在于对金融危机的定义和时间界定并无唯一的公式或规则适于所有的情况，为此，需要进行具体分析。

第 8 章　正常时期和危机时期银行流动性创造的不同度量

本章研究了从 1984 年第 1 季度至 2014 年第 4 季度，美国商业银行的流动性创造是如何变化的，同时研究了正常时期和危机时期美国商业银行的流动性创造表现如何。本章检验了整个商业银行部门和不同规模银行"产品宽口径"度量方法的流动性创造及其组成，即表内和表外流动性创造。本章分析了银行流动性创造的以美元计的总金额，以及由毛总资产标准化的美元金额。并且展示了两种延伸的流动性创造度量方法的演进方式，即从提取资金概率角度，对"产品宽口径"度量方法进行调整，以及从证券化频率角度，对"产品宽口径"度量方法进行调整（4.4 和 4.5 部分已相应介绍）。最后，将"产品宽口径"度量方法的演进方式与银行产出的其他度量方法（毛总资产、总资产以及贷款总额）进行了对比。

8.1　随着时间推移银行数目的变化及其样本描述

首先获取了美国银行从 1984 年第 1 季度至 2014 年第 4 季度

第8章 正常时期和危机时期银行流动性创造的不同度量

这31年间的季度监管报表数据。正如第7章所讨论的,我们将监管报表足以提供有关表内和表外业务的详细信息,以便计算银行流动性创造的时间,确定为样本期初;将本书能够利用的最近一个季度数据的时间,确定为样本期末。为了排除通货膨胀的影响,所有金融价值均通过使用隐含的GDP平减物价指数,被折算为2014年第4季度的美元的实际价值。[1] 如果银行符合以下条件,就会被保留在样本中,这些条件分别为:(1)银行有商业银行执照;[2](2)银行拥有商业地产或者商业或工业贷款余额;(3)银行有存款;(4)银行的毛总资产超过2,500万美元。前三项要求确保样本只包括商业银行。第四项要求将太小而无法生存下去的银行机构排除出去。为此,样本包括了31年间美国几乎所有的商业银行。

根据银行和流动性创造分析的标准化实践,由于投资组合的构成和表现以及流动性创造能力上具有显著差异,银行被划分为三个不同的规模等级。[3] 小型银行的毛总资产不超过10亿美元;中型银行的毛总资产在10亿美元和30亿美元之间;大型银行的毛总资产超过30亿美元。正如3.2部分所述,小型银行定义符合通常所说的"社区银行"的概念。毛总资产以30亿美元为临界点,这样一分割,使剩下的观察点接近一分为二。[4] 这种划分每个季度进行一次,意味着银行能够随着时间的推移而变换其规模等级。

图8-1展示了从1984年第1季度至2014年第4季度的美国商业银行总数以及这些银行中小型银行、中型银行和大型银行的数量。图8-1同时展示了通过垂直的虚线划分的7.5部分讨论到

的五次金融危机——1987年股市崩盘、20世纪90年代早期信贷紧缩、1998年俄罗斯债务危机与美国长期资本管理公司紧急救助、互联网泡沫破裂与"9·11"恐怖袭击事件、2007年美国次贷危机。

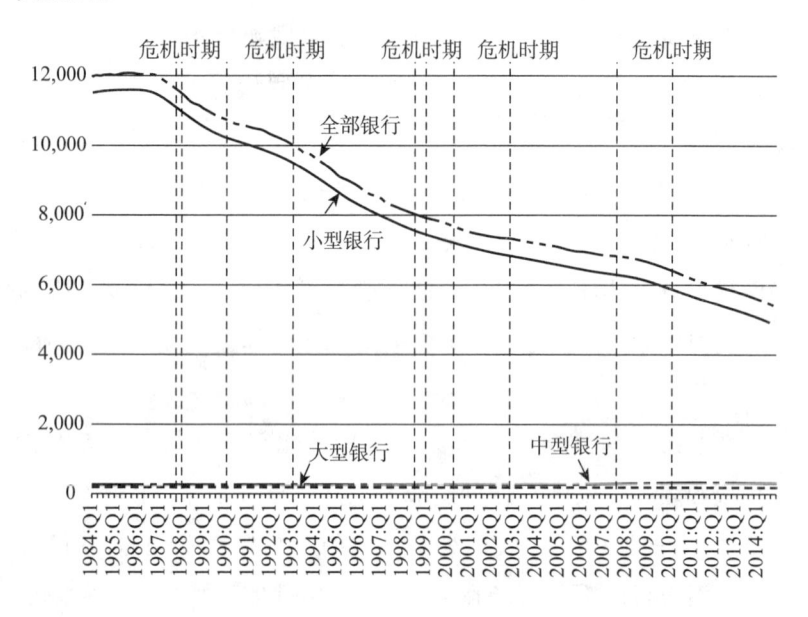

图 8-1　各时期商业银行数目的变化

该图展示了1984年第1季度至2014年第4季度美国商业银行的总量以及这些银行中小型银行、中型银行和大型银行的数量,即毛总资产不超过10亿美元、在10亿和30亿美元之间以及超过30亿美元的银行的数量。毛总资产=总资产+贷款及租赁损失准备金+对外贷款转账风险损失准备金。五次金融危机由垂直的虚线来划分——1987年股市崩盘、20世纪90年代早期信贷紧缩、1998年俄罗斯债务危机与美国长期资本管理公司紧急救助、互联网泡沫破裂与"9·11"恐怖袭击事件、21世纪前十年后期的美国次贷危机。

表 8-1 展示了样本期间的开始时间和结束时间的银行数量,我们将在 8.2 部分进一步讨论该表的细节。这里有一些显著的观察值。一是银行总数从 1984 年第 1 季度的 11,940 家降至 2014 年第 4 季度

的 5,402 家，显著下降了约 55%。银行总数的下降在 20 世纪 80 年代晚期至 20 世纪 90 年代最为剧烈，这一时期州内和州际银行放松管制的影响最为显著。[5] 二是不论是正常时期还是金融危机时期，银行业的整合经常发生。三是在这一时期，绝大多数商业银行规模很小，不过小型银行百分比已经从 96.3% 降至 90.0%。很明显，银行业的整合大幅度减少了小型银行的数量，而中型银行和大型银行实际上数量在增加。

8.2 "产品宽口径"度量方法的流动性创造及其变化

正如表 8-1 所示，银行在 1984 年第 1 季度创造了 1,492 万亿美元"产品宽口径"度量方法计算的流动性，而在 2014 年第 4 季度按实际值计算创造了 5,929 万亿美元的流动性，是 1984 年第 1 季度的 4 倍。在这两个时期，大多数流动性由大型银行创造，分别为 76.3% 和 89.0%，尽管大型银行的数量分别只占银行总数的 1.5% 和 4.1%。

对于小型银行和中型银行而言，由毛总资产标准化的"产品宽口径"度量方法计算的流动性创造随着时间的推移大幅上升。这表明随着时间的推移这些银行的流动资金越来越少。

还有一点值得注意，大型银行和中型银行的流动性小于小型银行。在样本期末，中型银行和大型银行创造的"产品宽口径"度量方法的流动性按毛总资产算，每 1 美元分别为 0.46 美元和 0.41 美元，而小型银行为 0.37 美元。如表 8-1 所示，这似乎是因为大型银行在标准化表外流动性创造方面更为显著，而中型银行在标准化表内流动性创造方面更为显著。

表 8-1 汇总统计

子表 A 截至1984年第1季度数据统计

	样本数 N	"产品宽口径"度量方法流动性创造		表内流动性创造		表外流动性创造		经提款概率调整的"产品宽口径"度量方法流动性创造		经证券化调整后的"产品宽口径"度量方法流动性创造		毛总资产	总资产	贷款总额
		10亿美元	标准化	10亿美元	标准化	10亿美元	标准化	10亿美元	标准化	10亿美元	标准化	10亿美元	10亿美元	10亿美元
全部	11,940	1,492	0.32	877	0.19	615	0.13	1,065	0.23	1,832	0.40	4,614	4,583	2,683
大型	183	1,138	0.41	581	0.21	558	0.20	752	0.27	1,293	0.47	2,748	2,728	1,675
中型	260	119	0.28	92	0.21	28	0.06	100	0.23	161	0.37	432	429	246
小型	11,497	234	0.16	204	0.14	30	0.02	213	0.15	378	0.26	1,435	1,426	761

子表 B 截至2014年第4季度数据统计

	样本数 N	"产品宽口径"度量方法流动性创造		表内流动性创造		表外流动性创造		经提款概率调整后的"产品宽口径"度量方法流动性创造		经证券化调整后的"产品宽口径"度量方法流动性创造		毛总资产	总资产	贷款总额
		10亿美元	标准化	10亿美元	标准化	10亿美元	标准化	10亿美元	标准化	10亿美元	标准化	10亿美元	10亿美元	10亿美元
所有	5,402	5,929	0.41	2,899	0.20	3,030	0.21	3,771	0.26	7,120	0.50	14,378	14,267	7,490
大型	223	5,274	0.41	2,354	0.18	2,920	0.23	3,193	0.25	6,396	0.50	12,744	12,649	6,444
中型	315	234	0.46	192	0.38	42	0.08	205	0.40	252	0.50	508	504	333
小型	4,864	421	0.37	353	0.31	68	0.06	373	0.33	472	0.42	1,125	1,114	714

第8章 正常时期和危机时期银行流动性创造的不同度量

该表同时表明，银行部门创造的所有流动性中，大约一半来自于表外业务，在样本期末，表外流动性创造稍稍高于表内流动性创造。虽然表中未展示，但大部分表外流动性创造是由于贷款承诺。

图 8-2 子图 A 到子图 C 展示了总计 104 个季度的样本期中所有银行、每一个规模等级的"产品宽口径"度量方法流动性创造及其表内和表外部分以及金融危机分界线。有趣的是，几乎整个时期，图 8-2 子图 A 所有流动性创造均上升，通常相当陡峭，主要受大型银行的影响。只有在两次银行危机时期，银行流动性创造下降，尤其是 2007 年第 3 季度至 2009 年第 4 季度的次贷危机时期。在这两次危机中，危机发生之前，流动性创造均呈上升趋势，并且在危机发生、流动性创造下降之前，流动性创造持续上升。

虽然现在很难分辨，但全球金融危机之前"产品宽口径"度量方法流动性创造趋于上升更多。这一结论将在 9.2 部分更加明确，该部分讨论了在全球金融危机之前这种趋势偏移发生之后，流动性创造趋于高值。

图 8-2 子图 B 和子图 C 说明了次贷危机时期流动性创造模式的主要原因。次贷危机时期大多数银行流动性创造下降的原因可能是借款人减少了贷款承诺，从而降低了表外流动性创造。坎姆普西鲁、杰姆波那、格雷汉姆和哈维（Campello, Giambona, Graham, and Harvery, 2011）坚持认为，在全球金融危机时期，公司大幅减少了它们的贷款承诺。这有助于保持借贷（例如，Ivashina and Scharfstein, 2010），从而使表内流动性创造并没有减少太多。另外，全球金融危机时期存款激增，部分原因是避险，防止出现流动性创造的大幅下降。

银行流动性创造与金融危机

子图A 各时期"产品宽口径"度量方法流动性创造（10亿美元）

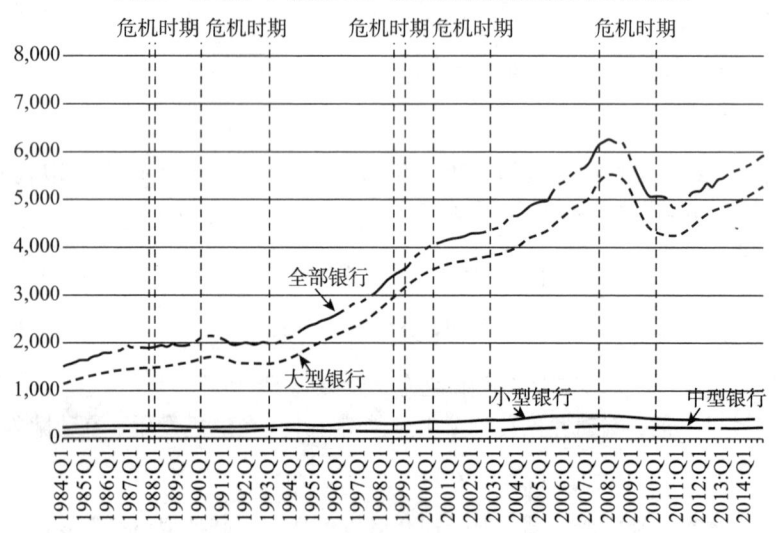

子图B 各时期表内流动性创造（10亿美元）

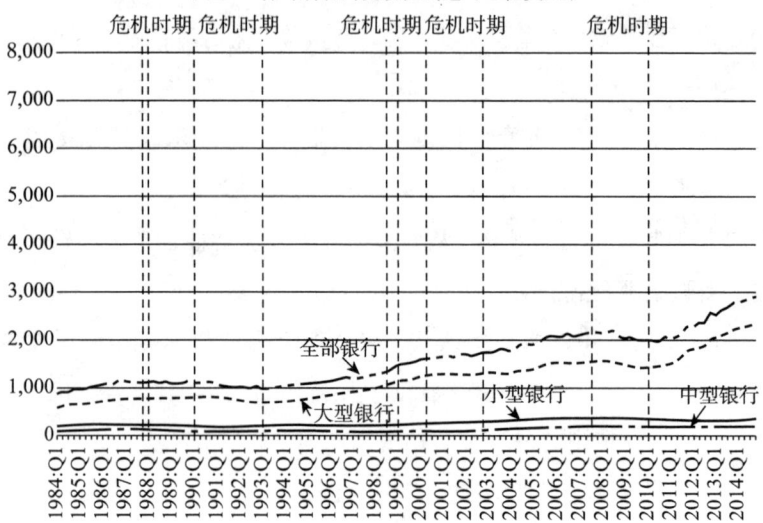

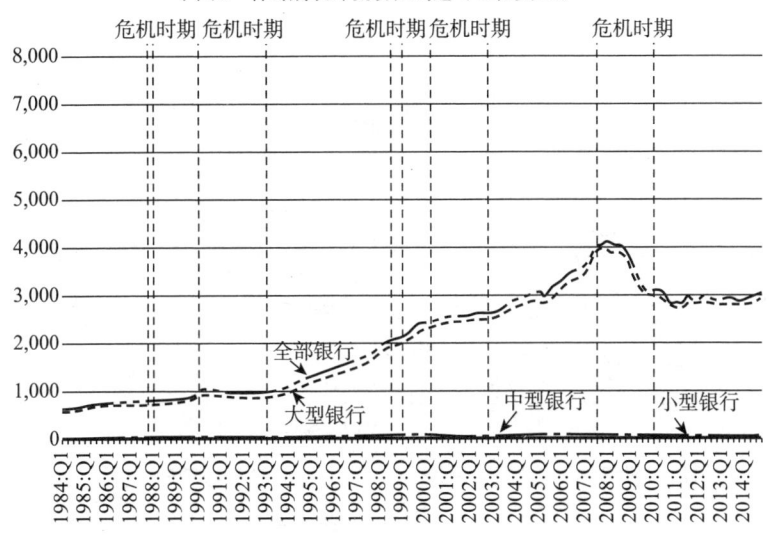

第 8 章 正常时期和危机时期银行流动性创造的不同度量

子图C 各时期表外流动性创造（10亿美元）

图 8-2 各时期"产品宽口径"流动性创造及其组成

子图 A 到子图 C 展示了 1984 年第 1 季度至 2014 年第 4 季度"产品宽口径"度量方法流动性创造及其表内和表外部分。分别包括全部银行的结果以及小型、中型和大型银行的结果，即毛总资产不超过 10 亿美元、居于 10 亿美元和 30 亿美元之间以及超过 30 亿美元的银行。毛总资产 = 总资产 + 贷款及租赁损失准备金 + 对外贷款转账风险损失准备金（特定的对外贷款准备金）。五次金融危机由垂直的虚线来划分——1987 年股市崩盘、20 世纪 90 年代早期信贷紧缩、1998 年俄罗斯债务危机与美国长期资本管理公司紧急救助、互联网泡沫破裂与"9·11"恐怖袭击事件、21 世纪前十年后期的次贷危机。

图 8-3 子图 A 到子图 C 展示了这一时期由毛总资产标准化的"产品宽口径"度量方法流动性创造以及表内和表外部分。正如图 8-3 子图 A 所示，金融危机时期大型银行标准化流动性创造通常会下降，这驱使整个银行部门都产生同样的结果。这种模式在次贷危机时期最为明显，这一时期中型银行和小型银行的标准化流动性创造也降低。从图 8-3 子图 B 和子图 C 可以看到，这些变化在表内和表外部分都会发生，但是后者的变化更加明显。

银行流动性创造与金融危机

子表A 各时期由毛总资产标准化处理的"产品宽口径"度量方法的流动性创造

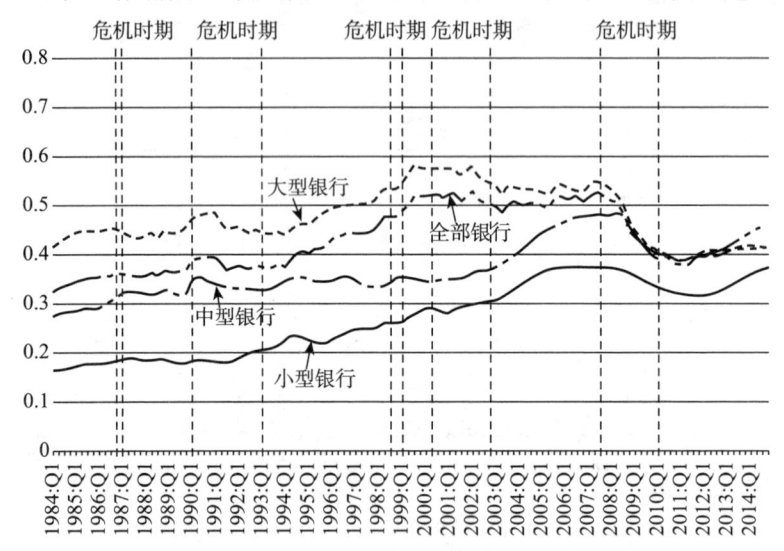

子表B 各时期由毛总资产标准化处理的表内流动性创造

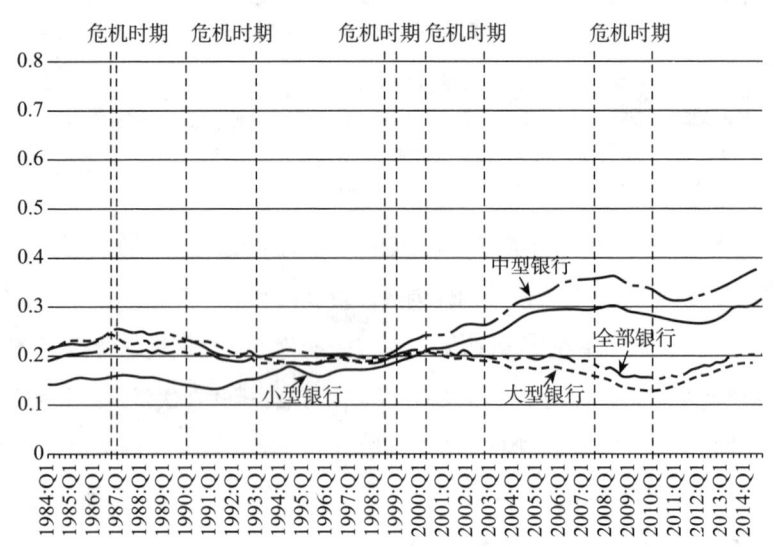

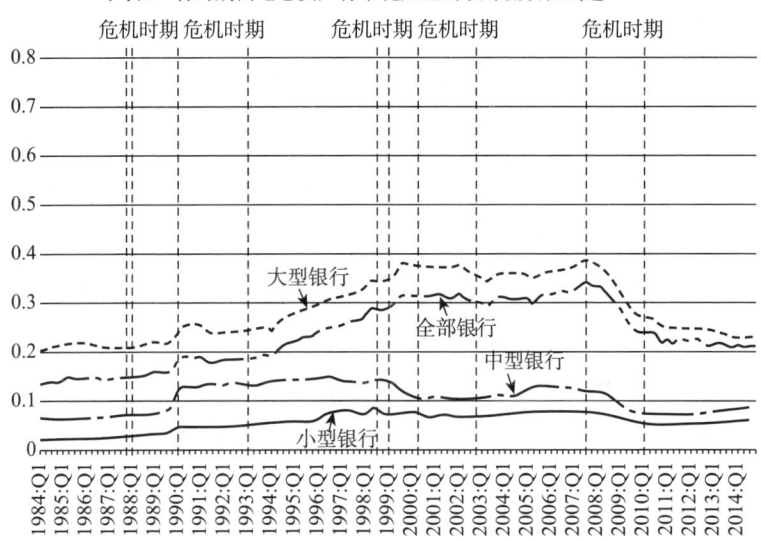

第 8 章　正常时期和危机时期银行流动性创造的不同度量

子表 C　各时期由毛总资产标准化处理的表外流动性创造

图 8-3　各时期由毛总资产标准化处理的"产品宽口径"度量方法
流动性创造及其组成

子图 A 到子图 C 展示了 1984 年第 1 季度至 2014 年第 4 季度"产品宽口径"度量方法流动性创造及其表内和表外部分,所有均由毛总资产标准化。毛总资产 = 总资产 + 贷款及租赁损失准备金 + 对外贷款转账风险损失准备金（特定的对外贷款准备金）。全部银行及小型、中型和大型银行,即毛总资产不超过 10 亿美元、居于 10 亿美元和 30 亿美元之间以及超过 30 亿美元的银行的结果都显示在图中。五次金融危机由垂直的虚线来划分——1987 年股市崩盘、20 世纪 90 年代早期信贷紧缩、1998 年俄罗斯债务危机与美国长期资本管理公司紧急救助、互联网泡沫破裂与"9·11"恐怖袭击事件、21 世纪前十年后期的次贷危机。

8.3　度量流动性创造的其他方法

图 8-4 子图 A 和子图 B 展示了两种可替代的流动性创造度量方法,分别为经提款概率调整的"产品宽口径"流动性创造度

量方法（见 4.4 部分）和经证券化调整的"产品宽口径"流动性创造度量方法（见 4.5 部分）。

图 8-4 子图 A 所示的经提款概率调整的度量方法与"产品宽口径"度量方法相似，二者有所不同的是，非流动性表外担保的美元价值要乘以 0.3，这里的 0.3，是经观测得出的提款概率。该度量方法不是使用非流动性表外担保的全额（我们认为，是否选择提款，对流动性创造至关重要）。正如图 8-4 子图 A 所示，相比于使用"产品宽口径"度量方法，上述度量方法所计算出的流动性创造值要小得多，同时随着时间的推移，由于表外担保重要性的降低，流动性创造值将变得更小。很自然，这尤其影响了大型银行所创造的流动性，因为这些银行的表外业务是迄今为止最大的。

子图A　各时期经提款概率调整的"产品宽口径"度量方法流动性创造（10亿美元）

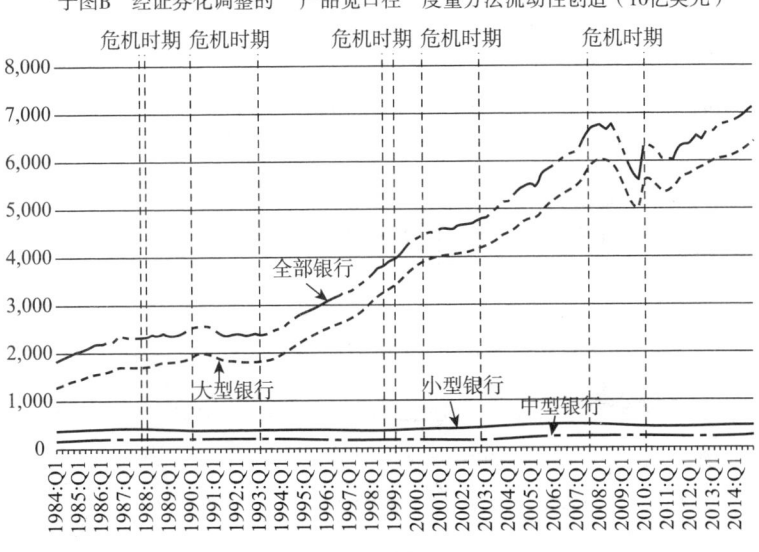

第 8 章 正常时期和危机时期银行流动性创造的不同度量

子图 B 经证券化调整的"产品宽口径"度量方法流动性创造（10亿美元）

图 8-4 流动性创造的其他度量方法

子图 A 和子图 B 展示了 1984 年第 1 季度至 2014 年第 4 季度经提款概率调整的"产品宽口径"度量方法流动性创造（见 4.4 部分）以及经证券化调整的"产品宽口径"度量方法流动性创造（见 4.5 部分）。全部银行及小型、中型和大型银行，即毛总资产不超过 10 亿美元、居于 10 亿美元和 30 亿美元之间以及超过 30 亿美元的银行的结果都显示在图中。毛总资产 = 总资产 + 贷款及租赁损失准备金 + 对外贷款转账风险损失准备金（特定的对外贷款准备金）。五次金融危机由垂直的虚线来划分——1987 年股市崩盘、20 世纪 90 年代早期信贷紧缩、1998 年俄罗斯债务危机与美国长期资本管理公司紧急救助、互联网泡沫破裂与"9·11"恐怖袭击事件、21 世纪前十年后期的次贷危机。

经证券化调整的流动性度量方法与"产品宽口径"度量方法相似，所不同的是，我们假定每家银行各项贷款中在同一季度被全国范围证券化的比例都相同。正如图 8-4 子图 B 所示，随着时间的推移，使用这种方法得出的流动性创造的曲线形状和"产品宽口径"度量方法得出的曲线形状几乎一样，只是该方法得出的结果要高出大约 20%。这一现象产生的原因很可能是由于"产品宽口径"度量方法是假定所有住房按揭贷款均能证券化（因而被赋予 0 权重），而经证券化调整的流动性度量方法的假设是，只有那部分已经被全国范围内证券化的贷款才可以被证券化，因而留出很大一部分不能证券化的贷款（权重为 1/2）。

8.4 样本期内银行产出的度量

图 8-5 子图 A 到子图 C 展示了一段时期内三种银行产出度量方法——毛总资产、总资产以及贷款总额。第 5 章给出了有关"产品宽口径"度量方法为何优于其他银行产出度量法的论证，而这里展示了它们在工业层面的不同图景。

正如图 8-5 子图 A 所示，毛总资产远大于"产品宽口径"度量方法流动性创造，但是随着时间的推移，它的增长较为平缓，因为它不包括表外业务，而表外业务的增长率大于表内业务的增长率。金融危机期间，毛总资产也较为平缓，因为危机时期毛总资产没有导致表内业务的较大波动。同时可以发现，大型银行主导美元价值（占 1984 年第 1 季度工业毛总资产的 59.5%，2014 年第 4 季度工业毛总资产的 88.6%）。

如图 8-5 子图 B 所示，总资产稍小于毛总资产，并且随着时间的推移二者有着非常相似的图景。上述结论一点也不奇怪，因为（正如 3.1 部分所述）毛总资产和总资产的区别在于贷款及租赁损失准备金（预计损失的会计项目）和对外贷款转账风险损失准备金（大多数银行均为 0）。

图 8-5 子图 C 显示，贷款总额稍大于资产的一半，而随着时间的推移，贷款总额增长更为缓慢，因为银行将资金更多地投入到证券中。同时，金融危机时期，贷款总额是这些银行产出度量方法中增长最为缓

第8章 正常时期和危机时期银行流动性创造的不同度量

慢的一种,这可能是因为为了帮助维持贷款,危机时期贷款承诺减少。

子图A 毛总资产随着时间推移发生变化(10亿美元)

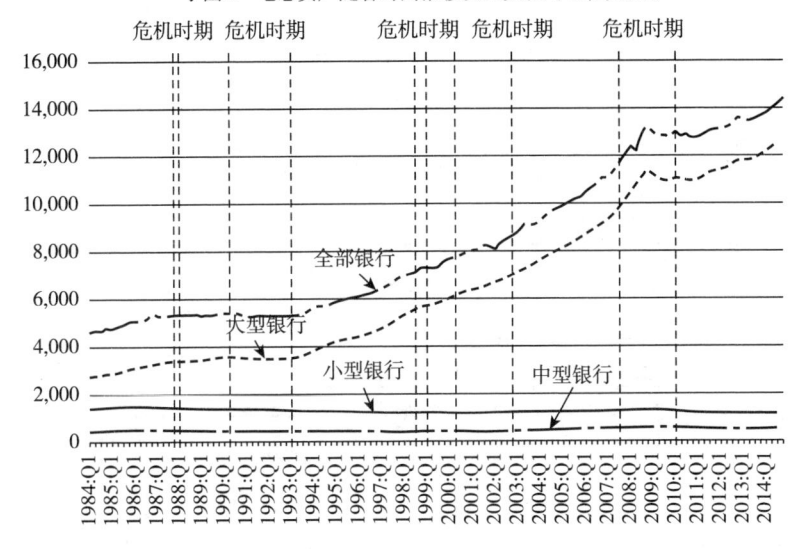

子图B 总资产随着时间推移发生变化(10亿美元)

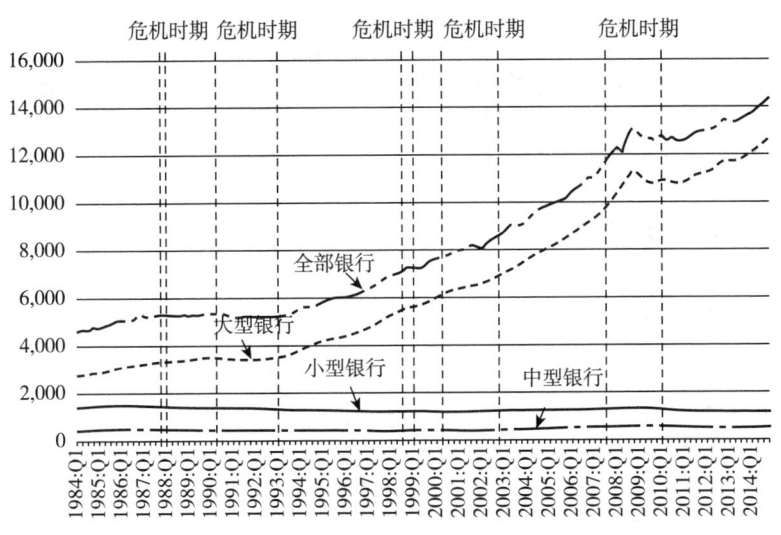

子图C 贷款总额随着时间推移发生变化（10亿美元）

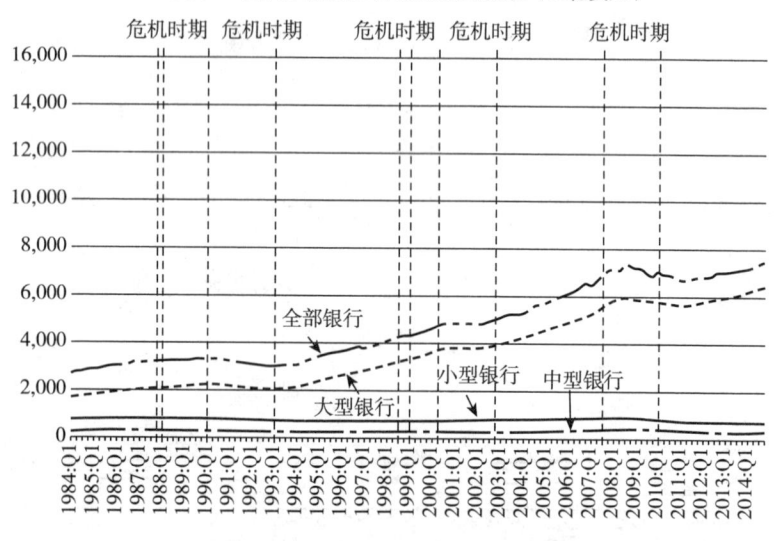

图 8-5 随着时间推移，银行产出的其他度量

子图 A—子图 C 展示了三种银行产出度量法——毛总资产、总资产和贷款总额，时间跨度为 1984 年第 1 季度至 2014 年第 4 季度。毛总资产 = 总资产 + 贷款及租赁损失准备金 + 对外贷款转账风险损失准备金（特定的对外贷款准备金）。全部银行及小型、中型和大型银行，即银行毛总资产不超过 10 亿美元、居于 10 亿美元和 30 亿美元之间以及超过 30 亿美元的银行的结果都显示在图中。五次金融危机由垂直的虚线来划分——1987 年股市崩盘、20 世纪 90 年代早期信贷紧缩、1998 年俄罗斯债务危机与美国长期资本管理公司紧急救助、互联网泡沫破裂与"9·11"恐怖袭击事件、21 世纪前十年后期的次贷危机。

8.5 本章小结

本章以图表的形式，使用从 1984 年第 1 季度至 2014 年第 4 季度的美国数据，分析了随时间的推移流动性创造如何变化，以及正常时期与金融危机时期流动性创造表现如何。本章检验了"产品宽口径"度量方法流动性创造，它的表内和表外部分，以及两种可替代的流动性创造度量法（经提款概率调整的和经证券化调整的"产品宽口径"

第8章　正常时期和危机时期银行流动性创造的不同度量

度量方法)。同时分析了三种其他的银行产出度量方法(毛总资产、总资产、贷款总额)。对于所有度量方法而言,均分别展示了整个商业银行部门以及不同规模等级的银行(小型银行、中型银行、大型银行)的结果。重要结论是:随着时间的推移,美国银行流动性创造增长惊人,约有一半是由表外业务创造的;大型银行虽然只占银行业很小的数目,却创造了绝大部分的流动性;流动性创造在金融危机之前趋于高涨,但是在金融危机期间趋于萎缩。

第 9 章 流动性创造与金融危机

本章讨论银行流动性创造与金融危机的关系。通过理论和实证分析，说明银行过度的流动性创造可能与金融危机之间存在密切联系。

9.1 流动性创造与金融危机的理论联系

根据理论研究，银行过度的流动性创造可能酿成金融危机，二者之间可能存在因果关系。这既可能通过表内流动性创造而发生，也可能通过表外流动性创造而发生。

拉詹（1994）、阿查里雅和纳克维（Acharya and Nagvi，2012）认为，创造大量流动性的银行可能也会执行产生资产价格泡沫从而增加银行部门脆弱性的贷款政策。[1] 换句话说，非常高的表内流动性创造可能酿成泡沫并导致金融危机。一个例子是，2007 年第 3 季度至 2009 年第 4 季度次贷危机之前，产生的大量次级抵押贷款促进了房地产价格上涨，随后大幅下跌，引发了危机。这与萨克尔（2015）的分析是一致的，他认为，长期的盈利增长在银行家与监管者之间形成了一种虚假的安全感，监管者认为银行能够经受冲击。这让政界人士

第9章 流动性创造与金融危机

呼吁立法，比如1977年的《社区再投资法案》鼓励普遍的房屋所有权，可能激励了银行扩大对不符合标准客户的高风险贷款。发生这种情况的另外一个渠道是：在21世纪前十年的中期，房地美和房利美通过购买次级抵押贷款来降低信贷标准，鼓励银行进行此类贷款。

争论也以不同的方式扩展至表外流动性创造。萨克尔（2005）的分析表明，在经济繁荣时期，表外业务可能发生过度风险承担和更大的银行流动性创造，因为在繁荣时期，考虑到声誉问题，银行会逃避行使有关贷款承诺的实质性不利变化条款。布伦纳迈耶、戈顿和克里希纳穆尔蒂（Brunnermeier, Gorton, and Krishnamurthy, 2011）认为，评估系统性风险的模型应该包括金融部门的流动性累积。

另一项研究进一步证明了过度的流动性创造与金融危机之间的关系，该项研究表明，当银行创造大量流动性时，其可能做出相关的资产组合选择，而银行将因此而变得脆弱（Acharya, Mehran, and Thakor, 2010；以及Farhi and Tirole, 2012）。这些相关的资产组合选择可基于以下两个理由合理化。一是机构合理地预期，如果许多机构情况变糟，那么机构将互相帮助摆脱困境。这就是"大而不能倒"的论点（例如，Acharya and Yorulmazer, 2007；以及Brown and Dinc, 2011）。二是出于职业生涯的考虑，管理者可能陷入羊群效应。相关的投资组合选择将引发系统性风险，同时增加整个系统发生危机的概率。

9.2 流动性创造与金融危机的实证分析

莱因哈特和罗格夫（2009）对八个世纪金融危机的验证同样指出了银行贷款、泡沫和金融危机之间的实证联系。他们表明，金融机构的高杠杆比率促进了贷款的增长，贷款的增长又吹大了资产价格的泡沫，泡沫破裂并导致金融危机。

伯杰和鲍曼（2015）实证检验了美国银行部门过度流动性创造与金融危机发生的可能性增加之间存在联系的假说。从事这项工作至少因为如下两个原因而存在挑战性。第一，正如第 8 章所示，随着时间推移美国商业银行流动性创造大幅增长。因而，为了将过度流动性创造与自然增长以及季节因素区分开，伯杰和鲍曼（2015）使用了"产品宽口径"度量方法流动性创造以及它的表内部分和表外部分的消除季节变动影响、去除趋势的方法（以后，简称为"去除趋势方法"）。[2] 第二，美国银行业数据可靠的一些时间段内并未发生很多危机。他们采用 7.5 部分描述的危机数据，本质上使用去除趋势流动性创造水平和前四次危机之间的实证关系，预测什么时候将发生第五次危机。他们进行了大量的回归，每一次回归都仅采用历史数据，因为未来的数据对于估计预测模型来说不可靠。在每一次回归中，他们不仅包括了滞后的去除趋势的流动性创造总额，还包括了滞后的去除趋势的 GDP 来控制经济状态，滞后的联邦基金利率来控制货币政策，以及滞后的价值加权的 CRSP 指数的平均季度回报率来控制股市的表现。

他们发现，滞后的去除趋势的流动性创造总额对金融危机的发生概率具有显著的正影响，这支持了 9.1 部分讨论的理论。实际上，在次贷危机来临之前，所预测的金融危机发生的概率很高，这似乎主要是由表外流动性创造所驱动的。

9.3　由 GDP 标准化的银行流动性创造与金融危机的关系

一种可替代的理论可能性是，相较实际活动来说较高的流动性创

第 9 章 流动性创造与金融危机

造是 9.2 部分所得结果背后的驱动力量。也就是说,去除趋势后非常高的流动性创造可能并非影响最大,与 GDP 有关的高流动性创造反而对金融危机有着更好的预测效果。

图 9-1 生动地探讨了这种可能性。子图 A 展示了由 GDP 标准化的美国商业银行"产品宽口径"度量方法流动性创造以及它的表内和表外部分。子图 B 展示了基于对分子和分母均消除季节变动影响并去除趋势(为了方便起见标记为"去除趋势")后所得到的比率。消除季节变动影响、去除趋势的方法和 9.2 部分所述的伯杰和鲍曼(2015)的方法一致。子图 B 开始于 1986 年第 4 季度,因为 1984 年第 1 季度至 1986 年第 3 季度的前 11 个季度是去趋势方法舍弃的部分。

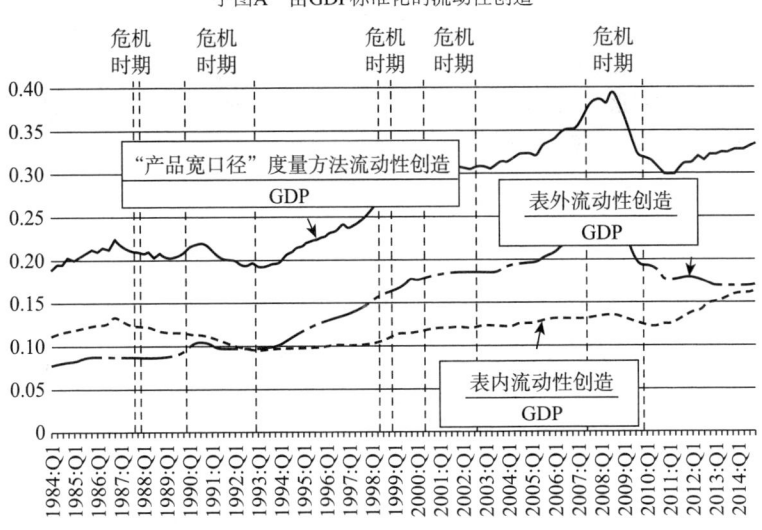

子图A 由GDP标准化的流动性创造

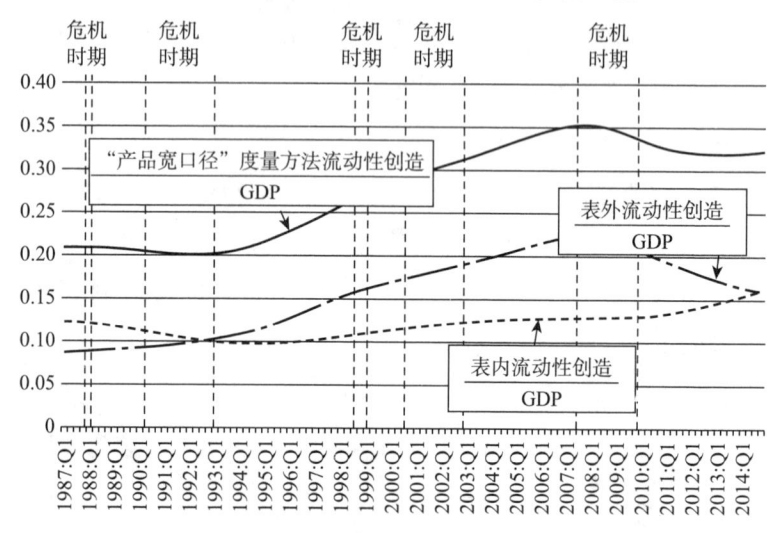

子图B 去除趋势后由GDP标准化处理的流动性创造

图 9-1 各时期由 GDP 标准化的"产品宽口径"流动性创造及其表内和表外部分的情况

子图 A 展示了从 1984 年第 1 季度至 2014 年第 4 季度,由 GDP 标准化的"产品宽口径"流动性创造总额及其表内和表外部分。"产品宽口径"度量方法是将期限和产品类别相结合对贷款以外的银行业务进行分类,但由于数据限制,仅按产品类别对贷款分类。"产品宽口径"度量方法包括表外业务。子图 B 展示了分子和分母均消除季节变动影响、去除趋势后的比率。子图 B 始于 1986 年第 4 季度:1984 年第 1 季度至 1986 年第 3 季度的这前 11 个季度因为要去除趋势,所以数据被舍弃了。

子图 A 的比率表明自 1993 年以来(在 1990 年第 1 季度至 1992 年第 4 季度信贷紧缩发生之后),由 GDP 标准化处理的"产品宽口径"度量方法流动性创造几乎每个季度都在增加,除了 2007 年第 3 季度至 2009 年第 4 季度次贷危机期间和之后的一小段时间,由 GDP 标准化处理的"产品宽口径"度量方法流动性创造出现了急剧减少。与 GDP 相关的"产品宽口径"度量方法流动性创造另外两次减少发生在 20 世纪 80 年代末期以及信贷紧缩时期,这两次的减少

第9章 流动性创造与金融危机

幅度都很小。相反，随着时间的变化，由 GDP 标准化处理的表内流动性创造并没有太大的改变，除了 2007 年第 3 季度至 2009 年第 4 季度次贷危机之后由 GDP 标准化处理的表内流动性创造逐渐增加。正如所示，通过 GDP 比率表示的"产品宽口径"度量方法的变化几乎完全来自表外流动性创造的变化。子图 B 去除趋势数据的比率显示出几乎相同的曲线形状，区别仅在于子图 B 曲线形状更为平缓。

总的来说，数据似乎并不支持另一种解释，即不管是去除还是不去除季节变动影响，相对于产出的总流动性创造都比流动性创造总额本身对金融危机的预测效果更好。这些比率主要是遵循长期趋势，似乎只有在银行危机发生时这种趋势才会被打破。为了得出关于这些不同解释的最终结论，需要正式的比较研究法，或者让不同的分析方法来进行"赛马"。

9.4 如何更加全面认识金融危机？

分析银行流动性创造与金融危机之间的关系，很重要的一点，是要注意研究文献通常假定金融危机是可以避免的。然而，正如萨克尔（2014）所述，有一点尚不明晰，即在金融危机之前出现的繁荣是否能够抵消金融危机的社会成本而具有正的经济价值？一项权衡与金融危机有关的繁荣与萧条所带来的收益和成本的实证研究，将是非常有意思的，它将与危机应对政策密切相关。

9.5 本章小结

研究文献表明，银行流动性创造总额和金融危机之间存在理论和实证的联系，过度的流动性创造可能通过几个途径导致金融危机。实证研究结果与理论一致——非常高的去除趋势之后的流动性创造总额，特别是表外业务，与金融危机是相伴随的。另外一种解释是，与实体经济相对应的流动性创造，对金融危机具有很好的预测效果。理论表明，当表内或表外流动性创造异常高时，金融危机更可能发生，实证研究结果与理论成果高度一致，尤其是对于表外流动性创造来说。

第四部分
流动性创造的因果分析

第 10 章　资本充足率与银行流动性创造

　　银行资本充足率（定义为股权与资产的比率，或者法定资本充足率）是由市场、监管部门和管理人员共同决定的。银行选择维护资本充足率是非常重要的，是整体资本结构决策的组成部分，整体资本结构决策包括存款、次级债务、优先股和普通股，以及各种期限负债的混合。较高的资本充足率通常使银行更加安全（Bhattacharya and Thakor，1993），除非这种安全性被更高的投资组合风险所抵消。[1] 较高的资本充足率也强化了银行监督借款人的动力（Holmstrom and Tirole，1997；Allen, Carletti, and Marquez，2011；以及 Mehran and Thakor，2011），并且可以减少存款保险人的或有负债（Boot and Greenbaum，1993）。然而，当股权取代银行资本结构中的债务时，银行也失去了一些债务税盾，同时政府担保的看跌期权的价值也将减少（Merton，1977）。

　　在考虑银行资本审慎作用的同时，研究银行资本充足率如何影响流动性创造也是非常有用的，因为银行流动性创造是银行履行基本中介功能的重要途径，银行流动性创造可能是经济增长的重要驱动力。

在本章中，我们会检验银行资本在银行流动性创造中的作用的理论论证，同时，讨论实证结果。

10.1 我们为什么要关注这个问题？

在过去几十年里，特别是 2007 年第 3 季度至 2009 年第 4 季度次贷危机之后，有很多关于银行需要较高资本充足率的讨论。相关提高资本要求的法律法规我们将在第 13 章讨论。无论资本要求是否有变化，重要的是首先要理解资本如何影响流动性创造。

资本充足率可能影响银行创造流动性的激励机制。如果银行资本对银行流动性创造有不利影响，那么，更高的资本要求意味着更多的安全性和稳健性，但是，要以牺牲一定的经济增长作为代价，为此需要金融监管来平衡。如果更高的银行资本意味着更多的银行流动性创造，从经济增长的角度来看，就不必担心银行资本要求太高了。

另一项考虑是银行是否创造了太多的流动性，以及资本如何影响流动性创造。正如第 9 章和第 15 章所讨论的，银行业或单个银行的流动性创造都会存在最优水平问题，部分原因在于当出现"过多"的银行流动性创造时，金融危机和单个银行倒闭的风险将增加。因此，理解银行资本如何影响银行流动性创造是非常重要的。

10.2 理论概述

关于资本充足率对银行流动性创造的影响有不同的理论。一些理论认为，银行资本可能因资本结构脆弱性的改善而阻碍流动性创造（Diamond and Rajan，2000，2001）。脆弱的资本结构会促使银行尽力监管其借款人，因为如果银行经营管理出现问题，将发生银行挤兑。

第10章 资本充足率与银行流动性创造

权益资本使脆弱性较小的银行更少关注监管问题，因为股东不会进行挤兑，从而束缚了银行创造流动性的能力。[2]资本也可能降低流动性创造，因为它会挤出存款或者替代存款，而存款是流动性创造的重要来源（Gorton and Winton，2000）。为此，伯杰和鲍曼（2009）提出了"金融脆弱性-挤出效应"理论。

另一种观点是，较高的资本提高了银行吸收风险的能力，并因此加强了银行创造流动性的能力。这一观点基于文献研究中的两条线索。一条线索主要由这样一些学术观点组成，它们认为流动性创造将银行暴露于流动性风险中，并且增加了与不得不处置非流动资产或为满足客户流动性需求而错失信贷机会相关的损失的可能性和严重性（Allen and Santomero，1998；Allen and Gale，2004）。第二条线索由这样一些学术观点组成，它们认为银行资本吸收了风险并扩大银行风险承担能力（Bhattacharya and Thakor，1993；Repullo，2004；Von Thadden，2004；Coval and Thakor，2005），因此，更高的资本充足率可能允许银行创造更多的流动性。伯杰和鲍曼（2009）将第二套理论称为"风险吸收"假设。最近有一篇由唐纳森、皮亚琴蒂诺和萨克尔（2015）所写的研究论文，观点和上述两条线索均不一致，他们的观点是更高的资本会带来更多的流动性创造。他们认为，当银行拥有更多资本时，它将更加努力地提供中介服务。这增加了银行中介服务的价值，使其对借款方更有价值，因此，借款方违约成本更高，无法获得贷款。反过来，这也使得银行激励相容，以提供更多的贷款，从而创造更多的流动性。

10.3 资本充足率与流动性创造关系的实证分析

伯杰和鲍曼（2009）通过在滞后的权益资本比率和一些控制变

量上，对由毛总资产标准化的流动性创造的美元数量进行回归分析，检验这些对立的理论预测。主要使用了上文所提到的"产品宽口径"度量方法，而其他检验使用了上文4.2、4.4以及4.5部分讨论到的其他方法。分析使用从1993年至2003年的美国年度数据。通过这些数据，伯杰和鲍曼通过实证分析支持了下面两个假说：第一，从实证分析角度看，"风险吸收"效应主要由大型银行主导（正相关关系），大型银行资产占银行部门资产的绝大部分。第二，"金融脆弱性－挤出效应"的作用主要由小型银行主导（负相关关系），小型银行数量占银行总量的绝大部分。[3]

这些结果与预期一致。"风险吸收"效应可能对于大型银行来说更为强烈，因为相比于小型银行，大型银行会受到更严格的监管和市场约束，可能影响其吸收风险的能力。相反，"金融脆弱性－挤出效应"作用可能对于小型银行而言更加强烈，因为小型银行主要与创新型小企业打交道，这是戴蒙德和拉詹（2000，2001）着重强调并且密切关注的重要部分。同时，小型银行主要在当地筹资，资本可能"挤出"存款（Gorton and Winton, 2000），大型银行更多是从国内资本市场或者国际资本市场获得资金。

另一个关于大型银行和小型银行之间的区别的解释至少部分有赖于表外业务的不同。当伯杰和鲍曼（2009）使用排除表外业务的"产品窄口径"度量方法或者"期限窄口径"度量方法时，大型银行的资本和流动性创造之间的正相关关系，在统计上就变得不显著了。

来自其他国家的论据十分有限，只有少量的研究检验了资本对流动性创造的影响，并且在这些研究结果中，大多数与伯杰和鲍曼（2009）的研究结果一致。这些研究发现，小型银行存在显著的负效应,大型银行的负效应不显著。后者可以解释为,在美国之外的其他国家中,大型银行的表外业务并不普遍。雷和宋(Lei and Song, 2013)使用1988年至2008年中国的银行业数据进行分析,他们发现了一种依赖于银行所有权的资本效应,这种效应为负效应。并且对于国有银行来说这种效应很显著,对于外资银行来说这种效应不显著。霍瓦特、塞德勒和威尔(Horvath, Seidler, and Weill, 2014)使用从2000年至2010年捷克的银行业数据进行分析,这些银行主要是小型银行。他们发现,对于小型银行而言,资本对流动性创造具有负效应。方格考娃、威尔和周(Fungacova, Weill and Zhou, 2010)使用从1999年至2007年俄罗斯的银行数据。他们发现,资本具有负效应,并且对于小型银行效应显著,对于大型银行效应不显著。[4]

还有另外的证据表明资本对借贷的效应,该效应是流动性创造的关键组成部分。例如,通过对1990年第1季度至1992年第4季度美国信贷危机的研究,我们会发现更多的资本与更高的借贷相联系,并且更高的资本要求与借贷减少相联系,这表明对借贷增加而言,监管最低要求的缓冲是必不可少的。[5]其他时期和国家的研究也证实了这些结果,尽管这些效应通常较小。

10.4 本章小结

理解银行资本充足率如何影响银行流动性创造是非常重要的。到目前为止,在这方面已经有了多种理论成果:一些理论表明,银行资本阻碍了流动性创造;另一些理论则认为,银行资本促进了流动性创造。本章首先回顾了这些理论,然后总结了迄今为止的证据。美国的证据表明,结论因银行规模而不同:基于上面所提到的"产品宽口径"

度量方法，对于大型银行（占银行部门资产的绝大部分）而言是正效应，对于小型银行（占银行数量的绝大部分）而言是负效应。来自欧洲和世界其他地区的有限证据与美国的证据基本一致，但对于大型银行流动性创造能力的影响似乎是较弱的，可能是因为除了美国之外，其他国家的大型银行表外业务较少。关键结论是，银行资本可能对流动性创造产生正面影响或者负面影响，不同规模和国家的银行由不同的理论主导。

第 11 章　流动性创造排名

考虑到银行流动性创造对于国民经济的重要性，了解哪些银行创造的流动性最多、哪些银行创造的流动性最少，以及银行流动性创造与银行其他特征之间的关系至关重要。本章使用从 1984 年第 1 季度至 2014 年第 4 季度美国的数据，通过全新的分析方法来探究这些问题。首先展示了在样本期间期初和期末时，哪些银行创造了最多的和最少的"产品宽口径"度量方法流动性、表内流动性、表外流动性（按美元计算，并以毛总资产为分母进行了标准化处理）。随后分析了标准化的流动性创造与银行主要特征之间的关系。银行特征包括银行规模、资本充足率、投资组合风险、监管机构身份以及银行控股公司状态。

11.1　不同资产规模的银行流动性创造排名

11.1.1　大型银行按美元计算的流动性创造

表 11-1 至表 11-6 展示了样本期间期初和期末即 1984 年第 1 季度和 2014 年第 4 季度大型银行（毛总资产超过 30 亿美元）、中型银行

（毛总资产在10亿和30亿美元之间）以及小型银行（毛总资产小于10亿美元）中前十名和后十名的流动性创造者。表11-1子表A和子表B分别给出了1984年第1季度和2014年第4季度按美元计算的前十名的流动性创造者，而子表C和子表D分别给出了同样两个时期后十名的流动性创造者。每个子表中，次级子表1、2和3分别展示了按美元计算的"产品宽口径"度量方法、表内、表外流动性创造的排名。表11-2展示了由毛总资产标准化处理的"产品宽口径"度量方法、表内、表外流动性创造的相应排名。表11-3和表11-4展示了中型银行的上述信息，而表11-5和表11-6给出了小型银行的数据。

所有情况下，银行名称引自监管报表（RSSD9010），其中很多都包含缩写，有一些被删减。银行总部所在城市和州的位置信息从芝加哥联邦储备银行网站中得到。位置信息首先展示，因为小型银行和中型银行中许多有重复的名字，比如第一国民银行，如果不附上位置信息会很容易把不同机构混淆，不易辨别。然而，正如随后的讨论，一些大型银行的地理位置是违反直觉的。

表11-1 大型银行1984年第1季度和2014年第4季度的流动性创造排名（按美元计算）

子表A1 大型银行1984年第1季度"产品宽口径"度量方法流动性创造前十名（按美元计算）

排名	名称	城市	州	"产品宽口径"度量方法流动性创造（10亿美元）
1	美国银行，国家信托储蓄协会	旧金山	加利福尼亚州	117.14
2	花旗银行	纽约	纽约州	86.00
3	汉华实业银行	纽约	纽约州	68.77

第11章 流动性创造排名

（续表）

4	大通曼哈顿银行	纽约	纽约州	68.53
5	化学银行	纽约	纽约州	55.60
6	伊利诺伊大陆银行	芝加哥	伊利诺伊州	47.69
7	太平洋证券银行	洛杉矶	加利福尼亚州	38.55
8	摩根担保银行	纽约	纽约州	36.31
9	芝加哥第一国民银行	芝加哥	伊利诺伊州	35.99
10	银行家交易平台	纽约	纽约州	29.33

子表 A2 大型银行1984年第1季度表内流动性创造前十名（按美元计算）

排名	名称	城市	州	表内流动性创造（10亿美元）
1	美国银行，国家信托储蓄协会	旧金山	加利福尼亚州	50.13
2	花旗银行	纽约	纽约州	40.01
3	大通曼哈顿银行	纽约	纽约州	35.88
4	汉华实业银行	纽约	纽约州	33.82
5	化学银行	纽约	纽约州	26.55
6	伊利诺伊大陆银行	芝加哥	伊利诺伊州	25.96
7	太平洋证券银行	洛杉矶	加利福尼亚州	19.94
8	美国富国银行	旧金山	加利福尼亚州	16.84
9	加州第一投资银行	洛杉矶	加利福尼亚州	10.07
10	克罗克国民银行	旧金山	加利福尼亚州	9.87

子表 A3　大型银行 1984 年第 1 季度表外流动性创造
前十名（按美元计算）

排名	名称	城市	州	表外流动性创造（10亿美元）
1	美国银行，国家信托储蓄协会	旧金山	加利福尼亚州	67.01
2	花旗银行	纽约	纽约州	45.99
3	汉华实业银行	纽约	纽约州	34.94
4	大通曼哈顿银行	纽约	纽约州	32.65
5	化学银行	纽约	纽约州	29.04
6	摩根担保银行	纽约	纽约州	27.18
7	芝加哥第一国民银行	芝加哥	伊利诺伊州	26.64
8	银行家交易平台	纽约	纽约州	22.87
9	伊利诺伊大陆银行	芝加哥	伊利诺伊州	21.73
10	太平洋证券银行	洛杉矶	加利福尼亚州	18.61

子表 B1　大型银行 2014 年第 4 季度"产品宽口径"度量方法流动性
创造前十名（按美元计算）

排名	名称	城市	州	"产品宽口径"度量方法流动性创造（10亿美元）
1	美国银行	夏洛特	北卡罗来纳州	808.68
2	美国富国银行	苏福尔斯	南达科他州	619.08
3	花旗银行	苏福尔斯	南达科他州	430.36
4	摩根大通银行	哥伦布	俄亥俄州	398.13

第 11 章 流动性创造排名

（续表）

5	美国国民银行	辛辛那提	俄亥俄州	254.14
6	美国大通银行	威尔明顿	特拉华州	233.13
7	PNC 银行	威尔明顿	特拉华州	186.57
8	第一资本	麦克林	弗吉尼亚	130.94
9	美国太阳信托银行	亚特兰大	佐治亚州	118.02
10	TD 银行	威尔明顿	特拉华州	98.62

子表 B2　大型银行 2014 年第 4 季度表内流动性创造前十名（按美元计算）

排名	名称	城市	州	表内流动性创造（10 亿美元）
1	美国银行	夏洛特	北卡罗来纳州	419.88
2	美国富国银行	苏福尔斯	南达科他州	341.60
3	美国国民银行	辛辛那提	俄亥俄州	114.54
4	PNC 银行	威尔明顿	特拉华州	108.41
5	摩根大通银行	哥伦布	俄亥俄州	79.80
6	美国太阳信托银行	亚特兰大	佐治亚州	76.49
7	第一资本	麦克林	弗吉尼亚	67.13
8	TD 银行	威尔明顿	特拉华州	67.11
9	布兰茨银行	温斯顿-赛勒姆	北卡罗来纳州	62.61
10	五三银行	辛辛那提	俄亥俄州	54.46

子表 B3　大型银行 2014 年第 4 季度表外流动性创造前十名（按美元计算）

排名	名称	城市	州	表外流动性创造（10 亿美元）
1	花旗银行	苏福尔斯	南达科他州	468.63
2	美国银行	夏洛特	北卡罗来纳州	388.80
3	摩根大通银行	哥伦布	俄亥俄州	318.33
4	美国富国银行	苏福尔斯	南达科他州	277.48
5	美国大通银行	威尔明顿	特拉华州	248.48
6	美国国民银行	辛辛那提	俄亥俄州	139.60
7	第一资本银行（美国）	格伦阿林	弗吉尼亚州	95.26
8	探索银行	格林伍德	特拉华州	84.55
9	PNC 银行	威尔明顿	特拉华州	78.16
10	第一资本	麦克林	弗吉尼亚州	63.81

子表 C1　大型银行 1984 年第 1 季度"产品宽口径"度量方法流动性创造后十名（按美元计算）

排名	名称	城市	州	"产品宽口径"度量方法流动性创造（10 亿美元）
1	纽约共和银行	纽约	纽约州	−4.13
2	纽约以色列贴现银行	纽约	纽约州	−1.72
3	富士银行	纽约	纽约州	−0.66
4	波士顿保险银行	波士顿	马萨诸塞州	−0.31

第11章 流动性创造排名

（续表）

5	日本工业协会银行	纽约	纽约州	−0.15
6	多芬存款银行	哈里斯堡	宾夕法尼亚州	−0.02
7	特拉华蓬塞银行	蓬塞	波多黎各	0.17
8	老肯特银行	大急流城	密歇根州	0.19
9	威明顿银行	威尔明顿	特拉华州	0.41
10	波多黎各特拉华人民银行	哈托雷	波多黎各	0.56

子表C2　大型银行1984年第1季度表内流动性创造后十名（按美元计算）

排名	名称	城市	州	表内流动性创造（10亿美元）
1	纽约共和银行	纽约	纽约州	−4.81
2	纽约以色列贴现银行	纽约	纽约州	−1.89
3	富士银行	纽约	纽约州	−0.76
4	日本工业协会银行	纽约	纽约州	−0.35
5	波士顿保险银行	波士顿	马萨诸塞州	−0.31
6	老肯特银行	大急流城	密歇根州	−0.18
7	多芬存款银行	哈里斯堡	宾夕法尼亚州	−0.06
8	特拉华蓬塞银行	蓬塞	波多黎各	0.03
9	波多黎各特拉华人民银行	哈托雷	波多黎各	0.05
10	东京银行	纽约	纽约州	0.06

子表 C3 大型银行 1984 年第 1 季度表外流动性创造
后十名（按美元计算）

排名	名称	城市	州	表外流动性创造（10 亿美元）
1	纽瓦克富达联合银行	纽瓦克	新泽西州	0.00
2	波士顿保险银行	波士顿	马萨诸塞州	0.00
3	南达科塔花旗银行	苏福尔斯	南达科他州	0.01
4	威明顿银行	威尔明顿	特拉华州	0.03
5	佛罗里达大西洋国民银行	杰克逊维尔	佛罗里达州	0.03
6	多芬存款银行	哈里斯堡	宾夕法尼亚州	0.04
7	亚利桑那第一储蓄银行	凤凰城	亚利桑那州	0.05
8	第一国家商业银行	新奥尔良	路易斯安那州	0.07
9	佛罗里达国民银行	杰克逊维尔	佛罗里达州	0.07
10	夏威夷银行	檀香山	夏威夷州	0.08

子表 D1 大型银行 2014 年第 4 季度"产品宽口径"度量方法流动性创造
后十名（按美元计算）

排名	名称	城市	州	"产品宽口径"度量方法流动性创造（10 亿美元）
1	道富银行	波士顿	马萨诸塞州	−50.26
2	纽约梅隆银行	纽约	纽约州	−36.87
3	纽约萨福拉银行	纽约	纽约州	0.23
4	世纪银行	萨默维尔	马萨诸塞州	0.37

第 11 章 流动性创造排名

(续表)

5	佐治亚加拿大皇家银行	亚特兰大	佐治亚州	0.45
6	美国第一银行	埃尔克格罗夫村	伊利诺伊州	0.47
7	第一证券银行	瑟西	阿肯色州	0.59
8	卡特银行	马丁斯维尔	弗吉尼亚州	0.64
9	阿拉斯加第一国民银行	安克雷奇	阿拉斯加州	0.77
10	南区银行	泰勒	得克萨斯州	0.84

子表 D2 大型银行 2014 年第 4 季度表内流动性创造
后十名(按美元计算)

排名	名称	城市	州	表内流动性创造(10 亿美元)
1	道富银行	波士顿	马萨诸塞州	−67.07
2	纽约梅隆银行	纽约	纽约州	−55.86
3	花旗银行	苏福尔斯	南达科他州	−38.26
4	美国大通银行	威尔明顿	特拉华州	−15.35
5	北区银行	芝加哥	伊利诺伊州	−7.64
6	美国高盛银行	纽约	纽约州	−1.68
7	探索银行	格林伍德	特拉华州	−0.68
8	第一资本银行(美国)	格伦阿林	弗吉尼亚州	0.04
9	佐治亚加拿大皇家银行	亚特兰大	佐治亚州	0.08
10	美国第一银行	埃尔克格罗夫村	伊利诺伊州	0.12

子表 D3　大型银行 2014 年第 4 季度表外流动性创造
后十名（按美元计算）

排名	名称	城市	州	表外流动性创造（10 亿美元）
1	美国银行加州分行	旧金山	加利福尼亚州	0.00
2	富国银行	休斯敦	得克萨斯州	0.01
3	卡特银行	马丁斯维尔	弗吉尼亚州	0.04
4	纽约萨福拉银行	纽约	纽约州	0.05
5	佛罗里达中州银行	温特黑文	佛罗里达州	0.13
6	波多黎各特拉华加拿大丰业银行	哈托雷	波多黎各	0.15
7	韩美银行	洛杉矶	加利福尼亚州	0.16
8	世纪银行	萨默维尔	马萨诸塞州	0.16
9	哈德孙河谷银行	扬克斯	纽约州	0.17
10	西美银行	圣拉斐尔	加利福尼亚州	0.17

该表的子表 A 和子表 B 分别给出了 1984 年第 1 季度和 2014 年第 4 季度大型银行前十名的流动性创造者（按美元计算），而子表 C 和子表 D 则分别给出了同样两个时期后十名的流动性创造者。每个子表的次子表 1、2、3 分别给出了按美元计算的"产品宽口径"度量方法、表内、表外流动性创造的排名。大型银行的毛总资产超过 30 亿美元，毛总资产 = 总资产 + 贷款及租赁损失准备金 + 对外贷款转账风险损失准备金（某些对外贷款准备金）。"产品宽口径"度量方法是将期限和产品类别相结合对贷款以外的银行业务进行分类，但由于数据限制，仅按类别对贷款进行分类。"产品宽口径"度量方法包括表外业务。银行名称引自监管报表。银行的地理位置信息来自芝加哥联邦储备银行网站。

表 11-1 子表 A1 中给出的 1984 年第 1 季度的大型银行前十名"产品宽口径"度量方法流动性创造者如预期一样，其总部均设立在美国较大州的大城市：纽约市（纽约州）、旧金山市（加利福尼亚州）、洛杉矶市（加利福尼亚州）以及芝加哥市（伊利诺伊州）。前几名的大型银行集中分布于较大州的原因在于：正如专栏 1-1 所讨论

第 11 章 流动性创造排名

的,州际银行支行在 1984 年第 1 季度被禁止,然而通过银行控股公司,州际银行业务开始被允许。某些情况下,一些州实行单一银行制,要求银行只有一个独立机构,不能设立分支机构。这是伊利诺伊州的情况,该州有两家银行排名前十,分别为伊利诺伊大陆银行和芝加哥第一国民银行。这些大型银行大多数已不存在,已经被合并了。有趣的是,前十中的五家银行,分别为汉华实业银行、大通曼哈顿银行、化学银行、摩根担保银行以及芝加哥第一国民银行(以及其他一些不在前十行列的银行),现在均被合并到摩根大通银行。太平洋证券银行是现在的美国银行的一部分,前十名银行之一的伊利诺伊大陆银行于 1984 年后期倒闭。

表 11-1 子表 A2 和子表 A3 分别给出了在"产品宽口径"度量方法流动性创造者中排名前十的银行,且在同一样本期间,也在表内和表外流动性创造者排名前十的七家银行。这种一致性值得注意,因为正如后面将要展示的,这种一致性并不总是成立。对于大多数这样的大型银行而言,即使是在 1984 年第 1 季度,表外流动性创造也大于表内流动性创造。

表 11-1 子表 B1 表明,2014 年第 4 季度在"产品宽口径"度量方法流动性创造者排行中排名靠前的依然是最大的几家银行。前四名流动性创造者也是从毛总资产角度看最大的四家银行。虽然其中一些名字和 1984 年第 1 季度是一样的,它们中的大多数已通过并购而实现转型。2014 年第 4 季度,这些银行的"产品宽口径"度量方法流动性创造通常要高出好多倍,自然增长是部分原因,但最主要的原因是并购。

还有一点值得注意,2014 年第 4 季度,在"产品宽口径"度量方法流动性创造排行中排名前十的银行中没有一家总部设在最大的一些城市和州。它们大多数坐落于较小的城市和州。这些总部的位置，有些是违反直觉的，已经通过一些资源得以证实，包括监管报表、存款总结、FDIC 网站。这些银行之所以有着违反直觉的位置，部分原因在于 2014 年第 4 季度州际银行被允许设立，以及跨州银行可以自主选择总部的地理位置。选址决定部分地受到各州监管和税收差异的驱动。[1]

现在我们来看表 11-1 子表 B2 和子表 B3，它们分别给出了前十名的表内和表外流动性创造者，10 家银行中有 8 家同样也在子表 A 中排名前十的"产品宽口径"度量方法流动性创造者行列。花旗银行是一个例外，花旗银行在"产品宽口径"度量方法流动性创造者中排名第三，但并未出现在排名居前的表内流动性创造者之列，却出现在排名居前的表外流动性创造者之列。这将在分析后十名流动性创造者时加以进一步解释。同 1984 年第 1 季度一样，大多数排名居前的流动性创造者所创造的流动性主要是表外流动性。

表 11-1 子表 C 给出了 1984 年第 1 季度大型银行中排名后十位的流动性创造者。在子表 C1 中，有 6 家大型银行创造的"产品宽口径"度量方法流动性为负值，后十名所有银行的流动性创造量均相当小。在子表 C2 中，有 7 家表内流动性创造者是负值，这一后十名列表和"产品宽口径"度量方法流动性创造者后十名列表很相似。子表 C3 给出了后十名表外流动性创造者——只有 3 家银行出现在了"产品宽口径"度量方法流动性创造者后十名行列。值得注意的是，没有一家大型银行表外流动性创造为负值。

表 11-1 子表 D 给出了 2014 年第 4 季度的后十名流动性创造者。

与1984年第1季度不同,该子表中存在一些非常大型的银行,它们有着非常大的负值。例如,美国道富银行拥有-502.6亿美元"产品宽口径"度量方法流动性创造,表内流动性创造甚至拥有更大的负数——-670.7亿美元。可能最让人惊讶的是花旗银行,2014年第4季度表内流动性创造为-382.6亿美元。一些更深入的调查揭示了为什么会出现这种情况。尽管花旗银行在负债端创造了流动性,但是在资产端,毁灭了更大数量的流动性。聚焦于资产端:它拥有更多的流动资产(有价证券、交易类资产、现金和对其他金融机构的应收以及出售的联邦基金,总额为6,759.1亿美元),这些资产对流动性创造具有负贡献;而非流动性资产相对较少(商业和工业贷款、房地产开发贷款、其他贷款以及其他资产,总额为3,291.9亿美元),但这些资产对流动性创造具有正贡献。另外,在2014年第4季度,大型银行表外流动性创造没有负数存在。[2]

11.1.2 大型银行的"标准化"流动性创造

表11-2子表A给出了1984年第1季度大型银行中前十名标准化流动性创造者。正如子表A1所示,对于所有大型银行而言,由毛总资产标准化处理的"产品宽口径"度量方法数值均小于1.00,这意味着它们的流动性创造总是小于资产。只有几家在1984年第1季度标准化"产品宽口径"度量方法流动性创造排行中排名前十的大型银行,同样出现在表11-1子表A按美元计算的"产品宽口径"度量方法流动性创造前十名的行列。相似地,只有一些在大型银行标准化表内和表外流动性创造排行中排名前十的银行,出现在按美元计算的大型银行表内和表外流动性创造前十名的行列。同样,表11-2子表A中的三个列表几乎不存在一致性——标准化"产品宽

口径"度量方法流动性创造排行中排名前十的银行中只有 3 家也出现在标准化表内和表外流动性创造排行中前十的行列。表 11-2 子表 B 显示,2014 年第 4 季度标准化"产品宽口径"度量方法流动性创造和标准化表外流动性创造超过 1.00 的分别有 6 家和 5 家银行。大多数标准化"产品宽口径"度量方法流动性创造排行中排名前十的银行同样也出现在标准化表外流动性创造者前几名的行列,但是与标准化表内流动性创造者前几名的列表几乎不存在一致性。最后,值得注意的是,只有一家非常大型的银行在标准化流动性创造者前十名之列,这家银行是花旗银行,它在表外流动性创造排行中排名第十。[3]

表 11-2　大型银行标准化流动性创造排名

子表 A1　大型银行 1984 年第 1 季度标准化"产品宽口径"度量方法流动性创造前十名

排名	名称	城市	州	"产品宽口径"度量方法流动性创造/毛总资产
1	商业银行	圣路易斯	密苏里州	0.72
2	得克萨斯美国银行沃思堡分行	沃思堡	得克萨斯州	0.67
3	得克萨斯商业银行	休斯敦	得克萨斯州	0.63
4	密歇根银行底特律分行	底特律	密歇根州	0.61
5	伊利诺伊大陆银行	芝加哥	伊利诺伊州	0.60
6	汉华实业银行	纽约	纽约州	0.60
7	富国银行	旧金山	加利福尼亚州	0.60
8	西雅图第一银行	西雅图	华盛顿州	0.59
9	特拉华州摩根银行	威尔明顿	特拉华州	0.58
10	威斯康星第一银行	密尔沃基	威斯康星州	0.58

第 11 章 流动性创造排名

子表 A2　大型银行 1984 年第 1 季度标准化表内流动性创造前十名

排名	名称	城市	州	表内流动性创造/毛总资产
1	加州劳德埃银行	旧金山	加利福尼亚州	0.41
2	西雅图第一银行	西雅图	华盛顿州	0.40
3	米德尔塞克斯海湾银行	伯灵顿	马萨诸塞州	0.39
4	特拉华州化学银行	威尔明顿	特拉华州	0.37
5	富国银行	旧金山	加利福尼亚州	0.37
6	旧石银行	普罗维登斯	罗得岛州	0.36
7	罗得岛霍斯普 TR 国民银行	普罗维登斯	罗得岛州	0.36
8	密歇根银行底特律分行	底特律	密歇根州	0.35
9	大陆银行	诺里斯敦	宾夕法尼亚州	0.35
10	布兰茨银行	威尔逊	北卡罗来纳州	0.35

子表 A3　大型银行 1984 年第 1 季度标准化表外流动性创造前十名

排名	名称	城市	州	表外流动性创造/毛总资产
1	商业银行	圣路易斯	密苏里州	0.50
2	Provident 国民银行	布林莫尔	宾夕法尼亚州	0.43
3	特拉华州摩根银行	威尔明顿	特拉华州	0.43
4	芝加哥第一国民银行	芝加哥	伊利诺伊州	0.39
5	得克萨斯商业银行	休斯敦	得克萨斯州	0.34
6	得克萨斯美国银行沃思堡分行	沃思堡	得克萨斯州	0.32

（续表）

7	达拉斯第一国际银行	达拉斯	得克萨斯州	0.31
8	美国银行	旧金山	加利福尼亚州	0.31
9	汉华实业银行	纽约	纽约州	0.30
10	北区银行	芝加哥	伊利诺伊州	0.30

子表 B1 大型银行 2014 年第 4 季度标准化"产品宽口径"度量方法流动性创造前十名

排名	名称	城市	州	"产品宽口径"度量方法流动性创造/毛总资产
1	富国 FNCL 国民银行	拉斯维加斯	内华达州	1.91
2	美国大通银行	威尔明顿	特拉华州	1.75
3	特拉华巴克莱银行	威尔明顿	特拉华州	1.46
4	奥马哈第一银行	奥马哈	内布拉斯加州	1.13
5	第一资本银行（美国）	格伦阿林	弗吉尼亚州	1.02
6	探索银行	格林伍德	特拉华州	1.01
7	得克萨斯资本银行	达拉斯	得克萨斯州	0.90
8	Servisfirst 银行	伯明翰	亚拉巴马州	0.81
9	美国瑞穗银行	纽约	纽约州	0.80
10	卡迪纳尔银行	麦克林	弗吉尼亚州	0.78

第11章 流动性创造排名

子表 B2 大型银行 2014 年第 4 季度标准化表内流动性创造前十名

排名	名称	城市	州	表内流动性创造／毛总资产
1	得克萨斯资本银行	达拉斯	得克萨斯州	0.73
2	Servisfirst 银行	伯明翰	亚拉巴马州	0.66
3	雷蒙德·詹姆斯银行	圣彼得斯堡	佛罗里达州	0.62
4	圣贝尔银行	法戈	北达科他州	0.61
5	鹰银行	贝塞斯达	马里兰州	0.61
6	欧普斯银行	欧文	加利福尼亚州	0.61
7	Wintrust 银行	芝加哥	伊利诺伊州	0.57
8	西方阿里银行	凤凰城	亚利桑那州	0.57
9	亚利桑那国民银行	图森	亚利桑那州	0.57
10	社区信托银行	舒德伦特	路易斯安那州	0.57

子表 B3 大型银行 2014 年第 4 季度标准化表外流动性创造前十名

排名	名称	城市	州	表外流动性创造／毛总资产
1	美国大通银行	威尔明顿	特拉华州	1.86
2	富国 FNCL 国民银行	拉斯维加斯	内华达州	1.61
3	特拉华巴克莱银行	威尔明顿	特拉华州	1.37
4	第一资本银行（美国）	格伦阿林	弗吉尼亚州	1.02
5	探索银行	格林伍德	特拉华州	1.01

（续表）

6	奥马哈第一银行	奥马哈	内布拉斯加州	0.73
7	美国 TD 银行	威尔明顿	特拉华州	0.55
8	美国瑞穗银行	纽约	纽约州	0.47
9	美国银行	辛辛那提	俄亥俄州	0.35
10	花旗银行	苏福尔斯	南达科他州	0.34

子表 C1　大型银行 1984 年第 1 季度标准化"产品宽口径"度量方法流动性创造后十名

排名	名称	城市	州	"产品宽口径"度量方法流动性创造/毛总资产
1	纽约以色列贴现银行	纽约	纽约州	−0.25
2	纽约共和银行	纽约	纽约州	−0.21
3	富士银行	纽约	纽约州	−0.17
4	波士顿保险银行	波士顿	马萨诸塞州	−0.10
5	日本工业银行	纽约	纽约州	−0.04
6	多芬存款银行	哈里斯堡	宾夕法尼亚州	−0.01
7	老肯特银行	大急流城	密歇根州	0.05
8	特拉华庞塞银行	蓬塞	波多黎各	0.05
9	波多黎各特拉华人民银行	哈托雷	波多黎各	0.09
10	威明顿银行	威尔明顿	特拉华州	0.12

第 11 章 流动性创造排名

子表 C2　大型银行 1984 年第 1 季度标准化表内流动性创造后十名

排名	名称	城市	州	表内流动性创造／毛总资产
1	纽约以色列贴现银行	纽约	纽约州	−0.28
2	纽约共和银行	纽约	纽约州	−0.25
3	富士银行	纽约	纽约州	−0.19
4	日本工业银行	纽约	纽约州	−0.10
5	波士顿保险银行	波士顿	马萨诸塞州	−0.10
6	老肯特银行	大急流城	密歇根州	−0.04
7	多芬存款银行	哈里斯堡	宾夕法尼亚州	−0.02
8	东京银行	纽约	纽约州	0.01
9	特拉华蓬塞银行	蓬塞	波多黎各	0.01
10	波多黎各特拉华人民银行	哈托雷	波多黎各	0.01

子表 C3　大型银行 1984 年第 1 季度标准化表外流动性创造后十名

排名	名称	城市	州	表外流动性创造／毛总资产
1	纽瓦克富达联合银行	纽瓦克	新泽西州	0.00
2	南达科塔花旗银行	苏福尔斯	南达科他州	0.00
3	波士顿保险银行	波士顿	马萨诸塞州	0.00
4	佛罗里达大西洋国民银行	杰克逊维尔	佛罗里达州	0.00
5	亚利桑那第一储蓄银行	凤凰城	亚利桑那州	0.00

（续表）

排名	名称	城市	州	
6	佛罗里达国民银行	杰克逊维尔	佛罗里达州	0.01
7	威尔明顿银行	威尔明顿	特拉华州	0.01
8	夏威夷银行	檀香山	夏威夷州	0.01
9	康涅狄格州银行	哈特福德	康涅狄格州	0.01
10	多芬存款银行	哈里斯堡	宾夕法尼亚州	0.01

子表 D1　大型银行 2014 年第 4 季度标准化 "产品宽口径" 度量方法流动性创造后十名

排名	名称	城市	州	"产品宽口径"度量方法流动性创造/毛总资产
1	道富银行	波士顿	马萨诸塞州	−0.19
2	纽约梅隆银行	纽约	纽约州	−0.12
3	纽约萨福拉银行	纽约	纽约州	0.04
4	纽约银行梅隆公司	匹兹堡	宾夕法尼亚州	0.09
5	华盛顿美联储	西雅图	华盛顿州	0.10
6	世纪银行	萨默维尔	马萨诸塞州	0.10
7	北区银行	芝加哥	伊利诺伊州	0.11
8	第一证券银行	瑟西	阿肯色州	0.13
9	美国第一银行	埃尔克格罗夫村	伊利诺伊州	0.14
10	卡特银行	马丁斯维尔	弗吉尼亚州	0.14

第 11 章 流动性创造排名

子表 D2　大型银行 2014 年第 4 季度标准化表内流动性创造后十名

排名	名称	城市	州	表内流动性创造/毛总资产
1	道富银行	波士顿	马萨诸塞州	−0.25
2	纽约梅隆银行	纽约	纽约州	−0.18
3	美国大通银行	威尔明顿	特拉华州	−0.12
4	北区银行	芝加哥	伊利诺伊州	−0.07
5	花旗银行	苏福尔斯	南达科他州	−0.03
6	美国高盛银行	纽约	纽约州	−0.01
7	探索银行	格林伍德	特拉华州	−0.01
8	第一资本银行（美国）	格伦阿林	弗吉尼亚州	0.00
9	乔治亚州加拿大皇家银行	亚特兰大	佐治亚州	0.03
10	纽约萨福拉银行	纽约	纽约州	0.03

子表 D3　大型银行 2014 年第 4 季度标准化表外流动性创造后十名

排名	名称	城市	州	表外流动性创造/毛总资产
1	美国银行加州分行	旧金山	加利福尼亚州	0.00
2	富国银行	休斯敦	得克萨斯州	0.00
3	纽约萨福拉银行	纽约	纽约州	0.01
4	卡特银行	马丁斯维尔	弗吉尼亚州	0.01
5	Signature 银行	纽约	纽约州	0.02

(续表)

6	华盛顿美联储	西雅图	华盛顿州	0.02
7	波多黎各特拉华加拿大丰业银行	哈托雷	波多黎各	0.03
8	摩根士丹利银行	普尔彻斯	纽约州	0.03
9	佛罗里达州中部银行	温特黑文	佛罗里达州	0.03
10	西美银行	圣拉斐尔	加利福尼亚州	0.03

该表的子表 A 和子表 B 分别给出了 1984 年第 1 季度和 2014 年第 4 季度大型银行标准化流动性创造排名的前十名，而子表 C 和子表 D 则分别给出了同样两个时期的后十名。每个子表中的次子表 1、2 和 3 分别给出了基于"产品宽口径"度量方法、表内和表外流动性创造的排名，上述三个子表均以毛总资产为分母进行了标准化处理。毛总资产 = 总资产 + 贷款及租赁损失准备金 + 对外贷款转账风险损失准备金（某些对外贷款准备金）。大型银行的毛总资产超过 30 亿美元。"产品宽口径"度量方法是将期限和产品类别相结合对贷款以外的银行业务进行分类，但由于数据限制，仅按类别对贷款进行分类。"产品宽口径"度量方法包括表外业务。银行名称引自监管报表。银行的地理位置信息来自芝加哥联邦储备银行网站。

现在我们来看表 11-2 子表 C1，该表给出了 1984 年第 1 季度大型银行标准化流动性创造者的后十名，后六名标准化流动性创造者与表 11-1 子表 C1 所示的后六名按美元计算的流动性创造者一致，因为只有六家银行有负的流动性创造额。子表 C1、子表 C2 和子表 C3 表明，标准化流动性创造者中排在后十名的没有非常大型的银行。子表 C3 也表明，所有的后十家银行标准化表外流动性创造都非常小。表 11-2 子表 D 展示了 2014 年第 4 季度的后十名标准化流动性创造者。另外，这些迹象可从表 11-1 子表 D 得到预测。但值得注意的是，花旗银行的标准化表内流动性创造只是一个很小的负数—— -0.03，这是因为，尽管花旗银行有很大的负的流动性创造额，但是其毛总资产数额也非常大。

11.1.3　中型银行按美元计算的流动性创造

表 11-3 子表 A 表明，中型银行前十名流动性创造者的美元价值总和不出所料地小于表 11-1 子表 A 所示的大型银行的总值。当然，这些银行中的大多数都是相对不知名的。对于这些银行，表外流动性创造通常明显小于表内流动性创造。按美元计算的"产品宽口径"度量方法流动性创造者前十名，有 6 家出现在表内流动性创造者前十名中，也有 6 家出现在表外流动性创造者前十名中。前十名表内流动性创造者和前十名表外流动性创造者之间只有 3 家银行是重叠的，表明这两个部分不是高度关联的。表 11-3 子表 B 表明 2014 年第 4 季度前十名流动性创造者与 1984 年第 1 季度的情况非常不同，因为到了较晚的时期，2 家最大的中型银行变成了大型银行，2 家破产了并且获得了政府援助，而剩下的 6 家并未获得援助。另外，表内流动性创造似乎远大于表外流动性创造。这也反映在前十名表内流动性创造者中有 9 家也在前十名"产品宽口径"度量方法流动性创造者行列，而前十名表外流动性创造者中只有 4 家在前十名"产品宽口径"度量方法流动性创造者行列。

表 11-3 子表 C 给出了 1984 年第 1 季度中型银行后十名按美元计算的流动性创造者。这些银行中有 7 家创造了负的"产品宽口径"度量方法流动性，9 家创造了负的表内流动性，有 1 家创造了负的表外流动性，许多银行创造了零或者接近零的表外流动性。而如表 11-3 子表 D 所示，到 2014 年第 4 季度，只有 2 家中型银行创造了负的"产品宽口径"度量方法流动性，只有 3 家银行创造了负的表内流动性，并且只有 2 家银行创造了接近零的表外流动性。

表 11-3　中型银行 1984 年第 1 季度和 2014 年第 4 季度的流动性创造排名（按美元计算）

子表 A1　中型银行 1984 年第 1 季度"产品宽口径"度量方法流动性创造前十名（按美元计算）

排名	名称	城市	州	"产品宽口径"度量方法流动性创造（10 亿美元）
1	达拉斯第一城市银行	达拉斯	得克萨斯州	1.50
2	休斯敦第一国际银行	休斯敦	得克萨斯州	1.42
3	泽西城第一国民银行	泽西城	新泽西州	1.42
4	得克萨斯 CMRC 银行奥斯汀分行	奥斯汀	得克萨斯州	1.41
5	西部银行	旧金山	加利福尼亚州	1.28
6	亚利桑那联合银行	凤凰城	亚利桑那州	1.26
7	堪萨斯城商业银行	堪萨斯城	密苏里州	1.23
8	第一国民银行	塔尔萨	俄克拉何马州	1.19
9	殖民银行	沃特伯里	康涅狄格州	1.18
10	奥斯汀第一国际银行	奥斯汀	得克萨斯州	1.17

子表 A2　中型银行 1984 年第 1 季度表内流动性创造前十名（按美元计算）

排名	名称	城市	州	表内流动性创造（10 亿美元）
1	亚利桑那联合银行	凤凰城	亚利桑那州	1.12
2	休斯敦第一国际银行	休斯敦	得克萨斯州	1.03
3	城市信托	布里奇波特	康涅狄格州	1.03

第11章 流动性创造排名

（续表）

4	奥斯汀第一国际银行	奥斯汀	得克萨斯州	1.03
5	得克萨斯CMRC银行奥斯汀分行	奥斯汀	得克萨斯州	1.01
6	殖民银行	沃特伯里	康涅狄格州	0.94
7	中心银行	旧金山	加利福尼亚州	0.94
8	纽约巴克莱银行	纽约	纽约州	0.93
9	泽西城第一国民银行	泽西城	新泽西州	0.93
10	帝国银行	洛杉矶	加利福尼亚州	0.93

子表A3 中型银行1984年第1季度表外流动性创造前十名（以美元计算）

排名	名称	城市	州	表外流动性创造（10亿美元）
1	达拉斯第一城市银行	达拉斯	得克萨斯州	0.76
2	堪萨斯城商业银行	堪萨斯城	密苏里州	0.65
3	特拉华汉华实业银行	威尔明顿	特拉华州	0.64
4	泽西城第一国民银行	泽西城	新泽西州	0.49
5	拉萨尔国民银行	芝加哥	伊利诺伊州	0.45
6	CMRC国民银行	圣安东尼奥	得克萨斯州	0.42
7	得克萨斯CMRC银行奥斯汀分行	奥斯汀	得克萨斯州	0.40
8	西部银行	旧金山	加利福尼亚州	0.40
9	密苏里联合银行堪萨斯城分行	堪萨斯城	密苏里州	0.40
10	休斯敦第一国际银行	休斯敦	得克萨斯州	0.39

子表 B1　中型银行 2014 年第 4 季度 "产品宽口径" 度量方法流动性创造前十名（按美元计算）

排名	名称	城市	州	"产品宽口径"度量方法流动性创造（10 亿美元）
1	三州资本银行	匹兹堡	宾夕法尼亚州	1.86
2	弗里蒙特银行	弗里蒙特	加利福尼亚州	1.81
3	同业银行	俄克拉何马城	俄克拉何马州	1.80
4	美国特许银行	绍姆堡	伊利诺伊州	1.79
5	圣哈皮银行	哈皮	得克萨斯州	1.74
6	加州联合银行	洛杉矶	加利福尼亚州	1.74
7	得克萨斯社区银行	博蒙特	得克萨斯州	1.73
8	皮帕克格雷斯顿银行	贝德明斯特	新泽西州	1.69
9	大点银行	洛杉矶	加利福尼亚州	1.66
10	森林湖银行	森林湖	伊利诺伊州	1.65

子表 B2　中型银行 2014 年第 4 季度表内流动性创造前十名（按美元计算）

排名	名称	城市	州	表内流动性创造（10 亿美元）
1	同业银行	俄克拉何马城	俄克拉何马州	1.60
2	皮帕克格雷斯顿银行	贝德明斯特	新泽西州	1.58
3	圣哈皮银行	哈皮	得克萨斯州	1.47

第 11 章　流动性创造排名

（续表）

4	大点银行	洛杉矶	加利福尼亚州	1.44
5	美国特许银行	绍姆堡	伊利诺伊州	1.44
6	得克萨斯社区银行	博蒙特	得克萨斯州	1.43
7	森林湖银行	森林湖	伊利诺伊州	1.42
8	弗里蒙特银行	弗里蒙特	加利福尼亚州	1.41
9	加州联合银行	洛杉矶	加利福尼亚州	1.38
10	Centier 银行	怀廷	印第安纳州	1.38

子表 B3　中型银行 2014 年第 4 季度表外流动性创造前十名（按美元计算）

排名	名称	城市	州	表外流动性创造（10 亿美元）
1	TIB 银行家银行	法默斯布兰奇	得克萨斯州	0.63
2	三州资本银行	匹兹堡	宾夕法尼亚州	0.49
3	弗里蒙特银行	弗里蒙特	加利福尼亚州	0.40
4	密歇根商业银行	大急流城	密歇根州	0.39
5	加州联合银行	洛杉矶	加利福尼亚州	0.36
6	圣加州农民 &MRCH 银行	洛迪	加利福尼亚州	0.36
7	美国特许银行	绍姆堡	伊利诺伊州	0.35
8	肯塔基银行	克雷斯特维尤希尔斯	肯塔基州	0.34
9	安博依银行	旧桥	新泽西州	0.32
10	企业银行	洛厄尔	马萨诸塞州	0.31

子表 C1　中型银行 1984 年第 1 季度"产品宽口径"度量方法流动性创造后十名（按美元计算）

排名	名称	城市	州	"产品宽口径"度量方法流动性创造（10 亿美元）
1	达亿瓦银行	纽约	纽约州	−0.46
2	桑坦德银行波多黎各分行	哈托雷	波多黎各	−0.25
3	合并银行	纽约	纽约州	−0.24
4	中央银行集团	哈托雷	波多黎各	−0.21
5	加州州立银行	旧金山	加利福尼亚州	−0.15
6	拉雷多国民银行	拉雷多	得克萨斯州	−0.09
7	达文波特银行	达文波特	艾奥瓦州	−0.05
8	农民 &MRCH 银行	长滩	加利福尼亚州	0.02
9	加勒廷国民银行	尤宁敦	宾夕法尼亚州	0.03
10	MID 美国银行	路易斯维尔	肯塔基州	0.04

子表 C2　中型银行 1984 年第 1 季度表内流动性创造后十名（按美元计算）

排名	名称	城市	州	表内流动性创造（10 亿美元）
1	达亿瓦银行	纽约	纽约州	−0.51
2	桑坦德银行波多黎各分行	哈托雷	波多黎各	−0.32
3	合并银行	纽约	纽约州	−0.24

第 11 章 流动性创造排名

（续表）

4	中央银行集团	哈托雷	波多黎各	−0.23
5	加州州立银行	旧金山	加利福尼亚州	−0.18
6	UBAF 阿拉伯美国银行	纽约	纽约州	−0.15
7	拉雷多国民银行	拉雷多	得克萨斯州	−0.10
8	达文波特银行	达文波特	艾奥瓦州	−0.05
9	西南银行	布朗斯维尔	得克萨斯州	−0.04
10	农民 &MRCH 银行	长滩	加利福尼亚州	0.01

子表 C3　中型银行 1984 年第 1 季度表外流动性创造后十名（按美元计算）

排名	名称	城市	州	表外流动性创造（10 亿美元）
1	棕榈滩县巴奈特银行	德尔雷比奇	佛罗里达州	−0.00
2	俄亥俄公民银行	托莱多	俄亥俄州	0.00
3	杰斐逊担保银行	梅泰里	路易斯安那州	0.00
4	俄亥俄东北部中央银行	坎顿	俄亥俄州	0.00
5	布拉德福德信托公司	纽约	纽约州	0.00
6	汤姆斯河第一国立银行	汤姆斯河	新泽西州	0.00
7	英联邦银行	威廉斯波特	宾夕法尼亚州	0.00
8	Calcasieu 海洋国有银行	莱克查尔斯	路易斯安那州	0.00
9	北方中央银行	威廉斯波特	宾夕法尼亚州	0.00
10	庞蒂亚克圣银行	庞蒂亚克	密歇根州	0.00

子表 D1　中型银行 2014 年第 4 季度"产品宽口径"度量方法流动性创造后十名（按美元计算）

排名	名称	城市	州	"产品宽口径"度量方法流动性创造（10 亿美元）
1	第一州立银行	尤瓦尔迪	得克萨斯州	−0.09
2	克雷森特银行	新奥尔良	路易斯安那州	−0.06
3	墨西哥国民银行美国分行	洛杉矶	加利福尼亚州	0.06
4	公民第一银行	村群	佛罗里达州	0.07
5	CMRC 国际银行	布朗斯维尔	得克萨斯州	0.10
6	Interaudi 银行	纽约	纽约州	0.11
7	美国传统银行	萨帕尔帕	俄克拉何马州	0.11
8	美国黑鹰银行	米兰	伊利诺伊州	0.12
9	DBA 第一便利银行	基林	得克萨斯州	0.13
10	贝瑟默银行	纽约	纽约州	0.14

子表 D2　中型银行 2014 年第 4 季度表内流动性创造后十名（按美元计算）

排名	名称	城市	州	表内流动性创造（10 亿美元）
1	第一州立银行	尤瓦尔迪	得克萨斯州	−0.11
2	墨西哥国民银行美国分行	洛杉矶	加利福尼亚州	−0.07
3	克雷森特银行	新奥尔良	路易斯安那州	−0.06

第 11 章 流动性创造排名

（续表）

4	公民第一银行	村群	佛罗里达州	0.02
5	CMRC 国际银行	布朗斯维尔	得克萨斯州	0.05
6	Interaudi 银行	纽约	纽约州	0.06
7	美国黑鹰银行	米兰	伊利诺伊州	0.07
8	美国传统银行	萨帕尔帕	俄克拉何马州	0.07
9	DBA 第一便利银行	基林	得克萨斯州	0.12
10	武装部队银行	利文沃斯堡	堪萨斯州	0.13

子表 D3　中型银行 2014 年第 4 季度表外流动性创造后十名（按美元计算）

排名	名称	城市	州	表外流动性创造（10 亿美元）
1	Intervest 国民银行	纽约	纽约州	0.00
2	克雷森特银行	新奥尔良	路易斯安那州	0.00
3	贝瑟默银行	纽约	纽约州	0.01
4	DBA 第一便利银行	基林	得克萨斯州	0.01
5	第一州立银行	尤瓦尔迪	得克萨斯州	0.02
6	美国友利银行	纽约	纽约州	0.02
7	美国银行佛罗里达州分行	科勒尔盖布尔斯	佛罗里达州	0.02

（续表）

8	得克萨斯州CMNTY银行	拉雷多	得克萨斯州	0.03
9	自由银行	斯普林菲尔德	密苏里州	0.03
10	美国传统银行	萨帕尔帕	俄克拉何马州	0.03

该表的子表A和子表B分别给出了1984年第1季度和2014年第4季度中型银行前十名的流动性创造者（按美元计算），而子表C和子表D分别给出了同样两个时期后十名的流动性创造者。每个子表的次子表1、2和3分别给出了按美元计算的"产品宽口径"度量方法、表内和表外流动性创造的排名。中型银行是毛总资产超过10亿美元但不超过30亿美元的银行。毛总资产＝总资产＋贷款及租赁损失准备金＋对外贷款转账风险损失准备金（某些对外贷款准备金）。"产品宽口径"度量方法是将期限和产品类别相结合对贷款以外的银行业务进行分类，但由于数据限制，仅按类别对贷款进行分类。"产品宽口径"度量方法包括表外业务。银行名称引自监管报表。银行的地理位置信息来自芝加哥联邦储备银行网站。

11.1.4 中型银行的"标准化"流动性创造

表11-4子表A展示了1984年第1季度，相比于前十名大型银行，中型银行前十名标准化流动性创造者创造了稍小的标准化"产品宽口径"度量方法和表外流动性，创造了稍大的标准化表内流动性。随着时间的推移，相比于大型银行，中型银行标准化流动性创造下降：2014年第4季度，相比于同期前十名大型银行，中型银行前几名标准化流动性创造者有着小得多的"产品宽口径"度量方法和表外流动性创造，但它们的表内流动性创造相当。正如表11-4子表C所示，中型银行后十名标准化流动性创造者中，标准化"产品宽口径"度量方法和表内流动性创造均为负值或非常小的正值，并且标准化表外流动性创造基本上为0。到2014年第4季度，标准化数值大多都变为正数，但是仍十分小（表11-4子表D）。

第 11 章 流动性创造排名

表 11-4 中型银行标准化流动性创造排名

子表 A1 中型银行 1984 年第 1 季度标准化"产品宽口径"度量方法流动性创造前十名

排名	名称	城市	州	"产品宽口径"度量方法流动性创造/毛总资产
1	达拉斯第一银行	达拉斯	得克萨斯州	0.71
2	沃斯堡州立银行	沃斯堡	得克萨斯州	0.65
3	得克萨斯州 CMRC 银行奥斯汀分行	奥斯汀	得克萨斯州	0.60
4	泽西城第一国民银行	泽西城	新泽西州	0.59
5	美西银行	旧金山	加利福尼亚州	0.55
6	特拉华汉华实业银行	威尔明顿	特拉华州	0.53
7	美国银行	波士顿	马萨诸塞州	0.52
8	科珀斯克里斯蒂国有银行	科珀斯克里斯蒂	得克萨斯州	0.52
9	田纳西州第一银行诺克斯维尔分行	诺克斯维尔	田纳西州	0.52
10	美国国立银行	贝克斯菲尔德	加利福尼亚州	0.52

子表 A2 中型银行 1984 年第 1 季度标准化表内流动性创造前十名

排名	名称	城市	州	表内流动性创造/毛总资产
1	布拉德福德信托公司	纽约	纽约州	0.48
2	美国国立银行	贝克斯菲尔德	加利福尼亚州	0.46
3	城市信托	布里奇波特	康涅狄格州	0.43

（续表）

4	得克萨斯州 CMRC 银行奥斯汀分行	奥斯汀	得克萨斯州	0.43
5	美国银行亚利桑那分行	凤凰城	亚利桑那州	0.42
6	中央银行	旧金山	加利福尼亚州	0.41
7	田纳西州第一银行诺克斯维尔分行	诺克斯维尔	田纳西州	0.41
8	杰斐逊担保银行	梅泰里	路易斯安那州	0.41
9	大西部银行	凤凰城	亚利桑那州	0.41
10	达拉斯得克萨斯银行	达拉斯	得克萨斯州	0.40

子表 A3　中型银行 1984 年第 1 季度标准化表外流动性创造前十名

排名	名称	城市	州	表外流动性创造/毛总资产
1	达拉斯第一银行	达拉斯	得克萨斯州	0.36
2	特拉华汉华实业银行	威尔明顿	特拉华州	0.30
3	科珀斯克里斯蒂国有银行	科珀斯克里斯蒂	得克萨斯州	0.29
4	休斯敦大学 CTR 银行	休斯敦	得克萨斯州	0.28
5	沃斯堡州立银行	沃斯堡	得克萨斯州	0.27
6	阿拉莫国有银行	圣安东尼奥	得克萨斯州	0.25
7	堪萨斯城商业银行	堪萨斯城	密苏里州	0.23

（续表）

8	亚拉巴马第一银行伯明翰分行	伯明翰	亚拉巴马州	0.22
9	哈佛海湾银行	坎布里奇	马萨诸塞州	0.20
10	得克萨斯州 CMRC 银行圣安东尼奥分行	圣安东尼奥	得克萨斯州	0.20

子表 B1　中型银行 2014 年第 4 季度标准化"产品宽口径"度量方法流动性创造前十名

排名	名称	城市	州	"产品宽口径"度量方法流动性创造/毛总资产
1	大西洋中心银行	亚特兰大	佐治亚州	0.83
2	加州联合银行	洛杉矶	加利福尼亚州	0.77
3	布里奇银行	圣何塞	加利福尼亚州	0.76
4	企业银行	洛厄尔	马萨诸塞州	0.73
5	达科他第一国有银行	扬克顿	南达科他州	0.72
6	西南银行	沃斯堡	得克萨斯州	0.72
7	美国 T&S 银行	迪比克	艾奥瓦州	0.70
8	同业银行	俄克拉何马城	俄克拉何马州	0.69
9	圣路易斯中央银行	克莱顿	密苏里州	0.68
10	西部银行	西得梅因	艾奥瓦州	0.68

子表 B2　中型银行 2014 年第 4 季度标准化表内流动性创造前十名

排名	名称	城市	州	表内流动性创造/毛总资产
1	大西洋中心银行	亚特兰大	佐治亚州	0.67
2	同业银行	俄克拉何马城	俄克拉何马州	0.61
3	加州联合银行	洛杉矶	加利福尼亚州	0.61
4	达科他第一国有银行	扬克顿	南达科他州	0.61
5	西南银行	沃斯堡	得克萨斯州	0.61
6	布里奇银行	圣何塞	加利福尼亚州	0.60
7	皮帕克格莱斯顿银行	贝德明斯特	新泽西州	0.58
8	企业银行	洛厄尔	马萨诸塞州	0.58
9	哈皮市州立银行	哈皮	得克萨斯州	0.57
10	Minnwest 银行	雷德伍德福尔斯	明尼苏达州	0.57

子表 B3　中型银行 2014 年第 4 季度标准化表外流动性创造前十名

排名	名称	城市	州	表外流动性创造/毛总资产
1	TIB 独立银行家银行	法默斯布兰奇	得克萨斯州	0.29
2	美国 T&S 银行	迪比克	艾奥瓦州	0.19
3	迪比克银行	迪比克	艾奥瓦州	0.18
4	诺斯布鲁克银行	诺斯布鲁克	伊利诺伊州	0.18
5	三州资本银行	匹兹堡	宾夕法尼亚州	0.17

第 11 章 流动性创造排名

（续表）

6	肯塔基州银行	克雷斯特维尤希尔斯	肯塔基州	0.17
7	君主银行	达拉斯	得克萨斯州	0.16
8	布里奇银行	圣何塞	加利福尼亚州	0.16
9	加州联合银行	洛杉矶	加利福尼亚州	0.16
10	普斯特银行	纳什维尔	田纳西州	0.16

子表 C1　中型银行 1984 年第 1 季度标准化"产品宽口径"度量方法流动性创造后十名

排名	名称	城市	州	"产品宽口径"度量方法流动性创造/毛总资产
1	达亿瓦银行	纽约	纽约州	−0.23
2	波多黎各桑坦德银行	哈托雷	波多黎各	−0.15
3	加利福尼亚坎顿银行	旧金山	加利福尼亚州	−0.15
4	合并银行	纽约	纽约州	−0.10
5	中央银行集团	哈托雷	波多黎各	−0.09
6	拉雷多银行	拉雷多	得克萨斯州	−0.06
7	达文波特银行	达文波特	艾奥瓦州	−0.03
8	农民 &MRCH 银行	长滩	加利福尼亚州	0.01
9	加勒廷国有银行	尤宁敦	宾夕法尼亚州	0.02
10	MID 美国银行	路易斯维尔	肯塔基州	0.03

子表 C2　中型银行 1984 年第 1 季度标准化表内流动性创造后十名

排名	名称	城市	州	表内流动性创造/毛总资产
1	达亿瓦银行	纽约	纽约州	−0.26
2	波多黎各桑坦德银行	哈托雷	波多黎各	−0.18
3	加利福尼亚坎顿银行	旧金山	加利福尼亚州	−0.17
4	合并银行	纽约	纽约州	−0.11
5	中央银行集团	哈托雷	波多黎各	−0.10
6	UBAF 阿拉伯美国银行	纽约	纽约州	−0.07
7	拉雷多银行	拉雷多	得克萨斯州	−0.06
8	西南银行	布朗斯维尔	得克萨斯州	−0.04
9	达文波特银行	达文波特	艾奥瓦州	−0.03
10	农民 &MRCH 银行	长滩	加利福尼亚州	0.01

子表 C3　中型银行 1984 年第 1 季度标准化表外流动性创造后十名

排名	名称	城市	州	表外流动性创造/毛总资产
1	棕榈滩县巴奈特银行	德尔雷比奇	佛罗里达州	−0.00
2	俄亥俄东北部中央银行	坎顿	俄亥俄州	0.00
3	俄亥俄公民银行	托莱多	俄亥俄州	0.00
4	杰斐逊担保银行	梅泰里	路易斯安那州	0.00

第 11 章 流动性创造排名

（续表）

5	布拉德福德信托公司	纽约	纽约州	0.00
6	汤姆斯河第一国立银行	汤姆斯里弗	新泽西州	0.00
7	英联邦银行	威廉斯波特	宾夕法尼亚州	0.00
8	Calcasieu 海洋国有银行	莱克查尔斯	路易斯安那州	0.00
9	合并银行	纽约	纽约州	0.00
10	北部中心银行	威廉斯波特	宾夕法尼亚州	0.00

子表 D1　中型银行 2014 年第 4 季度标准化"产品宽口径"度量方法流动性创造后十名

排名	名称	城市	州	"产品宽口径"度量方法流动性创造/毛总资产
1	第一州立银行	尤瓦尔迪	得克萨斯州	−0.07
2	克雷森特银行	新奥尔良	路易斯安那州	−0.06
3	公民第一银行	村群	佛罗里达州	0.04
4	墨西哥国民银行美国分行	洛杉矶	加利福尼亚州	0.05
5	贝瑟默银行	纽约	纽约州	0.06
6	Interaudi 银行	纽约	纽约州	0.06
7	CMRC 国际银行	布朗斯维尔	得克萨斯州	0.10
8	DBA 第一便利银行	基林	得克萨斯州	0.10
9	美国传统银行	萨帕尔帕	俄克拉何马州	0.10
10	美国黑鹰银行	米兰	伊利诺伊州	0.11

子表 D2　中型银行 2014 年第 4 季度标准化表内流动性创造后十名

排名	名称	城市	州	表内流动性创造/毛总资产
1	第一州立银行	尤瓦尔迪	得克萨斯州	−0.08
2	克雷森特银行	新奥尔良	路易斯安那州	−0.06
3	墨西哥国民银行美国分行	洛杉矶	加利福尼亚州	−0.06
4	公民第一银行	村群	佛罗里达州	0.01
5	Interaudi 银行	纽约	纽约州	0.04
6	CMRC 国际银行	布朗斯维尔	得克萨斯州	0.04
7	贝瑟默银行	纽约	纽约州	0.06
8	美国黑鹰银行	米兰	伊利诺伊州	0.06
9	美国传统银行	萨帕尔帕	俄克拉何马州	0.07
10	武装部队银行	利文沃斯堡	堪萨斯州	0.08

子表 D3　中型银行 2014 年第 4 季度标准化表外流动性创造后十名

排名	名称	城市	州	表外流动性创造/毛总资产
1	Intervest 国民银行	纽约	纽约州	0.00
2	贝瑟默银行	纽约	纽约州	0.00
3	克雷森特银行	新奥尔良	路易斯安那州	0.00
4	DBA 第一便利银行	基林	得克萨斯州	0.01

(续表)

5	第一州立银行	尤瓦尔迪	得克萨斯州	0.01
6	美国银行佛罗里达分行	科勒尔盖布尔斯	佛罗里达州	0.02
7	美国友利银行	纽约	纽约州	0.02
8	CMNTY 银行北部分行	芝加哥	伊利诺伊州	0.02
9	CMNTY 银行得克萨斯分行	拉雷多	得克萨斯州	0.02
10	百汇银行	哈伍德海茨	伊利诺伊州	0.03

该表的子表 A 和子表 B 分别给出了 1984 年第 1 季度和 2014 年第 4 季度中型银行标准化流动性创造排名的前十名,而子表 C 和子表 D 则分别给出了同样两个时期的后十名。每个子表的次子表 1、2 和 3 分别给出了基于"产品宽口径"度量方法、表内和表外流动性创造的排名,上述三个子表均以毛总资产为分母进行了标准化处理。毛总资产 = 总资产 + 贷款及租赁损失准备金 + 对外贷款转账风险损失准备金(某些对外贷款准备金)。中型银行是毛总资产超过 10 亿美元但不超过 30 亿美元的银行。"产品宽口径"度量方法是将期限和产品类别相结合对贷款以外的银行业务进行分类,但由于数据限制,仅按类别对贷款进行分类。"产品宽口径"度量方法包括表外业务。银行名称引自监管报表。银行的地理位置信息来自芝加哥联邦储备银行网站。

11.1.5 小型银行按美元计算的流动性创造

表 11-5 子表 A 表明 1984 年第 1 季度小型银行前十名流动性创造者所创造的按美元计算的流动性均小于 10 亿美元,这是在意料之中的,但出人意料的是,一些小型银行具有相当大的表外流动性创造,达到 6.8 亿美元。表 11-5 子表 B 展示了 2014 年第 4 季度前几名流动性创造者与 1984 年第 1 季度的完全不同,因为 1984 年 1 季度最大的小型银行中,1 家自愿关闭,2 家获得政府援助,剩下的 7 家并未获得援助。2014 年第 4 季度,1 家小型银行的"产品宽口径"度量方法流动性创造超过 10 亿美元,这完全归功于表

外流动性创造的重要贡献——实际上这家银行的表外流动性创造超过了"产品宽口径"度量方法流动性创造,这意味着负的表内流动性创造。[4] 正如表 11-5 子表 C 所示,1984 年第 1 季度小型银行后十名流动性创造者的"产品宽口径"度量方法、表内和表外流动性创造全部为负。正如表 11-5 子表 D 所示,2014 年第 4 季度情况大体相似,该时期只有 3 家银行具有负的表外流动性创造,其余 23 家银行表外流动性创造几乎是 0。

表 11-5　小型银行 1984 年第 1 季度和 2014 年第 4 季度的流动性创造排名(按美元计算)

子表 A1　小型银行 1984 年第 1 季度"产品宽口径"度量方法流动性前十名(按美元计算)

排名	名称	城市	州	"产品宽口径"度量方法流动性创造(10 亿美元)
1	COM 集团加拿大皇家银行	纽约	纽约州	0.91
2	特拉华州 - 纽约州银行	威尔明顿	特拉华州	0.75
3	芝加哥国家大街银行	芝加哥	伊利诺伊州	0.49
4	阿拉斯加共同银行	安克雷奇	阿拉斯加州	0.47
5	得克萨斯美国银行达拉斯分行	达拉斯	得克萨斯州	0.44
6	莱克伍德联合银行	达拉斯	得克萨斯州	0.44
7	密歇根国民银行——奥克兰	绍斯菲尔德	密歇根州	0.43
8	中央银行	罗切斯特	纽约州	0.42
9	太平洋流域银行	圣何塞	加利福尼亚州	0.40
10	PRSH 杰斐逊第一国有银行	格雷特纳	路易斯安那州	0.40

第11章 流动性创造排名

子表A2 小型银行1984年第1季度表内流动性创造前十名（按美元计算）

排名	名称	城市	州	表内流动性创造（10亿美元）
1	特拉华州-纽约州银行	威尔明顿	特拉华州	0.75
2	密歇根国民银行——奥克兰	绍斯菲尔德	密歇根州	0.38
3	阿拉斯加共同银行	安克雷奇	阿拉斯加州	0.37
4	中央银行	罗切斯特	纽约州	0.35
5	PRSH杰斐逊第一国有银行	格雷特纳	路易斯安那州	0.33
6	西北银行圣保罗分行	圣保罗	明尼苏达州	0.32
7	太平洋流域银行	圣何塞	加利福尼亚州	0.31
8	州立银行	凤凰城	亚利桑那州	0.31
9	小石城联合银行	小石城	阿肯色州	0.30
10	米德兰第一城市国有银行	米德兰	得克萨斯州	0.30

子表A3 小型银行1984年第1季度表外流动性创造前十名（按美元计算）

排名	名称	城市	州	表外流动性创造（10亿美元）
1	COM集团加拿大皇家银行	纽约	纽约州	0.68
2	芝加哥国家大街银行	芝加哥	伊利诺伊州	0.20
3	阿比林国有银行	阿比林	得克萨斯州	0.16
4	得克萨斯美国银行达拉斯分行	达拉斯	得克萨斯州	0.15
5	莱克伍德联合银行	达拉斯	得克萨斯州	0.15

（续表）

6	佛罗里达帕克银行	圣彼得斯堡	佛罗里达州	0.15
7	CMRC TR&SA 国有银行	林肯	内布拉斯加州	0.14
8	芝加哥-东京银行	芝加哥	伊利诺伊州	0.14
9	西北银行布卢明顿分行	布卢明顿	明尼苏达州	0.12
10	夏威夷太阳银行	圣彼得斯堡	佛罗里达州	0.12

子表 B1 小型银行 2014 年第 4 季度"产品宽口径"度量方法流动性创造前十名（按美元计算）

排名	名称	城市	州	"产品宽口径"度量方法流动性创造（10 亿美元）
1	美国第一财政银行	南达科他州迪纳城	南达科他州	1.01
2	人民国有银行	芒特弗农	伊利诺伊州	0.69
3	华盛顿商业银行	西雅图	华盛顿州	0.68
4	廉正银行	希尔营	宾夕法尼亚州	0.67
5	佛罗里达古银行	奥兰多	佛罗里达州	0.67
6	选择财政集团	法戈	北达科他州	0.64
7	CMRC 国民银行	伯明翰	亚拉巴马州	0.63
8	第一州立银行	克兰伯里	新泽西州	0.62
9	第一银行	埃文斯顿	伊利诺伊州	0.62
10	太阳西部银行	欧文	加利福尼亚州	0.61

第 11 章 流动性创造排名

子表 B2 小型银行 2014 年第 4 季度表内流动性创造前十名（按美元计算）

排名	名称	城市	州	表内流动性创造（10 亿美元）
1	佛罗里达古银行	奥兰多	佛罗里达州	0.57
2	人民国有银行	芒特弗农	伊利诺伊州	0.57
3	选择财政集团	法戈	北达科他州	0.56
4	太阳西部银行	欧文	加利福尼亚州	0.55
5	华盛顿商业银行	西雅图	华盛顿州	0.51
6	CMRC 国民银行	伯明翰	亚拉巴马州	0.51
7	廉正银行	希尔营	宾夕法尼亚州	0.50
8	斯普林菲尔德银行	斯普林菲尔德	伊利诺伊州	0.49
9	阿尔玛银行	阿斯托里亚	纽约州	0.49
10	埃文斯银行	安哥拉城	纽约州	0.48

子表 B3 小型银行 2014 年第 4 季度表外流动性创造前十名（按美元计算）

排名	名称	城市	州	表外流动性创造（10 亿美元）
1	美国第一财政银行	南达科他州迪纳城	南达科他州	1.10
2	TCM 银行	坦帕	佛罗里达州	0.28
3	阿肯色第一银行	杰克逊维尔	阿肯色州	0.27
4	富达银行	伊代纳	明尼苏达州	0.17

（续表）

5	华盛顿商业银行	西雅图	华盛顿州	0.16
6	廉正银行	希尔营	宾夕法尼亚州	0.16
7	帕克银行	密尔沃基	威斯康星州	0.16
8	第一州立银行	克兰伯里	新泽西州	0.15
9	托管银行	托莱多	俄亥俄州	0.15
10	联合银行	芝加哥	伊利诺伊州	0.14

子表 C1　小型银行 1984 年第 1 季度 "产品宽口径" 度量方法流动性创造后十名（按美元计算）

排名	名称	城市	州	"产品宽口径"度量方法流动性创造（10 亿美元）
1	特拉华合富银行	威尔明顿	特拉华州	−0.13
2	萨弗拉银行	迈阿密	佛罗里达州	−0.11
3	纽约州第一美国银行	奥尔巴尼	纽约州	−0.11
4	CMRL 银行	马亚圭斯	波多黎各	−0.10
5	中央银行	纽约	纽约州	−0.09
6	南芝加哥 SVG 银行	芝加哥	伊利诺伊州	−0.08
7	人民银行	克利夫兰	佐治亚州	−0.08
8	联信银行 – 沃伦分行	沃伦	密歇根州	−0.08
9	加拿大丰业银行波多黎各分行	哈托雷	波多黎各	−0.08
10	美国奥迪银行	纽约	纽约州	−0.07

第 11 章 流动性创造排名

子表 C2 小型银行 1984 年第 1 季度表内流动性创造后十名（按美元计算）

排名	名称	城市	州	表内流动性创造（10 亿美元）
1	特拉华合富银行	威尔明顿	特拉华州	−0.13
2	纽约州第一美国银行	奥尔巴尼	纽约州	−0.12
3	萨弗拉银行	迈阿密	佛罗里达州	−0.12
4	加拿大丰业银行波多黎各分行	哈托雷	波多黎各	−0.11
5	CMRL 银行	马亚圭斯	波多黎各	−0.10
6	中央银行	纽约	纽约州	−0.10
7	美国奥迪银行	纽约	纽约州	−0.10
8	南芝加哥 SVG 银行	芝加哥	伊利诺伊州	−0.08
9	人民银行	克利夫兰	佐治亚州	−0.08
10	联信银行－沃伦分行	沃伦	密歇根州	−0.08

子表 C3 小型银行 1984 年第 1 季度表外流动性创造后十名（按美元计算）

排名	名称	城市	州	表外流动性创造（10 亿美元）
1	人民集团	林顿	印第安纳州	−0.02
2	本顿港 F&M 国有银行	本顿港	密歇根州	−0.01
3	格尔夫波特国有银行	格尔夫波特	密西西比州	−0.01
4	得克萨斯美国银行邓肯维尔分行	邓肯维尔	得克萨斯州	−0.01
5	第一国会银行	西哥伦比亚	得克萨斯州	−0.01

（续表）

6	第一城市国有银行	里奥兰珠	新墨西哥州	−0.01
7	第一证券州银行	查尔斯顿	密苏里州	−0.01
8	CMNTY 本顿银行	本顿	伊利诺伊州	−0.01
9	赛克斯顿银行	赛克斯顿	密苏里州	−0.01
10	第一国有银行	克利本	得克萨斯州	−0.01

子表 D1 小型银行 2014 年第 4 季度"产品宽口径"度量方法流动性创造后十名（按美元计算）

排名	名称	城市	州	"产品宽口径"度量方法流动性创造（10 亿美元）
1	尤蒂卡银行	尤蒂卡	纽约州	−0.28
2	公民州立银行	布法罗	得克萨斯州	−0.13
3	公民第一银行	泰勒	得克萨斯州	−0.08
4	CMRC 国际银行	扎帕塔	得克萨斯州	−0.07
5	费耶特维尔银行	费耶特维尔	得克萨斯州	−0.07
6	因达斯特里州立银行	因达斯特里	得克萨斯州	−0.06
7	SVG 农民银行	斯潘塞	俄亥俄州	−0.05
8	温菲尔德公民银行	温菲尔德	亚拉巴马州	−0.05
9	第一国有银行	夏纳	得克萨斯州	−0.05
10	公民银行	迦太基	田纳西州	−0.05

第 11 章 流动性创造排名

子表 D2 小型银行 2014 年第 4 季度表内流动性创造后十名（按美元计算）

排名	名称	城市	州	表内流动性创造（10亿美元）
1	尤蒂卡银行	尤蒂卡	纽约州	−0.30
2	公民州立银行	布法罗	得克萨斯州	−0.14
3	美国第一财政银行	南达科他州迪纳城	南达科他州	−0.09
4	公民第一银行	泰勒	得克萨斯州	−0.09
5	因达斯特里州立银行	因达斯特里	得克萨斯州	−0.09
6	CMRC 国际银行	扎帕塔	得克萨斯州	−0.08
7	费耶特维尔银行	费耶特维尔	得克萨斯州	−0.08
8	公民银行	迦太基	田纳西州	−0.06
9	SVG 农民银行	斯潘塞	俄亥俄州	−0.06
10	第一国有银行	夏纳	得克萨斯州	−0.06

子表 D3 小型银行 2014 年第 4 季度表外流动性创造后十名（按美元计算）

排名	名称	城市	州	表外流动性创造（10亿美元）
1	太平洋海岸银行	沃尔纳特克里克	加利福尼亚州	−0.00
2	信托集团银行	孟菲斯	田纳西州	−0.00
3	贝瑟默银行	伍德布里奇	新泽西州	−0.00
4[①]	美国 T&S 银行	洛登	艾奥瓦州	0.00
4[①]	人民银行集团	北卡罗尔顿	密西西比州	0.00
4[①]	麦吉银行	麦吉	阿肯色州	0.00

(续表)

4①	公民银行瓦利黑德分行	瓦利黑德	亚拉巴马州	0.00
4①	格拉希厄特银行	格拉希厄特	威斯康星州	0.00
4①	公民银行	阿特伍德	田纳西州	0.00
4①	人民银行	查塔姆	路易斯安那州	0.00

该表的子表A和子表B分别给出了1984年第1季度和2014年第4季度小型银行前十名的流动性创造者（按美元计算），而子表C和子表D分别给出了同样两个时期后十名的流动性创造者。每个子表中次子表1、2和3分别给出了按美元计算的"产品宽口径"度量方法、表内和表外流动性创造的排名。小型银行的毛总资产不超过10亿美元。毛总资产＝总资产度量方法＋贷款及租赁损失准备金＋对外贷款转账风险损失准备金（某些对外贷款准备金）。"产品宽口径"度量方法是将期限和产品类别相结合对贷款以外的银行业务进行分类，但由于数据限制，仅按类别对贷款进行分类。"产品宽口径"度量方法包括表外业务。银行名称引自监管报表。银行的地理位置信息来自芝加哥联邦储备银行网站。

① 23家银行均并列排名第四，表外业务流动性创造均为0。其中7家银行列在上述表格中。剩下16家分别为：基斯顿银行（内布拉斯加州，基斯顿），雷诺兹州立银行（伊利诺伊州，雷诺兹），派恩希尔银行（亚拉巴马州，派恩希尔），伊斯顿社区银行（伊利诺伊州，伊斯顿），弗里兰州立银行（密歇根州，弗里兰），波士顿TR投资公司（马萨诸塞州，波士顿），胡德堡银行（得克萨斯州，胡德堡），格伦尤林银行（北达科他州，格伦尤林），费尔泰尔银行（明尼苏达州，费尔泰尔），格伦维尔银行（明尼苏达州，格伦维尔），海德沃特州立银行（威斯康星州，兰姆莱克斯），三州银行（路易斯安那州，霍夫顿），库克农民银行（内布拉斯加州，库克），瓦佩洛银行（艾奥瓦州，瓦佩洛），奥斯卡卢萨州立银行（堪萨斯州，奥斯卡卢萨），以及共和银行（犹他州，邦蒂富尔）。

11.1.6 小型银行的标准化流动性创造

表11-6子表A表明1984年第1季度小型银行前两名标准化流动性创造者创造的标准化"产品宽口径"度量方法数值超过1.00（即流动性创造超过毛总资产），高于所有同时期的大型银行和中型银行。前十名流动性创造者同样有相当高的表内和表外流动性创造。表11-6子表B显示，2014年第4季度小型银行前两名标准化流动性创造者的"产品宽口径"度量方法和表外的比率超过1.00，但是

第 11 章 流动性创造排名

在该时期,若干大型银行也具有这样的数值。正如从表 11-5 按美元计算的数值预期的那样,1984 年第 1 季度小型银行后十名标准化流动性创造者的标准化"产品宽口径"度量方法、表内、表外流动性创造(表 11-6 子表 C)均为负值,并且在 2014 年第 4 季度,这些比率亦均为负值,除了那 23 家小型银行具有接近于 0 的标准化表外比率外(表 11-6 子表 D)。

表 11-6 小型银行标准化流动性创造排名

子表 A1 小型银行 1984 年第 1 季度标准化"产品宽口径"度量方法流动性创造前十名

排名	名称	城市	州	"产品宽口径"度量方法流动性创造/毛总资产
1	COM 集团加拿大皇家银行	纽约	纽约州	1.11
2	佛罗里达州独立银行	奥兰多	佛罗里达州	1.02
3	知更鸟联合银行	达拉斯	得克萨斯州	0.86
4	纽约特拉华银行	威尔明顿	特拉华州	0.79
5	奥兰治城银行	方廷瓦利	加利福尼亚州	0.71
6	伊兹第一国有银行	伊兹	科罗拉多州	0.70
7	天际线联合银行	丹佛	科罗拉多州	0.68
8	世纪银行	洛杉矶	加利福尼亚州	0.66
9	特拉基河银行	特拉基	加利福尼亚州	0.66
10	得克萨斯美国银行达拉斯分行	达拉斯	得克萨斯州	0.65

子表 A2　小型银行 1984 年第 1 季度标准化表内流动性创造前十名

排名	名称	城市	州	表内流动性创造 / 毛总资产
1	佛罗里达独立银行	奥兰多	佛罗里达州	1.00
2	纽约特拉华银行	威尔明顿	特拉华州	0.79
3	国王河州立银行	里德利	加利福尼亚州	0.61
4	波士顿米德尔塞克斯银行	伯灵顿	马萨诸塞州	0.58
5	特拉基河银行	特拉基	加利福尼亚州	0.56
6	波士顿巴恩斯特布银行	雅茅斯	马萨诸塞州	0.55
7	尤马农民州立银行	尤马	科罗拉多州	0.55
8	拉曼多谷银行	萨克拉门托	加利福尼亚州	0.55
9	阿拉珀霍城第一国有银行	奥罗拉	科罗拉多州	0.55
10	奥罗拉英创威斯特银行	奥罗拉	科罗拉多州	0.54

子表 A3　小型银行 1984 年第 1 季度标准化表外流动性创造前十名

排名	名称	城市	州	表外流动性创造 / 毛总资产
1	COM 集团加拿大皇家银行	纽约	纽约州	0.82
2	知更鸟联合银行	达拉斯	得克萨斯州	0.50
3	世纪银行	洛杉矶	加利福尼亚州	0.36
4	Gulf 南部银行	格雷特纳	路易斯安那州	0.34
5	基恩印度首脑国有银行	基恩	新罕布什尔州	0.33

第 11 章 流动性创造排名

（续表）

6	商人 & 种植者国有银行	谢尔曼	得克萨斯州	0.28
7	威斯纳第一国有银行	威斯纳	内布拉斯加州	0.28
8	伊兹第一国有银行	伊兹	科罗拉多州	0.27
9	沃斯堡银行	沃斯堡	得克萨斯州	0.27
10	得克萨斯美国银行 / 风雨商业街廊	休斯敦	得克萨斯州	0.26

子表 B1　小型银行 2014 年第 4 季度标准化 "产品宽口径" 度量方法流动性创造前十名

排名	名称	城市	州	"产品宽口径"度量方法流动性创造 / 毛总资产
1	美国第一财政银行	南达科他州迪纳城	南达科他州	1.40
2	TCM 银行	坦帕	佛罗里达州	1.28
3	农民州立银行	马里昂	南达科他州	0.88
4	核心银行	奥马哈	内布拉斯加州	0.88
5	富达银行	伊代纳	明尼苏达州	0.87
6	北达科他第一州立银行	阿瑟	北达科他州	0.80
7	普吉特海湾银行	贝勒维	华盛顿州	0.79
8	沃特福德银行	托莱多	俄亥俄州	0.79
9	CMRC 海岸银行	圣迭戈	加利福尼亚州	0.78
10	派克赛得财政银行	克莱顿	密苏里州	0.78

子表 B2　小型银行 2014 年第 4 季度标准化表内流动性创造前十名

排名	名称	城市	州	表内流动性创造/毛总资产
1	CMRC 海岸银行	圣迭戈	加利福尼亚州	0.76
2	传统州立银行	劳伦斯维尔	伊利诺伊州	0.71
3	核心银行	奥马哈	内布拉斯加州	0.70
4	农民州立银行	马里昂	南达科他州	0.68
5	萨米特银行	尤金	俄勒冈州	0.67
6	利斯莫尔岛州立银行	利斯莫尔	明尼苏达州	0.67
7	北达科他第一州立银行	阿瑟	北达科他州	0.67
8	证券州立银行	廷德尔	南达科他州	0.65
9	罗灵丘陵银行	大西洋镇	艾奥瓦州	0.65
10	克拉克斯顿州立银行	克拉克斯顿	密歇根州	0.65

子表 B3　小型银行 2014 年第 4 季度标准化表外流动性创造前十名

排名	名称	城市	州	表外流动性创造/毛总资产
1	美国第一财政银行	南达科他州迪纳城	南达科他州	1.52
2	TCM 银行	坦帕	佛罗里达州	1.43
3	阿肯色州第一银行	杰克逊维尔	阿肯色州	0.40
4	富达银行	伊代纳	明尼苏达州	0.38
5	哈弗银行	拉德诺	宾夕法尼亚州	0.38

第11章 流动性创造排名

（续表）

6	堪萨斯州银行家银行	威奇托	堪萨斯州	0.31
7	斯科特城第一国有银行	斯科特城	堪萨斯州	0.27
8	派克赛得财政银行	克莱顿	密苏里州	0.25
9	农民 & MRCH 布卢姆菲尔德州立银行	布卢姆菲尔德	内布拉斯加州	0.22
10	沃特福德银行	托莱多	俄亥俄州	0.22

子表C1 小型银行1984年第1季度标准化"产品宽口径"度量方法流动性创造后十名

排名	名称	城市	州	"产品宽口径"度量方法流动性创造/毛总资产
1	马萨诸塞州集团	波士顿	马萨诸塞州	−0.45
2	花旗银行特拉华分行	纽卡斯尔	特拉华州	−0.38
3	汉密尔顿城州立银行	洛克兰	俄亥俄州	−0.38
4	休斯敦西部国有银行	休斯敦	得克萨斯州	−0.35
5	霍普顿州立银行	霍普顿	俄克拉何马州	−0.33
6	斯坦纳银行	伯明翰	亚拉巴马州	−0.33
7	阿宾登银行	阿宾登	伊利诺伊州	−0.33
8	CTR财政银行	旧金山	加利福尼亚州	−0.32
9	第一先进银行	布鲁顿	亚拉巴马州	−0.30
10	人民银行	克利夫兰	佐治亚州	−0.30

子表 C2　小型银行 1984 年第 1 季度标准化表内流动性创造后十名

排名	名称	城市	州	表内流动性创造 / 毛总资产
1	美国奥迪银行	纽约	纽约州	−0.47
2	马萨诸塞集团	波士顿	马萨诸塞州	−0.45
3	花旗银行特拉华分行	纽卡斯尔	特拉华州	−0.38
4	汉密尔顿城州立银行	洛克兰	俄亥俄州	−0.38
5	休斯敦西部国有银行	休斯敦	得克萨斯州	−0.35
6	霍普顿州立银行	霍普顿	俄克拉何马州	−0.34
7	斯坦纳银行	伯明翰	亚拉巴马州	−0.33
8	阿宾登银行	阿宾登	伊利诺伊州	−0.33
9	志愿者银行	查特努加	田纳西州	−0.33
10	CTR 财政银行	旧金山	加利福尼亚州	−0.32

子表 C3　小型银行 1984 年第 1 季度标准化表外流动性创造后十名

排名	名称	城市	州	表外流动性创造 / 毛总资产
1	第一城市国有银行	里奥兰珠	新墨西哥州	−0.13
2	贝德福德石头城银行	贝德福德	印第安纳州	−0.09
3	第一证券州立银行	克尔菲尔斯加普	得克萨斯州	−0.08
4	人民集团	林顿	印第安纳州	−0.08
5	第一国会银行	西哥伦比亚	得克萨斯州	−0.08

第 11 章 流动性创造排名

（续表）

6	第一州立银行	史密斯维尔	得克萨斯州	−0.08
7	阿什当第一国有银行	阿什当	阿肯色州	−0.08
8	河道银行	休斯敦	得克萨斯州	−0.08
9	西区国有银行	皮尔兰	得克萨斯州	−0.08
10	格雷特纳州立银行	格雷特纳	内布拉斯加州	−0.07

子表 D1　小型银行 2014 年第 4 季度标准化"产品宽口径"度量方法流动性创造后十名

排名	名称	城市	州	"产品宽口径"度量方法流动性创造／毛总资产
1	雷诺兹州立银行	雷诺兹	伊利诺伊州	−0.30
2	尤蒂卡银行	尤蒂卡	纽约州	−0.29
3	温菲尔德公民银行	温菲尔德	亚拉巴马州	−0.25
4	橡树岭银行	橡树岭	路易斯安那州	−0.24
5	希尔银行	魏玛	得克萨斯州	−0.24
6	BKG 联合集团	西曼斯菲尔德	俄亥俄州	−0.24
7	人民银行	北卡罗尔顿	密西西比州	−0.23
8	农民 & MRCH 银行	滑铁卢	亚拉巴马州	−0.23
9	琼斯伯勒州立银行	琼斯伯勒	路易斯安那州	−0.23
10	第一州立银行	亨普希尔	得克萨斯州	−0.22

子表 D2 小型银行 2014 年第 4 季度标准化表内流动性创造后十名

排名	名称	城市	州	表内流动性创造/毛总资产
1	尤蒂卡银行	尤蒂卡	纽约州	-0.30
2	雷诺兹州立银行	雷诺兹	伊利诺伊州	-0.30
3	温菲尔德公民银行	温菲尔德	亚拉巴马州	-0.27
4	希尔银行	魏玛	得克萨斯州	-0.25
5	橡树岭银行	橡树岭	路易斯安那州	-0.25
6	BKG 联合集团	西曼斯菲尔德	俄亥俄州	-0.24
7	农民 & MRCH 银行	滑铁卢	亚拉巴马州	-0.24
8	琼斯伯勒州立银行	琼斯伯勒	路易斯安那州	-0.23
9	人民银行	北卡罗尔顿	密西西比州	-0.23
10	第一州立银行	亨普希尔	得克萨斯州	-0.22

子表 D3 小型银行 2014 年第 4 季度标准化表外流动性创造后十名

排名	名称	城市	州	表外流动性创造/毛总资产
1	太平洋海岸银行	沃尔纳特克里克	加利福尼亚州	-0.01
2	信托集团银行	孟菲斯	田纳西州	-0.00
3	贝瑟默集团	伍德布里奇	新泽西州	-0.00
4[①]	美国 T&S 银行	洛登	艾奥瓦州	0.00
4[①]	人民银行	北卡罗尔顿	密西西比州	0.00
4[①]	麦基银行	麦基	阿肯色州	0.00
4[①]	公民银行瓦利黑德分行	瓦利黑德	亚拉巴马州	0.00

第 11 章 流动性创造排名

（续表）

4[①]	格拉希厄特州立银行	格拉希厄特	威斯康星州	0.00
4[①]	公民银行	阿特伍德	田纳西州	0.00
4[①]	人民银行	查塔姆	路易斯安那州	0.00

该表的子表 A 和子表 B 分别给出了 1984 年第 1 季度和 2014 年第 4 季度小型银行标准化流动性创造排名的前十名，而子表 C 和子表 D 则分别给出了同样两个时期的后十名。每个子表中的次子表 1、2 和 3 分别给出了基于"产品宽口径"度量方法、表内和表外流动性创造的排名，上述三个子表均以毛总资产为分母进行了标准化处理。毛总资产 = 总资产 + 贷款及租赁损失准备金 + 对外贷款转账风险损失准备金（某些对外贷款准备金）。小型银行的毛总资产不超过 10 亿美元。"产品宽口径"度量方法是将期限和产品类别相结合对贷款以外的银行业务进行分类，但由于数据限制，仅按类别对贷款进行分类。"产品宽口径"度量方法包括表外业务。银行的名称引自监管报表。银行的地理位置信息来自芝加哥联邦储备银行网站。

① 23 家银行均并列排名第四，表外业务流动性创造均为 0。其中 7 家银行在上述列表中。剩下的 16 家分别为：基斯顿银行（内布拉斯加州，基斯顿），雷诺兹州立银行（伊利诺伊州，雷诺兹），派恩希尔银行（亚拉巴马州，派恩希尔），伊斯顿社区银行（伊利诺伊州，伊斯顿），弗里兰州立银行（密歇根州，弗里兰），波士顿 TR 投资公司（马萨诸塞州，波士顿），胡德堡银行（得克萨斯州，胡德堡），格伦尤林银行（北达科他州，格伦尤林），费尔泰州银行（明尼苏达州，费尔泰），格伦维尔银行（明尼苏达州，格伦维尔），海德沃特州立银行（威斯康星州，兰奥莱克斯），三州银行（路易斯安那州，霍夫顿），库克农民银行（内布拉斯加州，库克），瓦佩洛银行（艾奥瓦州，瓦佩洛），奥斯卡卢萨州立银行（堪萨斯州，奥斯卡卢萨），以及共和银行（犹他州，邦蒂富尔）。

11.2 银行流动性创造和银行特征之间关系的新证据

检验银行流动性创造和银行绩效之间的关系非常有用。表 11-7—表 11-9 分别展示了对于大型银行、中型银行以及小型银行而言，银行流动性创造是如何与银行特征相关联的。正如第 10 章所讨论的文献中有关资本作用的阐述，这里关注的流动性创造是标准化后的比率数据，而不是按美元计算的流动性创造，因为大多数银行特征也是标准化的。

11.2.1 与大型银行的关系

表 11-7 子表 A 展示了样本期初（1984 年第 1 季度）、样本期末（2014 年第 4 季度）以及整个样本期间大型银行标准化流动性创造和所选银行特征的汇总统计。正如图 8-3 所示，标准化"产品宽口径"度量方法流动性创造，尤其是其表内部分，样本期间内显著增长。同时，随着时间的推移，以毛总资产度量的大型银行平均规模增长超过了两倍。资本充足率（权益资本／毛总资产）翻倍，可能是由于较高的资本要求、压力测试以及监督压力，这些将在第十二章更多地讨论。投资组合风险（《巴塞尔协议Ⅰ》，风险权重资产／毛总资产）略有下降。1984 年第 1 季度，在监督机构身份方面，大多数大型银行有国民银行章程，因而由美国货币监理署（OCC）监管；但是 2014 年第 4 季度，只有一小部分还有这样的章程。最后，整个时期的绝大部分大型银行属于银行控股公司。

表 11-7 子表 B 展示了标准化流动性创造和银行特征之间的连续变量相关关系。随着时间的推移出现了一些明显的变化。1984 年第 1 季度，标准化"产品宽口径"度量方法和表外流动性创造与毛总资产之间表现出很强的正相关关系，而标准化表内流动性创造和银行规模之间几乎不存在相关关系；但是 2014 年第 4 季度，标准化"产品宽口径"度量方法和表内流动性创造与毛总资产之间变成负相关关系，并且标准化表外流动性创造与毛总资产之间的关系大大减弱。1984 年第 1 季度，资本充足率和上述三种标准化流动性创造比率之间的相关关系均为负值，但是到了 2014 年第 4 季度全都变成了正值。这些戏剧性的变化提示我们及时从不同的要点关注混合数据，因为经济关系可能发生变化。在所有情况下，投资组合风险与三种标准化流动性创造比率均

第11章 流动性创造排名

表11-7 大型银行标准化流动性创造——银行特征汇总统计和相关性

子表A 大型银行汇总统计

	1984年第1季度			2014年第4季度			1984年第1季度—2014年第4季度		
	均值	中位数	标准差	均值	中位数	标准差	均值	中位数	标准差
"产品宽口径"度量方法流动性创造/毛总资产	0.345	0.346	0.156	0.499	0.497	0.231	0.490	0.414	0.880
表内流动性创造/毛总资产	0.210	0.221	0.107	0.353	0.375	0.155	0.251	0.265	0.140
表外流动性创造/毛总资产	0.135	0.118	0.093	0.146	0.099	0.210	0.239	0.122	0.886
毛总资产(10亿美元)	15.124	5.943	30.577	57.150	7.367	225.601	31.436	7.715	121.730
资本充足率	0.056	0.054	0.013	0.116	0.113	0.028	0.086	0.077	0.036
投资组合风险	0.805	0.801	0.138	0.721	0.727	0.134	0.755	0.753	0.164
FDIC虚拟变量	0.166	0.000	0.373	0.426	0.000	0.496	0.267	0.000	0.443
FED虚拟变量	0.177	0.000	0.383	0.215	0.000	0.412	0.205	0.000	0.403
OCC虚拟变量	0.657	1.000	0.476	0.359	0.000	0.481	0.528	1.000	0.499
BHC虚拟变量	0.972	1.000	0.164	0.960	1.000	0.197	0.982	1.000	0.135

子表 B 大型银行标准化流动性创造和银行特征之间的关系

	1984 年第 1 季度			2014 年第 4 季度			1984 年第 1 季度—2014 年第 4 季度		
	"产品宽口径"度量方法流动性创造/毛总资产	表内流动性创造/毛总资产	表外流动性创造/毛总资产	"产品宽口径"度量方法流动性创造/毛总资产	表内流动性创造/毛总资产	表外流动性创造/毛总资产	"产品宽口径"度量方法流动性创造/毛总资产	表内流动性创造/毛总资产	表外流动性创造/毛总资产
毛总资产（10 亿美元）	0.222	0.004	0.367	−0.094	−0.277	0.100	−0.004	−0.133	0.017
资本充足率	−0.237	−0.154	−0.219	0.153	0.047	0.133	0.169	0.023	0.165
投资组合风险	0.487	0.136	0.660	0.662	0.617	0.271	0.255	0.336	0.200

子表 C 大型银行标准化流动性创造——按监管机构的身份和银行控股公司的状态来划分

	1984 年第 1 季度			2014 年第 4 季度			1984 年第 1 季度—2014 年第 4 季度		
	"产品宽口径"度量方法流动性创造/毛总资产	表内流动性创造/毛总资产	表外流动性创造/毛总资产	"产品宽口径"度量方法流动性创造/毛总资产	表内流动性创造/毛总资产	表外流动性创造/毛总资产	"产品宽口径"度量方法流动性创造/毛总资产	表内流动性创造/毛总资产	表外流动性创造/毛总资产
FDIC 虚拟变量=1	0.250	0.169	0.081	0.502	0.384	0.118	0.436	0.247	0.189

第 11 章 流动性创造排名

（续表）

FED 虚拟变量=1	0.342	0.185	0.157	0.468	0.338	0.129	0.410	0.251	0.159
OCC 虚拟变量=1	0.370	0.227	0.142	0.516	0.326	0.190	0.548	0.253	0.295
BHC 虚拟变量=1	0.352	0.215	0.138	0.503	0.353	0.150	0.484	0.253	0.232
BHC 虚拟变量=0	0.082	0.040	0.041	0.423	0.355	0.068	0.784	0.158	0.625

该表展示了大型银行汇总统计量（平均值、中位数和标准差）以及标准化流动性创造和重要银行特征的相关关系。大型银行的资产总值超过 30 亿美元。毛总资产=总资产+贷款及租赁损失准备金+对外贷款转账风险损失准备金（某些对外贷款准备金）。每一子表给出了由毛总资产标准化处理的"产品宽口径"度量方法。"产品宽口径"度量方法是将到期期限和产品类别相结合对贷款以外的银行业务进行分类，但由于数据限制，表内以及表外贷款期限，仅按类别对贷款进行分类。"产品宽口径"度量方法除以毛总资产。资本充足率是权益资本在毛总资产中所占的比重。投资组合风险定义为银行《巴塞尔协议Ⅰ》中风险权重资产除以毛总资产。如果美国联邦存款保险公司（FDIC）、联邦储备委员会（FED）、美国货币监理署（OCC）分别为主要银行监管机构，那么它们的虚拟变量等于 1。如果银行是银行控股公司（BHC）的一部分，那么银行控股公司的虚拟变量等于 1。

表 11-8 中型银行标准化流动性创造——银行特征汇总统计和相关性

子表 A 中型银行汇总统计

	1984 年第 1 季度			2014 年第 4 季度			1984 年第 1 季度—2014 年第 4 季度		
	均值	中位数	标准差	均值	中位数	标准差	均值	中位数	标准差
"产品宽口径"度量方法流动性创造/毛总资产	0.270	0.255	0.144	0.455	0.469	0.149	0.373	0.363	0.235
表内流动性创造/毛总资产	0.208	0.208	0.117	0.373	0.386	0.127	0.272	0.278	0.141
表外流动性创造/毛总资产	0.061	0.046	0.059	0.082	0.076	0.037	0.101	0.076	0.184
毛总资产（10 亿美元）	1.661	1.540	0.534	1.614	1.430	0.521	1.661	1.509	0.542
资本充足率	0.066	0.063	0.019	0.107	0.103	0.026	0.088	0.083	0.036
投资组合风险	0.671	0.672	0.109	0.709	0.713	0.118	0.709	0.713	0.145
FDIC 虚拟变量	0.315	0.000	0.465	0.533	1.000	0.500	0.458	0.000	0.498
FED 虚拟变量	0.128	0.000	0.335	0.238	0.000	0.427	0.157	0.000	0.364
OCC 虚拟变量	0.556	1.000	0.498	0.229	0.000	0.421	0.386	0.000	0.487
BHC 虚拟变量	0.911	1.000	0.286	0.949	1.000	0.220	0.949	1.000	0.221

第11章 流动性创造排名

子表 B 中型银行标准化流动性创造和银行特征之间的关系

	1984年第1季度			2014年第4季度			1984年第1季度—2014年第4季度		
	"产品宽口径"度量方法流动性创造/毛总资产	表内流动性创造/毛总资产	表外流动性创造/毛总资产	"产品宽口径"度量方法流动性创造/毛总资产	表内流动性创造/毛总资产	表外流动性创造/毛总资产	"产品宽口径"度量方法流动性创造/毛总资产	表内流动性创造/毛总资产	表外流动性创造/毛总资产
毛总资产（10亿美元）	0.128	0.108	0.099	0.110	0.114	0.050	0.048	0.017	0.049
资本充足率	-0.187	-0.201	-0.058	-0.083	-0.088	-0.032	0.058	-0.021	0.090
投资组合风险	0.686	0.645	0.401	0.766	0.754	0.489	0.552	0.564	0.273

子表 C 中型银行标准化流动性创造——按监管机构身份和银行控股公司状态划分

	1984年第1季度			2014年第4季度			1984年第1季度—2014年第4季度		
	"产品宽口径"度量方法流动性创造/毛总资产	表内流动性创造/毛总资产	表外流动性创造/毛总资产	"产品宽口径"度量方法流动性创造/毛总资产	表内流动性创造/毛总资产	表外流动性创造/毛总资产	"产品宽口径"度量方法流动性创造/毛总资产	表内流动性创造/毛总资产	表外流动性创造/毛总资产
FDIC虚拟变量=1	0.261	0.207	0.054	0.450	0.367	0.083	0.375	0.283	0.092

（续表）

FED 虚拟变量 =1	0.234	0.177	0.056	0.489	0.402	0.088	0.385	0.292	0.093
OCC 虚拟变量 =1	0.283	0.217	0.067	0.431	0.357	0.075	0.366	0.251	0.115
BHC 虚拟变量 =1	0.276	0.213	0.064	0.460	0.378	0.082	0.380	0.277	0.103
BHC 虚拟变量 =0	0.201	0.164	0.037	0.367	0.289	0.078	0.239	0.176	0.063

该表展示了中型银行汇总统计量（平均值、中位数和标准差）以及标准化流动性创造和重要银行特征的相关关系。中型银行的资产总值在10亿美元和30亿美元之间。毛总资产＝总资产＋贷款损失准备金（某些对外贷款准备金）。每一子表给出了由毛总资产标准化的银行业处理的"产品宽口径"度量方法、"产品宽口径"度量方法是将内到期期限和产品类别相结合对贷款业务以外的银行业务进行分类，表内以及表外贷款流动性创造。"产品宽口径"度量方法包括表外业务。资本充足率是权益资本在毛总资产中所占的比重。投资组合风险定义为银行《巴塞尔协议Ⅰ》中风险权重资产除以毛总资产。如果美国联邦存款保险公司、联邦储备委员会、美国货币监理署分别为主要银行监管机构，那么它们的虚拟变量等于1。如果银行是银行控股公司的一部分，那么BHC的虚拟变量等于1。

表 11-9 小型银行标准化流动性创造——银行特征汇总统计和相关性

子表 A 小型银行汇总统计

	1984 年第 1 季度			2014 年第 4 季度			1984 年第 1 季度—2014 年第 4 季度		
	均值	中位数	标准差	均值	中位数	标准差	均值	中位数	标准差
"产品宽口径"度量方法流动性创造/毛总资产	0.131	0.124	0.146	0.330	0.340	0.182	0.212	0.207	0.469
表内流动性创造/毛总资产	0.118	0.116	0.136	0.280	0.292	0.160	0.172	0.174	0.157
表外流动性创造/毛总资产	0.012	0.003	0.026	0.050	0.043	0.044	0.040	0.029	0.437
毛总资产（10 亿美元）	0.128	0.080	0.139	0.231	0.158	0.204	0.165	0.103	0.169
资本充足率	0.084	0.080	0.025	0.110	0.104	0.034	0.096	0.089	0.033
投资组合风险	0.591	0.590	0.123	0.655	0.666	0.133	0.626	0.631	0.131
FDIC 虚拟变量	0.590	1.000	0.492	0.679	1.000	0.467	0.611	1.000	0.488
FED 虚拟变量	0.070	0.000	0.255	0.141	0.000	0.348	0.100	0.000	0.300
OCC 虚拟变量	0.340	0.000	0.474	0.180	0.000	0.384	0.289	0.000	0.453
BHC 虚拟变量	0.597	1.000	0.491	0.836	1.000	0.370	0.765	1.000	0.424

子表 B 小型银行标准化流动性创造和银行特征之间的关系

	1984 年第 1 季度			2014 年第 4 季度			1984 年第 1 季度—2014 年第 4 季度		
	"产品宽口径"度量方法流动性创造/毛总资产	表内流动性创造/毛总资产	表外流动性创造/毛总资产	"产品宽口径"度量方法流动性创造/毛总资产	表内流动性创造/毛总资产	表外流动性创造/毛总资产	"产品宽口径"度量方法流动性创造/毛总资产	表内流动性创造/毛总资产	表外流动性创造/毛总资产
毛总资产（10 亿美元）	0.200	0.155	0.315	0.272	0.237	0.261	0.114	0.249	0.033
资本充足率	-0.329	-0.336	-0.096	-0.245	-0.268	-0.037	-0.055	-0.257	0.033
投资组合风险	0.844	0.848	0.315	0.800	0.794	0.412	0.316	0.814	0.047

子表 C 小型银行标准化流动性创造——按监管机构身份和银行控股公司状态划分

	1984 年第 1 季度			2014 年第 4 季度			1984 年第 1 季度—2014 年第 4 季度		
	"产品宽口径"度量方法流动性创造/毛总资产	表内流动性创造/毛总资产	表外流动性创造/毛总资产	"产品宽口径"度量方法流动性创造/毛总资产	表内流动性创造/毛总资产	表外流动性创造/毛总资产	"产品宽口径"度量方法流动性创造/毛总资产	表内流动性创造/毛总资产	表外流动性创造/毛总资产
FDIC 虚拟变量 =1	0.128	0.118	0.011	0.337	0.287	0.050	0.210	0.173	0.037

第 11 章 流动性创造排名

（续表）

FED 虚拟变量 =1	0.118	0.106	0.013	0.342	0.288	0.053	0.245	0.200	0.045
OCC 虚拟变量 =1	0.137	0.123	0.014	0.296	0.249	0.047	0.205	0.160	0.045
BHC 虚拟变量 =1	0.161	0.145	0.015	0.335	0.285	0.050	0.228	0.186	0.042
BHC 虚拟变量 =0	0.086	0.079	0.007	0.304	0.256	0.047	0.161	0.127	0.034

该表展示了小型银行的汇总统计量（平均值、中位数和标准差）以及标准化流动性创造和重要银行特征的相关关系。小型银行的毛总资产不超过 10 亿美元。毛总资产标准化的"产品宽口径"度量方法是总资产 + 贷款及租赁损失准备金 + 对外贷款准备金（某些对外贷款业务）。每一子表给出了由毛总资产标准化的银行业务的"产品宽口径"度量方法、表内以及表外流动性创造。"产品宽口径"度量方法是根据到期期限和产品类别相结合对贷款业务进行分类，但由于数据限制，仅按产品类别对贷款进行分类。"产品宽口径"度量方法是除以毛总资产。资本充足率是权益资本在毛总资产中所占的比重。投资组合风险定义为银行《巴塞尔协议Ⅰ》中风险加权重资产除以毛总资产。如果银行是银行控股公司的一部分，联邦储备委员会、美国货币监理署分别为主要银行监管机构，那么它们的虚拟变量等于 1。如果银行是银行控股公司的一部分，那么银行控股公司的虚拟变量等于 1。

为显著的正相关关系。这并不奇怪，因为许多对风险权重资产具有正效应的资产和表外业务，同样也对流动性创造具有正效应。

表 11-7 子表 C 展示了以监管者身份和银行控股公司状态为虚拟变量的标准化流动性创造。监管者身份变量与标准化流动性创造比率似乎并没有呈现出很强的相关关系，除了 1984 年第 1 季度联邦存款保险公司监管的银行具有较小的标准化表外均值外，这可能是因为联邦存款保险公司通常监管大型银行中较小的银行这一事实。银行控股公司中的银行每一美元资产创造的流动性要多于独立银行。并且，这可能与独立银行中规模较小的银行相关。然而，由于缺乏足够独立的大型银行，我们还无法得出强有力的结论。

11.2.2 与中型银行的关系

表 11-8 子表 A 展示了中型银行同样的数据项目。中型银行和大型银行值得注意的区别包括：具有小得多的标准化表外比率、明显小得多的毛总资产、较低的投资组合风险以及更低频率的国民银行章程和银行控股公司成员资格变动。表 11-8 子表 B 中，中型银行的相关关系有别于大型银行：样本末期，与毛总资产之间仍为正相关；2014 年第 4 季度，与资本之间仍为负相关，尽管若将样本视为一个整体它们将稍稍呈正相关。表 11-8 子表 C 中的平均值结果表明，监管者身份与标准化流动性创造之间无明显差别。银行控股公司附属银行与独立银行彼此的平均值更为接近，可能因为独立银行具有数量更大的观察值。

11.2.3 与小型银行的关系

表 11-9 子表 A 展示了相比于其他规模等级的银行，小型银行具

有低得多的标准化流动性创造平均值。这些银行中的大多数由美国联邦存款保险公司监管，较少数属于银行控股公司。小型银行与毛总资产的相关关系，不论在样本期初还是期末，都为正相关关系，而与资本充足率均为负相关关系。这与第10章的文献综述相一致。小型银行与投资组合风险的相关关系比其他规模等级银行要高。另外，监管者身份影响不大，并且银行控股公司附属小型银行有着比独立小型银行更高的标准化流动性创造。

这里的讨论聚焦于汇总统计和相关关系。这将是一项非常有趣的全面回归分析——多因素控制，处理潜在的内生性问题。这是未来的研究课题。

11.3 本章小结

为了对银行流动性创造的驱动力有更深入的理解，本章提供了有关创造最多和最少流动性的银行、银行流动性创造和银行特征之间关系的新的实证性证据。本章的重点在于：1984年第1季度和2014年第4季度创造最多和最少流动性的银行看起来差别很大，不同规模等级的银行前十名和后十名流动性创造者存在本质区别。随着时间推移，不同规模银行的标准化流动性创造和银行特征之间的关系存在显著区别。

第12章 正常时期和危机时期宏观政策与政府行为对银行流动性创造的不同影响

本章讨论对流动性创造可能产生影响的宏观政策和政府行为。在危机期间和正常时期，宏观政策和政府行为对银行流动性创造的影响是不同的。宏观政策和政府行为包括银行资本要求、压力测试、流动性要求、监管干预、资本支持和救助、中央银行操作以及货币政策。

12.1 资本要求对流动性创造的影响

在银行业中，最重要的政府干预手段之一就是设定最低资本金要求，这会对银行流动性创造产生重大影响。历史上，资本要求的主要目的是实现银行业的微观审慎经营，寻求改善单个银行机构的安全性和稳健性。在实现微观审慎经营上，资本一方面为吸收未来损失提供了缓冲，另一方面也减少了由于受到存款保险制度和政府对银行业的其他保障措施（比如对于大而不能倒的金融机构的保护）的激励，从事超出银行风险承受能力的业务活动而引发的道德风险。在2007年

第12章 正常时期和危机时期宏观政策与政府行为对银行流动性创造的不同影响

第3季度至2009年第4季度的次贷危机之后,又加入了宏观审慎理念——资本应当足够高,以抵御系统性金融风险。萨克尔(2014)讨论了在金融稳定中银行资本的作用。

在美国次贷危机(2007年3季度到2009年4季度)和欧洲主权债务危机(2009年年底—?)之后,各国政府对资本的要求有了显著提高。因此,理解较高的资本要求如何影响银行的流动性创造是非常重要的。

已有文献的研究集中在资本对流动性创造的影响,而非资本要求对流动性创造的影响上。如第10章所述,对于美国大型银行而言,资本对于"产品宽口径"度量方法流动性创造具有正效应;对于美国小型银行而言,资本对于"产品宽口径"度量方法流动性创造具有负效应。基于次优的不包含表外业务的"产品窄口径"度量方法,资本对大型银行流动性创造影响不显著,但是对小型银行仍有负效应。来自其他国家与此相关的有限证据似乎具有一致性,均显示对于小型银行具有负效应,对于大型银行影响不显著。这可能是由于其他国家的大型银行拥有较少的表外业务。

当然,银行资本和流动性创造的关系与资本要求和流动性创造的关系未必完全一致,因为银行资本要求仅仅是影响银行资本的部分因素。资本要求的提高也可以通过增大资本充足率的分子或减小资本充足率的分母来实现。从短期来看,迅速增加分子中的资本是很难实现的。通过减小分母的方法可能相对容易一些或者成本更低一些:如12.1.1部分所述,在不同的资本要求下,分母可能是总资产、总资产加表外风险暴露和风险加权资产。所有这三种分母都可以通过削减商业贷款从而降低流动性的方式减小。后两种分母也可以通过削减商业贷款和表外担保来减小,而这同样也降低了流动性创造。来自1990

第1季度至1992年第4季度信贷紧缩的证据,以及在第7章讨论的其他国家相似事件的证据在减少信贷上是一致的,但是没有度量表外业务。从长远来看,较高的资本要求对流动性创造的影响与第10章所述的资本对于流动性创造的影响是一致的:对于美国大型银行(它们创造了银行业大部分的流动性)而言,增加了流动性创造,尤其是通过表外业务创造;对于美国小型银行而言,减少了流动性创造。

本节的其余部分讨论了美国和其他国家关于资本要求监管环境的变化情况。对于理论研究来说,理解和把握这些变化是非常有用的。例如,研究不同类型监管资本要求的增长如何影响流动性创造是非常有益的。此外,虽然大银行通常在大而不能倒的预期中获益,但是在美国和其他地区,新的监管机会对这些金融机构实施更加严格的监管要求。分析那些受到最严格监管的大型银行所受到的影响是否不同,是一件很有意思的事情。

12.1.1 《巴塞尔协议Ⅲ》的资本要求

《巴塞尔协议Ⅲ》在2010年12月颁布并于2019年全面实施。该协议提高了银行资本要求并且提高了参与国(包括大多数发达国家)银行的资本质量。在美国,各种规模的银行和超过5亿美元的银行控股公司适用于《巴塞尔协议Ⅲ》。专栏12-1提供了《巴塞尔协议》起源的背景资料,专栏12-2提供了有关《巴塞尔协议Ⅲ》资本要求的主要内容。

专栏12-1 《巴塞尔协议》的起源

20世纪90年代以前,美国和其他国家一样,金融监管机构的资本要求存在一些问题。一是资本要求大多数是采用一些衡量银行资本的指标(尤其是所有者权益)与资产的比值。这种做法忽略了资产之间的风险是明显不同

第12章 正常时期和危机时期宏观政策与政府行为对银行流动性创造的不同影响

的(例如企业贷款比政府债券风险更大)。二是许多大银行从事大量的表外业务,这部分业务在计算资本要求时没有纳入计算。三是不同国家的资本要求存在较大差异,[①]这会给总部位于资本要求宽松国家的国际银行机构带来不公平的竞争优势。

1988年,在国际清算银行(BIS)的主持下,巴塞尔银行监管委员会通过了《巴塞尔协议》(《巴塞尔协议Ⅰ》)以解决上述三个方面的问题。《巴塞尔协议Ⅰ》引入了基于风险的资本要求:指定了四个风险档次〔0%(风险最小)、20%、50%和100%(风险最大)〕,基于预期信用风险将资产分配到四个风险档次中并且对于处于更高风险档次的资产要求更高的资本。例如,位于100%风险档次的企业贷款所要求的资本是位于50%风险档次的居民抵押贷款的两倍。此外,针对表外业务相关信用风险也规定了资本风险档次,选取的权重取决于业务的性质和相应的风险类别,并且在一定程度上统一了总部位于十国集团[②](1992年G10国家)的那些在国际金融市场上活跃的银行的资本要求。《巴塞尔协议Ⅰ》没有统一要求这些国家的所有银行都实行资本要求规定,但是,美国将这一资本要求适用于所有银行,并且在1990年至1992年之间分期施行。现在已经有超过100个国家也采用了(至少在名义上采用了)《巴塞尔协议Ⅰ》的基本原则。

到了21世纪初,《巴塞尔协议Ⅰ》的缺陷逐渐显现,尤其体现在将所有企业贷款分类至100%风险档次,不论是贷给高评级公司的贷款还是其他贷给风险更大的危机企业的贷款。《巴塞尔协议Ⅱ》对此做了改进。《巴塞尔协议Ⅱ》推出三大支柱。第一支柱规定了修正的基于风险的资本要求。第二支柱明确了监管审查的重要性,以确保通过完善的内部流程来管理资本充足率。第三支柱规定了关于披露资本结构、风险暴露、银行资本充足率的详细准则等,以强化市场纪律。对基于风险的资本要求的核心变化是,基于企业贷款的信用评级、是否为特大机构,内部风险模型将企业贷款分类至不同风险档次,包括一个权重为150%的新的风险档次。《巴塞尔协议Ⅱ》很快在欧洲得到实施,但是,从未在美国全面实施过。《巴塞尔协议Ⅱ》通过与《巴塞尔协议Ⅰ》并行被逐步引入,在发生次贷危机时,只有《巴塞尔协议Ⅰ》被强制执行。

2010年的《多德-弗兰克法案》(稍后讨论)从根本上使得《巴塞尔协议Ⅱ》对美国银行无效,因为它禁止了基于信用评级的监管。为此,美国的金融机构仍施行《巴塞尔协议Ⅰ》并逐步引入《巴塞尔协议Ⅲ》。

《巴塞尔协议Ⅲ》于2010年12月颁布,该协议提出更高的资本要求,并且提升资本质量要求以解决《巴塞尔协议Ⅰ》和《巴塞尔协议Ⅱ》所存在的缺陷:《巴塞尔协议Ⅰ》和《巴塞尔协议Ⅱ》并没有给持有充足资本的机构以激励,没有充分反映证券化所带来的风险,缺乏流动性标准,没有包含金融体系中与增加杠杆相关的系统性风险。欧盟将《巴塞尔协议Ⅲ》应用于金融机构。美国将《巴塞尔协议Ⅲ》应用于所有被保险的存款机构、合并资产至少为5亿美元的顶级银行控股公司以及顶级储蓄贷款控股公司。

---

① 即使在美国范围内,三个监管机构(联邦储备委员会、美国货币监理署和美国联邦存款保险公司)的资本要求也不统一,但是均在5%和6%之间。

② G10国家包括11个国家:比利时、加拿大、法国、德国、意大利、日本、荷兰、瑞典、瑞士、英国和美国。

专栏12-2 《巴塞尔协议Ⅲ》的资本要求

《巴塞尔协议Ⅲ》规定了最低资本要求和三个附加缓冲区(其中一个只适用于特大型银行),概述如下:

➤《巴塞尔协议Ⅲ》最低资本要求:
- 核心一级资本充足率4.5%(《巴塞尔协议Ⅲ》新增)
- 一级资本充足率6%(比《巴塞尔协议Ⅰ》和《巴塞尔协议Ⅱ》高2%)
- 总资本充足率8%(同《巴塞尔协议Ⅰ》和《巴塞尔协议Ⅱ》一致)
- 一级杠杆率3%(一级资本占表内外资产余额的比例)(《巴塞尔协议Ⅲ》新增)①

第12章　正常时期和危机时期宏观政策与政府行为对银行流动性创造的不同影响

➤美国施行两个额外的杠杆率：

• 一级杠杆率（核心资本/总资产）≥4%适用于所有银行

• 一级补充杠杆率（SLR）（按照《巴塞尔协议Ⅲ》中的定义）>3%适用于在国际上活跃的大型银行和银行控股公司（因此《巴塞尔协议Ⅲ》中定义的最低一级杠杆率为6%）

➤当监管机构认为过度集中的信贷增长与系统风险的增加有关时，将可能要求建立一个数额为0—2.5%的普通股一级资本的逆周期缓冲区，以确保银行业在防范未来潜在损失时有一个缓冲。

➤在最低资本要求上将建立一个2.5%的普通股一级资本的资本留存缓冲区以确保银行在危机期间有额外资本。如果银行的缓冲低于2.5%，将强行增加资本分配约束，包括对股息支付、股份回购和高管奖金支付的限制。这将有效地使三种风险基础资本要求分别增加至7%、8.5%和10.5%。

➤《巴塞尔协议Ⅲ》提出全球系统重要性银行（G-SIBs）施行较其他银行高1.0%—3.5%的资本保护缓冲（"G-SIB"额外要求）。全球系统重要性银行是指那些如果面临危难或者无序破产就将极大地扰乱广泛的金融体系和经济活动的银行。每年11月份将会依据大小、复杂性、互联性、缺乏可替代性和跨管辖权活动这五个特征确定出全球系统重要性银行。资本保护缓冲的大小是通过两种计算方法得出的最佳值：第一种方法是根据上述相同的五个特征，第二种方法是用银行对短期批发资金的依赖程度替换其中可替代性这个特征。2014年全球系统重要性银行（在每一缓冲区按照字母顺序排列）和它们缓冲区的大小如下所示（由于2015年7月确立了更高要求，这些缓冲区的大小对于美国机构作废，更高要求将在这个概述后表述）：

G-SIB 缓冲区：1.0%	G-SIB 缓冲区：1.5%	G-SIB 缓冲区：2.0%	G-SIB 缓冲区：2.5%	G-SIB 缓区：3.5%
中国农业银行	美国银行	巴克莱银行	汇丰银行	（空）
中国银行	瑞士信贷	法国巴黎银行	摩根大通	
纽约银行梅隆公司	高盛		花旗集团	
西班牙对外银行	三菱日联金融集团		德意志银行	
法国 BPCE 银行集团	摩根士丹利			
法国农业信贷银行	苏格兰皇家银行			
中国工商银行				
荷兰商业银行				
瑞穗金融集团				
北欧银行				
桑坦德银行				
法国兴业银行				
渣打银行				
道富银行				
三井住友银行				
瑞士联合银行				
意大利联合信贷银行集团				
富国银行				

> 2015年7月,美联储为八个美国全球系统重要性银行建立了1.0%—4.5%的资本保护缓冲区。对于除纽约银行梅隆公司外的其他所有银行,这些都比巴塞尔委员会提出的最低要求高,如下所示:

G-SIB 缓冲	G-SIB 缓冲	G-SIB 缓冲	G-SIB 缓冲	G-SIB 缓冲	G-SIB 缓冲
1.0%	1.5%	2.0%	3.0%	3.5%	4.5%
纽约银行梅隆公司	道富银行	富国银行	美国银行 高盛 摩根士丹利	花旗集团	摩根大通

①《巴塞尔协议Ⅲ》杠杆率将会进一步校准至2017年,预期将在2018年1月18日最终执行。

12.1.2 《多德-弗兰克法案》和系统重要性金融机构

2010年,《多德-弗兰克法案》在美国通过,该法案要求国内系统重要性金融机构(SIFIs)受美国联邦储备委员会监管。所谓系统重要性金融机构是指其破产可能引发金融危机的金融机构。美国联邦储备委员会可能要求SIFIs持有超过《巴塞尔协议Ⅲ》标准的资本,这样做的目的专栏12-2已做解释。专栏12-3总结了《多德-弗兰克法案》,专栏12-4列示了国内系统重要性金融机构的名单,其中包括拥有至少500亿美元总资产的所有银行机构以及其他四家同样被认定为具备系统重要性的大型非银行金融机构。

专栏12-3 《多德-弗兰克法案》

《多德-弗兰克华尔街改革和消费者保护法案》(通常被称为《多德-弗兰克法案》)是以两个建立法案的立法者参议员多德和众议员弗兰克的名字命名的,2010年7月签署成为法律。该法案的通过被视作是对美国次贷危机的反应,旨在降低系统重要性金融机构出现危机或破产可能产生的冲击。《多德-弗兰克法案》在以下八个方面给美国的金融监管带来了重大变化:

一是建立金融稳定监督委员会(FSOC),以识别系统性金融风险,并且监管非银行金融机构,防止大银行和大金融机构的垄断。该法案规定,任何拥有500亿美元以上资产的国内银行控股公司将被视为系统重要性金融机构,这一规定也适用于任何在世界范围内拥有500亿美元以上资产且在美国经营的外国银行。金融稳定监督委员会还负责识别具有系统重要性的非银行金融机构。

二是建立了美联储金融消费者保护局(CFPB),以保障金融消费者的权益和利益。

三是实行沃尔克规则,禁止自营交易,将向对冲基金和私募股权基金的投资和发起总额限定为银行机构一级资本的3%。

四是要求对冲基金(在危机前未受监管)向美国证券交易委员会(SEC)登记,并提供其交易情况和投资组合信息。

五是要求对衍生产品(如信用违约互换)进行监管,建立一个供风险衍生品交易的结算所。[①]

六是创建了美国证券交易委员会下属信用评级办公室,检查信用评级机构和提高评级准确性。

七是创建了联邦保险办公室以监测保险业风险。

八是限制美联储的紧急贷款权限,并要求其公开在次贷危机期间接受紧急救助的金融机构。

第12章　正常时期和危机时期宏观政策与政府行为对银行流动性创造的不同影响

①信用违约互换（CDS）是一种能够有效防范债务违约的金融工具。一个出借方担心公司可能不偿还贷款（或一个投资者担心公司可能出现债券或其他证券违约），可以购买一个CDS将信用风险转移至CDS出售方，出售方一般为保险公司和其他CDS出售方。认为公司会违约的投机者也会购买CDS合同。CDS市场直至2009年才受到监管。艾斯信用清算公司（ICE Clear Credit）（前身为ICE Trust）成为第一家处理CDS交易的清算所。一个清算所会要求交易双方提供担保品，然后才从事信贷风险交易。也就是说，如果一方不能履行其义务，清算所仍可用担保品和其他资金支付给对方。

专栏12-4 美国系统重要性金融机构（截至2015年）

序号	银行实体
1	通用国际财务管理股份有限公司
2	美国运通公司
3	美国银行公司
4	纽约银行梅隆公司
5	BB＆T公司
6	康百士银行
7	蒙特利尔银行金融集团
8	第一资本金融公司
9	花旗集团
10	联信股份有限公司
11	德意志银行信托公司
12	发现金融服务公司
13	五三银行
14	高盛集团有限公司

(续表)

序号	银行实体
15	汇丰北美控股公司
16	亨廷顿银行股份有限公司
17	摩根大通
18	科凯国际集团
19	M&T银行公司
20	摩根士丹利
21	三菱日联美洲控股公司
22	北方信托公司
23	美国匹兹堡金融服务集团
24	苏格兰皇家银行公民金融集团
25	地区金融公司
26	桑坦德集团美国公司
27	道富集团
28	太阳信托银行公司
29	美国合众银行
30	富国银行公司
31	齐昂银行集团
序号	非银行机构
1	美国国际集团
2	通用资本
3	大都会保险公司
4	普天寿保险公司

第12章 正常时期和危机时期宏观政策与政府行为对银行流动性创造的不同影响

12.2 美国和欧洲的压力测试

美国和欧洲特大型银行机构也适用于压力测试，压力测试要求这些金融机构拥有足够的资本来抵御未来可能出现的冲击。

美国在2009年进行了第一次压力测试，也被称为监管资本评估项目（SCAP）。2011年以来，也实施了类似的综合资本分析和审查（CCAR）。在压力测试下，银行机构必须表明，它有足够的资本承受三个情境——基准情境、不利情境、严重不利情境。[1] 每个银行将资本计划交由美联储审查，美联储根据压力测试的结果做出批准或拒绝决定。起初，总资产超过1000亿美元的19家最大的银行机构适用于压力测试。2012年以来，压力测试被应用到所有拥有至少500亿美元合并资本的银行业金融机构——与专栏12-4所列国内系统重要性银行一致。[2]

欧洲银行业也要接受压力测试，其中的一些测试是由欧洲银行管理局（EBA）负责。欧洲银行管理局是欧洲联盟（EU）的一个独立监管机构，成立于2011年，总部设在伦敦。它负责对欧洲银行的压力测试，以提高欧洲金融体系的透明度并识别银行资本结构的脆弱性。欧洲银行管理局分别在2011年和2014年进行了压力测试。[3] 2014年，欧洲银行管理局对22个国家最高整合水平的123家银行实施了压力测试，接受测试银行2013年年末合计资产大约28万亿欧元，占欧盟银行合计资产70%以上。这些金融机构详见表12-1。类似于美国，欧洲银行管理局压力测试也包括多种情境（基准和不利情境），以评估银行的资产负债表是否健康，足以承受进一步的经济冲击。[4] 2014年压力测试的结果表明，24个参与银行共有246亿欧元的资金缺口。

在欧洲银行管理局的压力测试中，由欧洲央行（ECB）负责检查欧元区的金融机构，其他国家的金融机构由央行负责。

在英国，英格兰银行从 2014 年开始实施每年一次的压力测试。2014 年的压力测试是欧元区压力测试的"英国版本"，英国的压力测试特别附加强调了英国住房市场风险。八家英国银行进行了压力测试，其中包括作为欧洲银行管理局测试一部分的四家银行（巴克莱银行、汇丰银行、劳埃德银行集团和苏格兰皇家银行）再加上另外四家银行（渣打银行、合作银行、英国的桑坦德银行和全国建筑协会）。这些银行都通过了压力测试。

在欧元区，单一监督机制授予欧洲中央银行从 2014 年 11 月起直接监管欧元区最大的若干家银行的任务。在准备阶段，欧洲中央银行进行了全面评估，包括资产质量审查（AQR）和对 130 家银行的压力测试，如表 12-2 所列。今后欧洲中央银行将直接监督 120 家所谓重要受监督机构。[5] 这些机构的重要性是基于：资产价值，对它们所在国家或欧盟经济的重要性，跨境活动的规模，以及它们是否要求或接受来自欧洲稳定机制或欧洲金融稳定基金的援助。

表 12-1　欧洲银行管理局要求在 2014 年进行压力测试的欧盟机构

序号	国家	银行名称
1	奥地利	巴瓦格银行
2	奥地利	第一储蓄银行
3	奥地利	中央合作银行
4	奥地利	上奥州合作银行
5	奥地利	下奥州/维也纳合作银行
6	奥地利	奥地利国民银行

第12章 正常时期和危机时期宏观政策与政府行为对银行流动性创造的不同影响

（续表）

7	比利时	安盛欧洲银行
8	比利时	贝尔福斯银行
9	比利时	德克夏银行
10	比利时	投资者（阿真塔银行和保险集团控股）
11	比利时	比利时联合金融集团
12	塞浦路斯	塞浦路斯银行
13	塞浦路斯	联营央行
14	塞浦路斯	希腊银行公众有限公司
15	德国	德国阿瑞尔银行
16	德国	巴伐利亚银行
17	德国	德意志商业银行
18	德国	法兰克福德国中央合作银行
19	德国	德卡银行德意志汇兑中心
20	德国	德意志药剂师和医生银行
21	德国	德意志银行
22	德国	巴尔干金融控股
23	德国	德国北方银行
24	德国	裕宝地产银行
25	德国	德国产业投资银行
26	德国	德国复兴信贷银行
27	德国	巴登－符腾堡银行
28	德国	柏林银行
29	德国	黑森－图林根州立银行

(续表)

30	德国	巴登－符腾堡农信银行
31	德国	农业地租银行
32	德国	慕尼黑抵押银行
33	德国	北威州银行
34	德国	北德意志地方银行
35	德国	大众汽车金融服务股份公司
36	德国	西德意志中央银行合作社
37	德国	维滕罗特银行股份公司抵押债券银行
38	德国	维滕罗特银行股份公司
39	丹麦	丹麦银行
40	丹麦	日德兰银行
41	丹麦	Nykredit
42	丹麦	南方银行
43	西班牙	西班牙对外银行
44	西班牙	Banco Financiero y de Ahorros
45	西班牙	地中海银行
46	西班牙	西班牙人民银行
47	西班牙	桑坦德银行
48	西班牙	萨瓦德尔银行
49	西班牙	西班牙洲际银行
50	西班牙	萨拉戈萨储蓄银行
51	西班牙	巴塞罗那养老金储蓄银行
52	西班牙	Cajas Rurales Unidas
53	西班牙	加泰罗尼亚银行

第 12 章　正常时期和危机时期宏观政策与政府行为对银行流动性创造的不同影响

（续表）

54	西班牙	吉普斯夸和圣塞巴斯蒂安储蓄银行
55	西班牙	利韦尔银行
56	西班牙	MPCA Ronda
57	西班牙	NCG 银行
58	芬兰	波赫尤拉银行集团
59	法国	法国巴黎银行
60	法国	法国公共投资银行（BPI France）
61	法国	标致雪铁龙金融银行
62	法国	C.R.H-Caisse de Refinancement de l'Habitat
63	法国	法国 BPCE 银行集团
64	法国	法国农业信贷银行
65	法国	法国国民互助信贷银行
66	法国	法国邮政银行
67	法国	雷诺国际信贷银行
68	法国	法国兴业银行
69	法国	地方融资公司
70	希腊	阿尔法银行
71	希腊	Eurobank Ergasias
72	希腊	希腊国家银行
73	希腊	比雷埃夫斯银行
74	匈牙利	匈牙利银行
75	爱尔兰	爱尔兰联合银行
76	爱尔兰	恒久信托储蓄银行
77	爱尔兰	爱尔兰州政府和公司银行

(续表)

78	意大利	热那亚和因佩里亚居民储蓄银行
79	意大利	邦卡蒙台达电子锡耶纳牧山银行
80	意大利	小额信贷银行
81	意大利	罗马涅人民银行——合作公司
82	意大利	米兰人民银行——有限责任合作公司
83	意大利	松德里奥人民银行
84	意大利	维琴察人民银行——股份合作公司
85	意大利	意大利民众银行——合作公司
86	意大利	埃米利亚诺信用公司
87	意大利	Iccrea 控股公司
88	意大利	意大利联合圣保罗银行
89	意大利	意大利金融信贷银行
90	意大利	意大利联合信贷银行公司
91	意大利	意大利联盟股份合作公司
92	意大利	威尼托银行
93	卢森堡	州储蓄银行
94	卢森堡	精密资本 （由卢森堡国际银行和 KBL 欧洲私人银行控股）
95	拉脱维亚	ABLV 银行
96	马耳他	瓦莱塔银行
97	荷兰	荷兰银行
98	荷兰	荷兰公共银行
99	荷兰	荷兰农业合作社中央银行
100	荷兰	荷兰商业银行

第 12 章 正常时期和危机时期宏观政策与政府行为对银行流动性创造的不同影响

（续表）

101	荷兰	Nederlandse Waterschapsbank N.V.
102	荷兰	SNS 银行
103	挪威	挪威银行
104	波兰	Alior Bank SA
105	波兰	Bank BPH SA
106	波兰	华沙商业银行
107	波兰	环境保护银行
108	波兰	捷信银行
109	波兰	波兰储蓄银行
110	葡萄牙	葡萄牙投资银行
111	葡萄牙	葡萄牙商业银行
112	葡萄牙	热拉尔日储蓄银行
113	瑞典	北欧联合银行（公众）
114	瑞典	北欧斯安银行（公众）
115	瑞典	瑞典商业银行
116	瑞典	瑞典银行
117	斯洛文尼亚	马里博尔新信用银行
118	斯洛文尼亚	新卢布尔雅那银行
119	斯洛文尼亚	斯洛文尼亚出口开发银行
120	英国	巴克莱银行
121	英国	汇丰控股有限公司
122	英国	劳埃德银行集团
123	英国	苏格兰皇家银行

该表列出了欧洲银行管理局要求在 2014 年进行压力测试的 123 家欧洲银行。

表12-2 欧洲中央银行要求在2014年进行综合评估的欧盟机构

序号	国家	银行名
1	奥地利	巴瓦格银行
2	奥地利	第一储蓄银行
3	奥地利	上奥州合作银行
4	奥地利	下奥州/维也纳合作银行
5	奥地利	中央合作银行
6	奥地利	奥地利国民银行
7	比利时	安盛欧洲银行
8	比利时	贝尔福斯银行
9	比利时	德克夏银行
10	比利时	投资者(阿真塔银行和保险集团控股)
11	比利时	比利时联合金融集团
12	比利时	纽约梅隆银行
13	塞浦路斯	塞浦路斯银行
14	塞浦路斯	联营央行
15	塞浦路斯	希腊银行公众有限公司
16	塞浦路斯	俄罗斯商业银行(塞浦路斯)有限公司
17	德国	德国阿瑞尔银行
18	德国	巴伐利亚银行
19	德国	德意志商业银行
20	德国	德意志药剂师和医生银行
21	德国	德卡银行德意志汇兑中心
22	德国	德意志银行
23	德国	法兰克福德国中央合作银行

第12章 正常时期和危机时期宏观政策与政府行为对银行流动性创造的不同影响

（续表）

24	德国	巴尔干金融控股
25	德国	德国北方银行
26	德国	裕宝地产银行
27	德国	德国产业投资银行
28	德国	德国复兴信贷银行
29	德国	巴登-符腾堡银行
30	德国	柏林银行
31	德国	黑森-图林根州立银行
32	德国	巴登-符腾堡农信银行
33	德国	农业地租银行
34	德国	慕尼黑抵押银行
35	德国	北德意志地方银行
36	德国	北威州银行
37	德国	北欧斯安银行
38	德国	大众汽车金融服务股份公司
39	德国	西德意志中央银行合作社
40	德国	维滕罗特银行股份公司抵押债券银行
41	德国	维滕罗特银行股份公司
42	爱沙尼亚	AS DNB 银行
43	爱沙尼亚	AS SEB 银行
44	爱沙尼亚	瑞典银行
45	西班牙	毕尔巴鄂比斯开银行
46	西班牙	萨瓦德尔银行
47	西班牙	储蓄和融资银行

（续表）

48	西班牙	地中海银行
49	西班牙	西班牙人民银行
50	西班牙	西班牙洲际银行
51	西班牙	桑坦德银行
52	西班牙	萨拉戈萨储蓄银行
53	西班牙	巴塞罗那养老金储蓄银行
54	西班牙	Unicaja-Ceiss
55	西班牙	农村储蓄信用合作社
56	西班牙	加泰罗尼亚银行
57	西班牙	吉普斯夸和圣塞巴斯蒂安储蓄银行
58	西班牙	利韦尔银行
59	西班牙	NCG 银行
60	芬兰	丹斯克银行（芬兰）
61	芬兰	芬兰北欧联合银行
62	芬兰	波赫尤拉银行集团
63	法国	中央银行补偿（伦敦清算所）
64	法国	标致雪铁龙金融银行
65	法国	法国巴黎银行
66	法国	C.R.H-Caisse de Refinancement de l'Habitat
67	法国	法国 BPCE 银行集团
68	法国	法国农业信贷银行
69	法国	法国国民互助信贷银行
70	法国	汇丰法国

第 12 章　正常时期和危机时期宏观政策与政府行为对银行流动性创造的不同影响

（续表）

71	法国	法国邮政银行
72	法国	BPI 法国（公共投资银行）
73	法国	雷诺国际信贷银行
74	法国	地方融资公司
75	法国	法国兴业银行
76	希腊	阿尔法银行
77	希腊	Eurobank Ergasias
78	希腊	希腊国家银行
79	希腊	比雷埃夫斯银行
80	爱尔兰	爱尔兰联合银行
81	爱尔兰	美林国际银行有限公司
82	爱尔兰	恒久信托储蓄银行
83	爱尔兰	爱尔兰州政府和公司银行
84	爱尔兰	阿尔斯特银行爱尔兰有限公司
85	意大利	热那亚和因佩里亚居民储蓄银行
86	意大利	邦卡蒙台达电子锡耶纳牧山银行
87	意大利	小额信贷银行
88	意大利	罗马涅人民银行——合作公司
89	意大利	米兰人民银行——有限责任合作公司
90	意大利	松德里奥人民银行
91	意大利	维琴察人民银行——股份合作公司
92	意大利	意大利民众银行——合作公司
93	意大利	埃米利亚诺信用公司
94	意大利	Iccrea 控股公司

（续表）

95	意大利	意大利联合圣保罗银行
96	意大利	地中海银行
97	意大利	意大利联合信贷银行公司
98	意大利	意大利联盟股份合作公司
99	意大利	威尼托银行
100	卢森堡	州储蓄银行
101	卢森堡	明讯银行
102	卢森堡	精密资本 （由卢森堡国际银行和 KBL 欧洲私人银行控股）
103	卢森堡	RBC 银行投资者服务银行股份公司
104	卢森堡	道富银行卢森堡股份公司
105	卢森堡	瑞士联合银行卢森堡股份公司
106	拉脱维亚	ABLV 银行
107	拉脱维亚	AS SEB 银行
108	拉脱维亚	瑞典银行股份公司
109	立陶宛	AB DNB 银行
110	立陶宛	AB SEB 银行
111	立陶宛	瑞典银行
112	马耳他	瓦莱塔银行
113	马耳他	汇丰银行马耳他银行
114	马耳他	德意志银行马耳他有限公司
115	荷兰	荷兰银行
116	荷兰	荷兰公共银行
117	荷兰	荷兰农业合作社中央银行

（续表）

118	荷兰	荷兰商业银行
119	荷兰	Nederlandse Waterschapsbank N.V.
120	荷兰	苏格兰皇家银行
121	荷兰	SNS 银行
122	葡萄牙	葡萄牙投资银行
123	葡萄牙	葡萄牙商业银行
124	葡萄牙	热拉尔日储蓄银行
125	斯洛文尼亚	马里博尔新信用银行
126	斯洛文尼亚	新卢布尔雅那银行
127	斯洛文尼亚	斯洛文尼亚出口和发展银行
128	斯洛文尼亚	斯洛文尼亚储蓄银行
129	斯洛文尼亚	Vseobecna uverova banka, a.s.
130	斯洛文尼亚	Tatra banka, a.s

该表列出了欧元区130家最大型银行,这些银行均适用于欧洲央行2014年综合评估,评估包括资产质量审查(AQR)和压力测试。

12.3 流动性要求

正如第6章所讨论的,《巴塞尔协议Ⅲ》也规定了流动性要求：流动性覆盖比率（LCR),促进短期应变能力；净稳定资金比率（NSFR),促进长期应变能力。《巴塞尔协议Ⅲ》流动性比率与流动性创造指标负相关,这表明加强最低流动比率要求可望降低银行流动性创造。

认识到流动性要求和资本要求解决不同的问题并影响资产负

表的不同侧面很重要。流动性要求关注负债端的赎回风险和表外业务，并通过要求银行将一小部分资产以现金或存款的形式存放在中央银行来应对风险。资本要求关注资产替代风险，并通过要求银行将一小部分负债以股权的方式存在来应对风险。到目前为止，我们对于流动性要求和资本要求如何相互作用并共同影响流动性创造仍然知之甚少，有两篇理论文献试图解决这个问题。阿查里雅、迈赫兰和萨克尔（Acharya, Mehran, and Thakor, 2013）提出，当银行面临监管不足和股东风险转移这两大道德风险时，实行最低资本要求和流动性要求是最佳选择。卡勒米利斯、海德和霍罗瓦（Calomiris, Heider, and Hoerova, 2013）认为，资本要求和流动性要求之间是（不完全）替代关系，因为市场会认识到在银行具有较高的现金余额时，风险管理决策会更加谨慎。请参阅鲍曼（2015）的讨论。

12.4 监管干预、资本救助与中央银行操作

流动性创造也会受到政府其他政策的影响。银行监管部门会深入金融机构进行调查研究以发现问题，从而设置贷款或存款限制，或在更极端情况下，发出禁止令。[6] 在金融危机期间或者在其他时间，政府会向银行提供资本支持或救助，比如美国政府实施的问题资产救助计划。中央银行在正常时期特别是在金融危机期间，会以最后贷款人的身份向银行提供短期资金支持。

有关这些政府行为对银行流动性创造的影响，实证证据较少。伯杰、鲍曼、基克和舍克（Berger, Bouwman, Kick, and Schaeck, 2014）使用德国从1999年至2009年的监管干预和资本支持数据，研究这些政府行为如何影响银行的流动性创造。他们发现，监管干预，

例如对贷款业务的限制，显著降低了银行流动性创造，资本支持或救助对流动性创造没有显著影响。

有几篇论文研究了美国从2008年第4季度至2009年第4季度问题资产救助计划的影响。其中大部分研究集中于银行流动性创造的重要部分——贷款，记录了银行特别是小银行贷款的增加（Black and Hazel wood, 2013; Li, 2013; Puddu and Walchli, 2014; Duchin and Sosyura, 2014）。其中一篇论文研究了贷款和另一流动性创造的重要组成——表外担保所受到的影响，发现两者均增加了（Berger and Roman, 2015）。

一项关于美国次贷危机期间（2007年第3季度到2009年第4季度）中央银行资金影响的研究发现，通过贴现窗口和定期拍卖工具（TAF）提供的联邦储备基金对贷款有强大的积极影响（Berger, Black, Bouwman, and Dvugosz, 2015）。

12.5 货币政策

银行流动性创造也可能是货币政策向实体经济传导的一个重要组成部分。为了改善流动性并刺激经济恢复，在金融危机和经济低迷时期，货币政策通常是宽松的。根据银行贷款渠道的相关文献，货币政策可能通过刺激银行放贷来影响实体经济（关于本次调查的论文，请见Bernanke and Gertler, 1995; Kashyap and Stein, 1997）。[7] 然而，这些文献较少关注货币政策也会影响像贷款承诺这样的表外业务（Woodford, 1996; Morgan, 1998）。这是一个重要遗漏，因为这些贷款承诺会影响经济增长。

最近有一篇论文通过度量在正常时期与危机时期货币政策对

表内流动性创造和表外流动性创造的影响（Berger and Bouwman, 2015），拓展了研究成果。作者既使用了克里斯蒂娜·罗默和戴维·罗默（2004）单方程模型的精髓，又使用了向量自回归（VAR）模型。他们用克里斯蒂娜·罗默和戴维·罗默（2004）的货币政策冲击，来衡量货币政策并研究美国1984年第1季度至2008年第4季度期间的数据，数据截至2008年是因为之后引入了非常规的货币政策量化宽松措施。[8]他们发现，在正常情况下，货币政策仅仅影响小型银行的流动性创造。这一结果主要是由表内业务流动性创造对货币政策的响应驱动。他们还发现，货币政策对所有银行表内流动性创造和表外流动性创造的影响在危机时期要比正常时期小一些。

12.6　本章小结

本章使用来自美国和其他一些国家的证据，分析了宏观政策和政府行动，比如《巴塞尔协议Ⅲ》的资本和流动性要求、监管干预、资本支持或救助、中央银行操作等，对银行流动性创造的影响。这些影响在危机时期与正常时期是不同的。关键是宏观政策和政府行动可能对银行流动性创造产生重大影响，因此，在政府改变政策和行动之前应该认真研究这些影响。

第13章　银行流动性创造：价值、绩效与可持续性

本章对银行流动性创造对银行价值产生影响的现存证据进行综述。新的实证分析验证了标准化银行流动性创造和银行主要绩效指标之间的关系。最后，本章提供了一项新的关于流动性创造的可持续性的分析——银行无论是高流动性创造者还是低流动性创造者，均倾向于保持它的角色。

13.1　关于流动性创造和银行价值的相关文献

银行价值应该反映未来现金流的净现值。有意思的是，市场参与者如何评估流动性创造的价值。有三项研究涉及银行流动性创造和银行价值。

伯杰和鲍曼（2009）展示了汇总统计数据。该统计表明，流动性创造本身和由毛总资产进行标准化处理的流动性创造与市价同账面值的比率和上市银行及上市控股公司中银行的市盈率正相关。这表明一些盈余价值与流动性创造有关，且股东获得部分盈余。

伯杰、鲍曼、艾比罗维奇和劳赫（Berger, Bouwman, Imbierowicz, and Rauch，2015）研究了流动性创造是如何估值的。他们在并购中研究了估值，因为收购方通过执行尽职调查对目标银行有信息优势，可以对目标银行价值做出完全知情的估计。他们发现目标银行的流动性创造与交易溢价呈显著正相关关系，表明收购方愿意为较高的流动性创造支付更多溢价。他们还研究了并购交易后收购方季度资产负债表内记录的商誉变化（Mehran and Thakor，2011）。[1] 他们发现目标银行的流动性创造和记录的商誉之间呈显著正相关关系，再次表明了与流动性创造相关的正价值。

考恩和萨罗提（Cowan and Salotti，2015）集中研究了美国联邦存款保险公司（FDIC）倒闭银行拍卖中支付的溢价。[2] 他们使用最近银行总流动性创造的增长作为行业健康度的一个指标，并且发现这种增长与支付溢价正相关。

13.2 银行流动性创造与银行绩效关系的新证据

这部分分析的是银行流动性创造和绩效之间的关系。[3] 绩效指标包括两个赢利能力指标：由净利润除以股东权益得到的股东权益回报率（ROE）和由净利润除以毛总资产得到的资产回报率（ROA）。绩效指标还包括三个风险指标：Z 分数是违约距离，使用 12 个季度的数据度量，定义为平均资产回报率加上平均股东权益比率，合计除以资产回报率的标准差；净坏账损失比率是指净坏账损失除以毛总资产；不良资产率是指不良资产除以毛总资产。Z 值越低，净坏账损失比率越高，不良资产率越高，银行风险越大。正如在第 11 章分析的银行特征，这里关注的是标准化流动性创造而不是美元价值，因为绩效

第 13 章　银行流动性创造：价值、绩效与可持续性

指标也全部是标准化的。

13.2.1　大型银行绩效

表 13-1—表 13-3 分别显示了随着时间推移，大型银行、中型银行和小型银行的关键绩效指标以及它们与由毛总资产进行处理的标准化银行流动性创造之间的关系与汇总统计。

表 13-1 子表 A 给出了大型银行 1984 年第 1 季度和 2014 年第 4 季度，以及从 1984 第 1 季度到 2014 年第 4 季度整个样本期间绩效指标的汇总统计。[4] 在 1984 年第 1 季度和 2014 年第 4 季度银行绩效表现已经发生变化，但是没有出现清晰的模式。当 ROA 上升的时候，ROE 下降。之所以这样可能是由于随着时间推移，平均资本充足率上升。随着时间推移，由于 Z 分数增加和不良资产率下降，银行变得更加安全，但是用净坏账损失比率增加来衡量，银行风险却提高了。Z 分数增加部分原因在于随着时间变化，平均资本充足率变高了。Z 分数在样本期间的平均值比终点值低，至少一部分是因为在 2007 年第 3 季度至 2009 年第 4 季度的次贷危机期间许多大型银行变得更加有风险并且有较低的 Z 分数。

表 13-1 子表 B 表明了大型银行的标准化流动性创造和绩效之间的相关性。在 1984 年第 1 季度，标准化流动性创造与较差的盈利（ROE 和 ROA）和更大的风险（更低的 Z 分数、更高的净坏账损失比率和更高的不良资产率）相关联。到 2014 年第 1 季度，收益相关性变为正值，但较高的标准化流动性创造比率仍然通常与更大的风险相关。在整个样本期间和样本期末，表内和表外流动性创造与绩效指标之间的相关性有相反的迹象。例如，在整个样本期间，表内流动性创造通常与较低的盈利相关，而表外流动性创造通常与较高的盈利相关。

表 13-1 大型银行标准化流动性创造——银行绩效汇总统计和相关性

子表 A 大型银行绩效汇总统计

	1984年第1季度			2014年第4季度			1984年第1季度—2014年第4季度		
	平均数	中位数	标准差	平均数	中位数	标准差	平均数	中位数	标准差
股东权益回报率(ROE)	0.123	0.133	0.074	0.088	0.089	0.090	0.114	0.134	0.170
资产回报率(ROA)	0.007	0.007	0.004	0.010	0.010	0.008	0.010	0.010	0.013
Z分数	47.318	39.046	32.415	69.021	54.162	57.707	38.282	27.545	36.976
净坏账损失比率	0.001	0.000	0.001	0.002	0.001	0.004	0.003	0.001	0.007
不良资产率	0.016	0.012	0.013	−0.004	−0.003	0.009	0.010	0.006	0.016

子表 B 大型银行标准化流动性创造与银行特征的相关性

	1984年第1季度			2014年第4季度			1984年第1季度—2014年第4季度		
	"产品宽口径"度量方法流动性创造/毛总资产	表内流动性创造/毛总资产	表外流动性创造/毛总资产	"产品宽口径"度量方法流动性创造/毛总资产	表内流动性创造/毛总资产	表外流动性创造/毛总资产	"产品宽口径"度量方法流动性创造/毛总资产	表内流动性创造/毛总资产	表外流动性创造/毛总资产
股东权益回报率(ROE)	−0.186	−0.076	−0.223	0.136	0.001	0.148	0.065	−0.086	0.078

第 13 章 银行流动性创造：价值、绩效与可持续性

（续表）

资产回报率（ROA）	−0.263	−0.140	−0.279	0.222	0.011	0.235	0.159	−0.084	0.171
Z 分数	−0.044	−0.021	−0.050	−0.083	0.007	−0.096	−0.055	0.111	−0.073
净坏账损失比率	0.264	0.215	0.195	0.415	−0.256	0.643	0.217	−0.077	0.227
不良资产率	0.471	0.368	0.365	0.044	−0.122	0.138	0.032	0.020	0.029

本表显示了大型银行的汇总统计数据（平均数、中位数和标准差）和经毛总资产标准化处理的流动性创造与关键银行绩效指标之间的相关性。大型银行持有超过 30 亿美元的毛总资产。毛总资产等于总资产加上贷款及租赁损失准备金和对外贷款风险转账账户（某些对外贷款准备金）。每个子表显示了经毛总资产进行标准化处理的"产品宽口径"度量方法、"产品宽口径"度量方法是将期限和产品类别相结合对贷款以外的银行业务进行分类，表内和表外流动性创造、"产品宽口径"度量方法包括表外业务。ROE 是股东权益回报率，由净利润除以股东权益计算得到。ROA 是资产回报率，由净利润除以毛总资产计算得到。Z 分数是违约距离，并且定义为平均资产回报率加上平均股东权益比率，合计除以资产回报率标准差。净坏账损失比率是净坏账除以毛总资产。不良资产率是不良资产除以毛总资产。

273

表13-2 中型银行标准化流动性创造——银行绩效汇总统计和相关性

子表A 中型银行绩效汇总统计

	1984年第1季度			2014年第4季度			1984年第1季度—2014年第4季度		
	平均数	中位数	标准差	平均数	中位数	标准差	平均数	中位数	标准差
股东权益回报率（ROE）	0.126	0.130	0.102	0.097	0.090	0.131	0.101	0.125	0.171
资产回报率（ROA）	0.008	0.008	0.006	0.010	0.009	0.016	0.009	0.010	0.014
Z分数	37.272	31.299	28.890	61.496	52.533	44.179	43.514	33.738	37.989
净坏账损失比率	0.001	0.000	0.001	0.001	0.001	0.002	0.003	0.001	0.006
不良资产率	0.014	0.009	0.017	-0.005	-0.004	0.007	0.008	0.005	0.019

子表B 中型银行标准化流动性创造与银行特征的相关性

	1984年第1季度		2014年第4季度		1984年第1季度—2014年第4季度	
	"产品宽口径"度量方法流动性创造/毛总资产	表内流动性创造/毛总资产	"产品宽口径"度量方法流动性创造/毛总资产	表内流动性创造/毛总资产	"产品宽口径"度量方法流动性创造/毛总资产	表内流动性创造/毛总资产
股东权益回报率（ROE）	-0.101	-0.058	0.001	-0.003	-0.020	-0.073
		-0.132		0.013		0.030

第 13 章 银行流动性创造：价值、绩效与可持续性

（续表）

资产回报率（ROA）	−0.191	−0.160	−0.151	0.008	0.013	−0.013	−0.075	0.053
Z 分数	−0.101	−0.077	−0.095	0.012	−0.015	0.101	−0.023	0.041	−0.061
净坏账损失比率	0.286	0.204	0.295	−0.183	−0.165	−0.166	0.092	−0.029	0.139
不良资产率	0.292	0.278	0.163	0.023	0.018	0.032	0.015	0.015	0.008

本表显示了中型银行的汇总统计数据（平均数、中位数和标准差）和经毛总资产标准化处理的流动性创造与关键银行绩效指标之间的相关性。中型银行持有 10 亿至 30 亿美元的毛总资产。毛总资产等于毛总资产加上贷款及租赁损失准备金和对外流动性贷款转账风险损失准备金（某些对外贷款准备金）。每个子表显示了"产品宽口径"度量方法经毛总资产标准化处理的表内和表外流动性创造。"产品宽口径"度量方法是将期限和产品类别相结合对贷款以外的银行业务进行分类，但由于数据限制，仅按产品类别对贷款进行分类。"产品宽口径"度量方法包括表外业务。ROE 是股东权益回报率，由净利润除以股东权益比率。ROA 是资产回报率，由净利润除以毛总资产计算得到。Z 分数是违约距离，用 12 个季度数据计算，并且定义为平均资产回报率加上平均股东权益回报率，合计除以资产回报率标准差。净坏账损失比率是净坏账损失除以毛总资产。不良资产率是不良资产除以毛总资产。

表 13-3 小型银行标准化流动性创造——银行绩效汇总统计和相关性

子表 A 小型银行绩效汇总统计

	1984 年第 1 季度			2014 年第 4 季度			1984 第年 1 季度—2014 年第 4 季度		
	平均数	中位数	标准差	平均数	中位数	标准差	平均数	中位数	标准差
股东权益回报率（ROE）	0.118	0.131	0.139	0.078	0.080	0.147	0.094	0.111	1.533
资产回报率（ROA）	0.010	0.011	0.010	0.009	0.009	0.014	0.009	0.010	0.020
Z 分数	23.758	18.628	19.027	47.500	38.532	38.464	32.666	25.062	28.561
净坏账损失比率	0.001	0.000	0.008	0.001	0.000	0.003	0.002	0.000	0.005
不良资产率	0.014	0.009	0.017	-0.006	-0.003	0.012	0.008	0.005	0.016

子表 B 小型银行标准化流动性创造与银行特征的相关性

	1984 年第 1 季度			2014 年第 4 季度			1984 年第 1 季度—2014 年第 4 季度		
	"产品宽口径"度量方法流动性创造/毛总资产	表内流动性创造/毛总资产	表外流动性创造/毛总资产	"产品宽口径"度量方法流动性创造/毛总资产	表内流动性创造/毛总资产	表外流动性创造/毛总资产	"产品宽口径"度量方法流动性创造/毛总资产	表内流动性创造/毛总资产	表外流动性创造/毛总资产
股东权益回报率（ROE）	-0.087	-0.094	0.003	0.093	0.085	0.072	-0.001	-0.005	0.001

第 13 章　银行流动性创造：价值、绩效与可持续性

（续表）

资产回报率（ROA）	−0.183	−0.189	−0.043	0.060	0.052	0.056	−0.007	−0.057	0.013
Z 分数	−0.016	−0.033	0.089	−0.122	−0.141	0.011	−0.013	−0.050	0.004
净坏账损失比率	0.043	0.046	0.002	0.036	0.028	0.047	0.031	0.078	0.005
不良资产率	0.252	0.268	0.013	−0.048	−0.072	0.064	0.009	0.048	−0.008

本表显示了小型银行的汇总统计数据（平均数、中位数和标准差）和经毛总资产标准化处理的流动性创造与关键银行绩效指标之间的相关性。小型银行有 10 亿美元以下的毛资产。毛总资产等于毛资产加上贷款及租赁损失准备金和对外贷款标准化处理的表内和表外流动性创造（某些对外贷款准备金）。每个子表显示了"产品宽口径""产品宽口径"度量方法经毛总资产标准化处理的表内和表外流动性创造。"产品宽口径"度量方法是将期限和产品类别相结合对贷款以外的银行业务进行分类，仅按产品类别对贷款进行分类，但由于数据限制，表外业务。ROE 是股东权益回报率，由净利润除以股东权益计算。ROA 是资产回报率，合计除以资产回报率标准差。净坏账损失比率是净坏账损失除以毛总资产。不良资产率是不良资产比率，并且定义为平均资产回报率加上平均股东权益比率，合计除以资产回报率标准差。净坏账损失除以毛总资产。不良资产率是不良资产除以毛资产。

13.2.2 中型银行绩效

表 13-2 子表 A 给出了中型银行的绩效汇总统计。随时间的推移,其绩效变量的变化与大型银行相似,除了其净坏账损失比率的数值近似恒定外。与大型银行不同,中型银行样本 Z 分数位于它的 1984 年第 1 季度和 2014 年第 4 季度值之间,部分因为这些银行受危机影响较小。在表 13-2 子表 B 中,中型银行的相关性有许多与大型银行相似的迹象,但数值较小。

13.2.3 小型银行绩效

表 13-3 子表 A 显示,小型银行与大银行类似,股东权益回报率下降可能是因为较高的资本充足率的机械效应。[5] 随着时间的推移,所有三项指标均表明小型银行变得更加安全。然而,同大、中型银行相比,小型银行的 Z 分数一般都更小,尽管通常小型银行具有较高的资本充足率。表 13-3 子表 B 小型银行的相关性也显示了与其他规模银行相似的迹象,但数值较小。

13.3 流动性创造是否具有可持续性?

回顾第 11 章的描述,在 1984 第 1 季度和 2014 第 4 季度,排名前十位的银行和后十位的银行在某些情境是一致的,但在另一些情境下是不一致的,这一结果引出了流动性创造的持续性问题。在最近时间段保持高流动性创造或者低流动性创造的银行(按美元计算或标准化)是否可能持续这个模式?

这个问题可以通过非参数方法得以解决,过去常使用该方法研究银行和共同基金行业的赢局持续性和输局持续性问题。

这里所分析的赢局和输局持续性是指在之前四个季度至少有三

第13章 银行流动性创造：价值、绩效与可持续性

个季度处于流动性创造分布的前 50% 或后 50% 且在当前季度仍处于流动性创造分布的前 50% 或后 50%。从形式上看，j 期间在 t 时刻赢的持续性被定义为

$$WP_{t,j} = \frac{\text{Prob}（在 t 时刻赢|在 t-1,\ldots,t-j 赢）}{\text{Prob}（在 t 时刻赢|在 t-1,\ldots,t-j 输）}$$

在前 j 时期大部分是赢的情况下赢的可能性（位于分布前 50%），除以在前 j 时期大部分是输的情况下赢的可能性。

如果没有赢局持续性，这个比率等于 1，因为在这种情况下，在前 j 时期大部分是赢的情况下和前 j 时期大部分是输的情况下赢的可能性是相同的。比率大于 1 表明赢是持续的。比率小于 1 表明一个相反的模式并趋向接下来大部分是输。要注意赢的持续性是针对一段给定的期间，因此每个季度可能有不同的值。因为数据是从 1984 年第 1 季度到 2014 年第 4 季度每个季度的，第 4 季度赢的持续性是从 1985 年第 1 季度至 2014 年第 4 季度期间每个季度计算得出的，所以在每一种情况下至少有四个过去的观察值。概率是根据频率分布的经验估算的。因此四个时期在 1985 年第 1 季度的赢局持续性是银行在 1984 年至少赢了三次然并在 1985 年第 1 季度又赢了的比例除以 1984 年至少输了三次后而 1985 年第 1 季度赢了的比例。

在 j 时期输的持续性也以同样的方式定义如下：

$$LP_{t,j} = \frac{\text{Prob}（在 t 时刻输|在 t-1,\ldots,t-j 输）}{\text{Prob}（在 t 时刻输|在 t-1,\ldots,t-j 赢）}$$

该比例等于 1 表明输局没有持续性，比率大于 1 表明输局持续性强，比率小于 1 表明一个相反的模式。每一时期的输局持续性也是基于频率分布估算得出。

图 13-1—图 13-6 显示了大型银行、中型银行和小型银行按美元

计算和由毛总资产标准化处理后的"产品宽口径"度量方法、表内和表外流动性创造赢局和输局的持续性。

13.3.1 大型银行流动性创造的可持续性

图 13-1 子图 A 和子图 B 分别显示了大型银行 1985 年第 1 季度至 2014 年第 4 季度按美元计算的"产品宽口径"度量方法流动性创造及其表内、表外组成部分的赢局和输局持续性。在每个季度，所有系列值都远高于 1，这清楚地表明了很强的赢局与输局的持续性。在一年中的大部分时间位于分布前半部分的银行在下个季度位于分布前半部分的可能性是在该年中大部分时间位于分布后半部分银行的许多倍。考虑到大型银行流动性创造范围广，这一结果也许并不奇怪。为了说明这一点，请返回看表 11-1，大型银行 2014 年第 4 季度"产品宽口径"度量方法流动性创造的范围为 –502.6 亿—8086.8 亿美元，

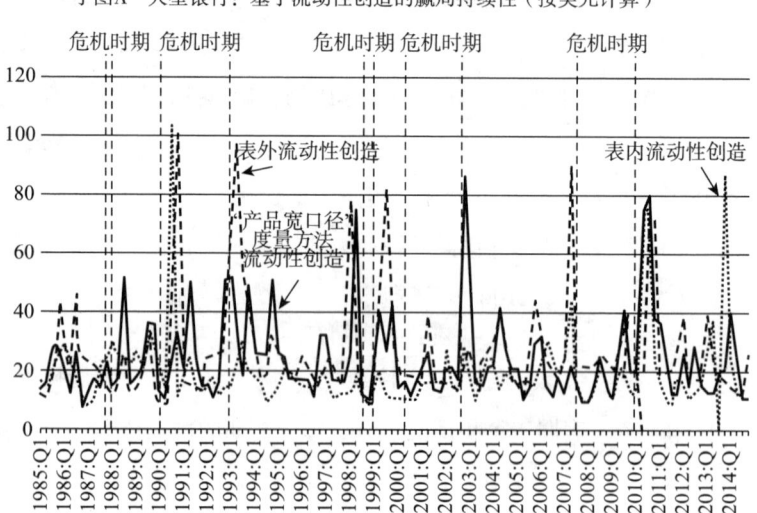

子图A 大型银行：基于流动性创造的赢局持续性（按美元计算）

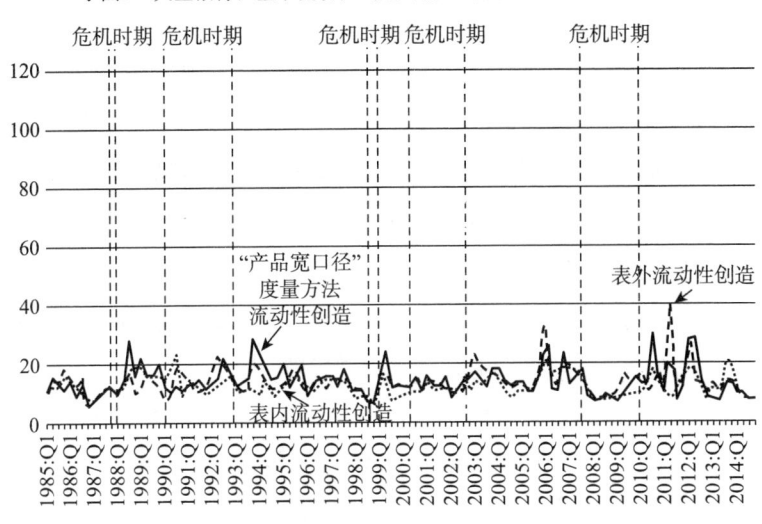

第13章 银行流动性创造：价值、绩效与可持续性

子图B 大型银行：基于流动性创造的输局持续性（按美元计算）

图 13-1 大型银行：基于流动性创造的赢局或
输局持续性（按美元计算）

本图显示了大型银行从1985年第1季度至2014年第4季度基于流动性创造（按美元计算）的赢局持续性（子图A）和输局持续性（子图B）。赢局持续性的估算方法是以某一特定季度为基准时点，银行按规模划分的流动性创造（按美元计算）的分布中，前四个季度的大部分时间位于前50%的银行在该季度位于前50%的比例，除以前四个季度的大部分时间位于后50%的银行在该季度位于前50%的比例。输局持续性类似地估算得出。大型银行的毛总资产超过30亿美元。毛总资产等于总资产加上贷款及租赁损失准备金和对外贷款转账风险损失准备金（某些对外贷款准备金）。每一子图显示了按美元计算的"产品宽口径"度量方法、表内和表外流动性创造。"产品宽口径"度量方法是将期限和产品类别相结合对贷款以外的银行业务进行分类，但由于数据限制，仅按产品类别对贷款进行分类。"产品宽口径"度量方法包括表外业务。

因此对于大多数大型银行来说，移到中位数另一边的季度意味着其流动性发生了巨大的变化。在赢局持续性中偶尔出现的较大尖峰，反映了小样本问题，在这种情况下，极少数银行在一些季度从输局变为赢局。最后，在正常时期和危机时期，持续性似乎没有实质不同。

图 13-2 子图 A 和子图 B 分别显示了大型银行 1985 年第 1 季度至 2014 年第 4 季度标准化"产品宽口径"度量方法流动性创造及其表内和表外组成部分的赢局和输局持续性。同样，在每个季度，所有系列值都远远高于 1，这清楚地表明很强的赢局与输局持续性。该数字比按美元计算的流动性创造小得多，这表明与使流动性创造总额本身发生重大变化相比，改变不同资产、负债和表外业务项目相对于银行毛总资产的规模更加容易。在大多数情况下，标准化"产品宽口径"度量方法、表内和表外流动性创造是同等稳定的。同样，在正常时期和危机时期之间似乎不存在巨大差异。

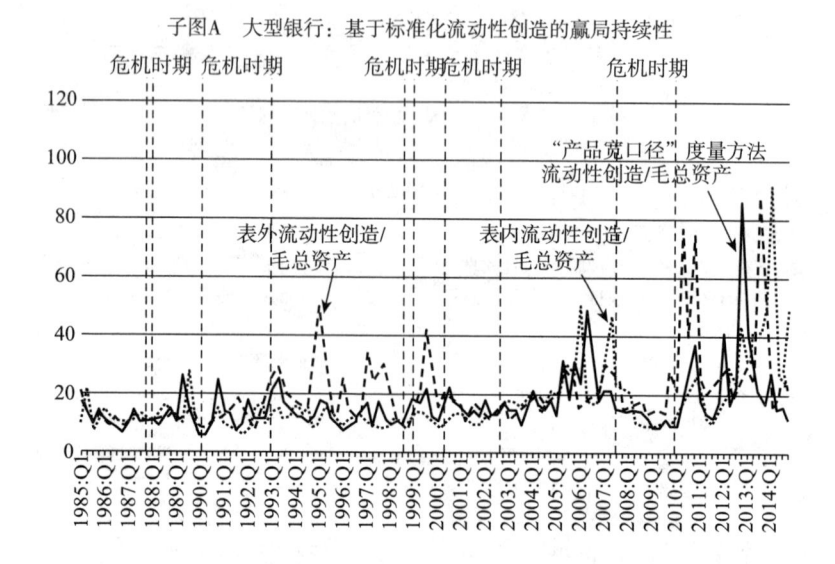

子图A 大型银行：基于标准化流动性创造的赢局持续性

第 13 章 银行流动性创造：价值、绩效与可持续性

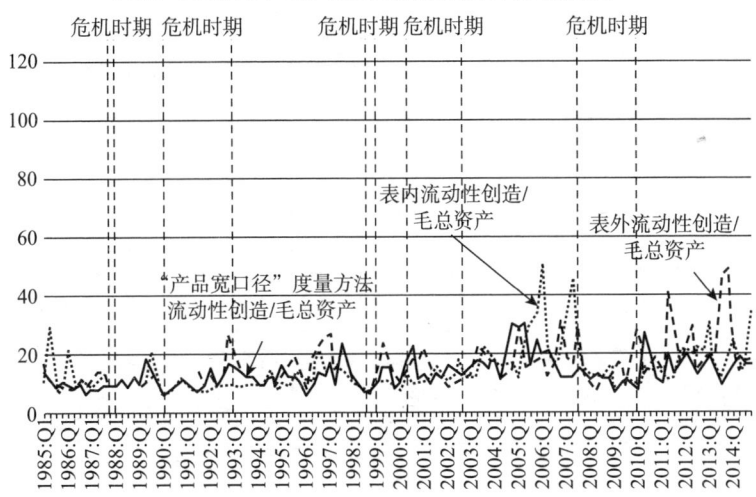

子图 B 大型银行：基于标准化流动性创造的输局持续性

图 13-2 大型银行：基于标准化流动性创造的赢局和输局持续性

本图显示了大型银行从 1985 年第 1 季度至 2014 年第 4 季度基于标准化流动性创造的赢局持续性（子图 A）和输局持续性（子图 B）。赢局持续性的估算方法是以某一特定季度为基准时点，银行按规模划分的标准化流动性创造的分布中，前四个季度的大部分时间位于前 50% 的银行在该季度位于前 50% 的比例，除以前四个季度的大部分时间位于后 50% 的银行在该季度位于前 50% 的比例。输局持续性类似地估算得出。标准化流动性创造是流动性创造除以毛总资产。毛总资产等于总资产加上贷款及租赁损失准备金和对外贷款转账风险损失准备金（某些对外贷款准备金）。大型银行的毛总资产超过 30 亿美元。每个子图显示了标准化"产品宽口径"度量方法、表内和表外流动性创造。"产品宽口径"度量方法是将期期限和产品类别相结合对贷款以外的银行业务进行分类，但由于数据限制，仅按产品类别对贷款进行分类。"产品宽口径"度量方法包括表外业务。

13.3.2 中型银行流动性创造的可持续性

图 13-3 和图 13-4 显示了中型银行流动性创造的赢局和输局持续性。毫不奇怪，对于基于美元价值的流动性创造，中型银行相对于大型银行有着较小的赢局持续性和输局持续性，这是因为该规模级别流动性创造值的范围更小。例如，如表 11-1 所示，中型银行 2014 年

子图A 中型银行：基于流动性创造的赢局持续性（按美元计算）

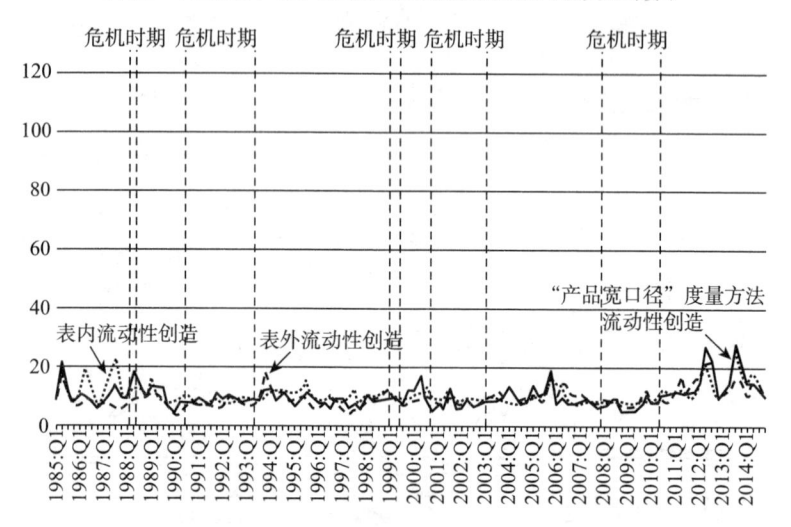

子图B 中型银行：基于流动性创造的输局持续性（按美元计算）

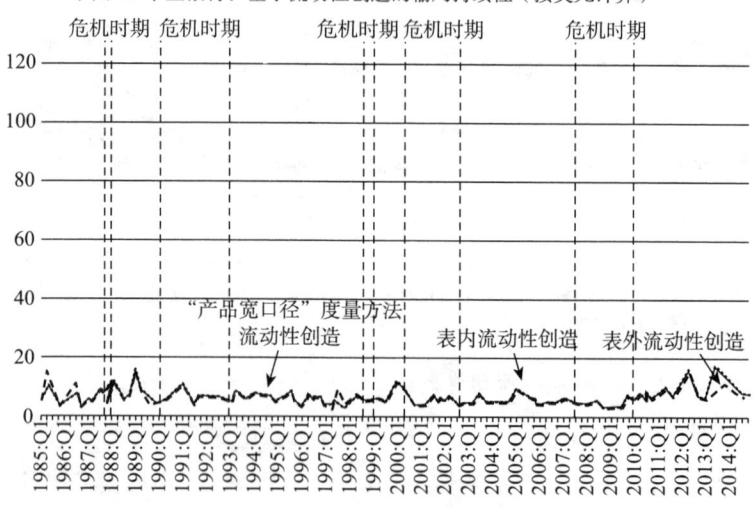

图 13-3 中型银行：基于流动性创造的赢局和输局持续性
（根据美元计算）

第 13 章　银行流动性创造：价值、绩效与可持续性

本图显示了中型银行从 1985 年第 1 季度至 2014 年第 4 季度基于流动性创造（按美元计算）的赢局持续性（子图 A）和输局持续性（子图 B）。赢局持续性的估算方法是以某一特定季度为基准时点，银行按规模划分的流动性创造（按美元计算）的分布中，前四个季度的大部分时间位于前 50% 的银行在该季度位于前 50% 的比例，除以前四个季度的大部分时间位于后 50% 的银行在该季度位于前 50% 的比例。输局持续性类似地估算得出。中型银行的毛总资产在 10 亿美元和 30 亿美元之间。毛总资产等于总资产加上贷款及租赁损失准备金和对外贷款转账风险损失准备金（某些对外贷款准备金）。每一子图显示了按照美元计算的"产品宽口径"度量方法、表内和表外流动性创造。"产品宽口径"度量方法是将期限和产品类别相结合对贷款以外的银行业务进行分类，但由于数据限制，仅按产品类别对贷款进行分类。"产品宽口径"度量方法包括表外业务。

第 4 季度"产品宽口径"度量方法流动性创造的范围为 –0.9 亿—18.6 亿美元。在图 13-4 子图 A 中，2005 年第 3 季度标准化流动性创造赢局持续性有一个很大的尖峰，这可能是由于小样本问题造成的。同样，在正常时期和危机时期似乎没有巨大差异。

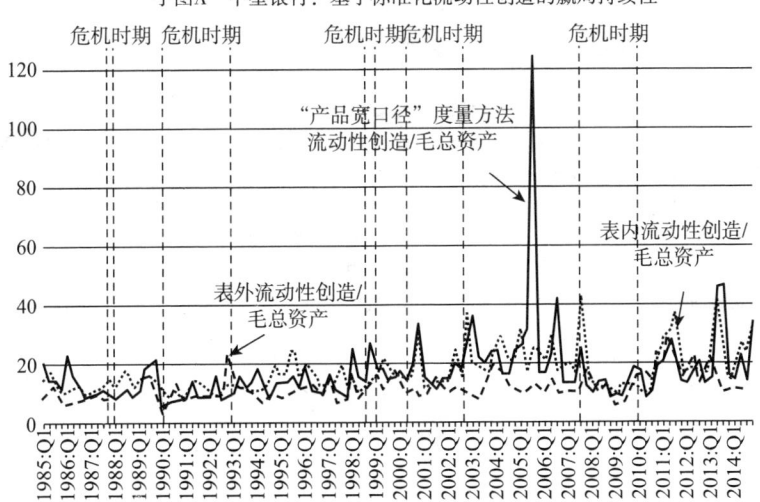

子图A　中型银行：基于标准化流动性创造的赢局持续性

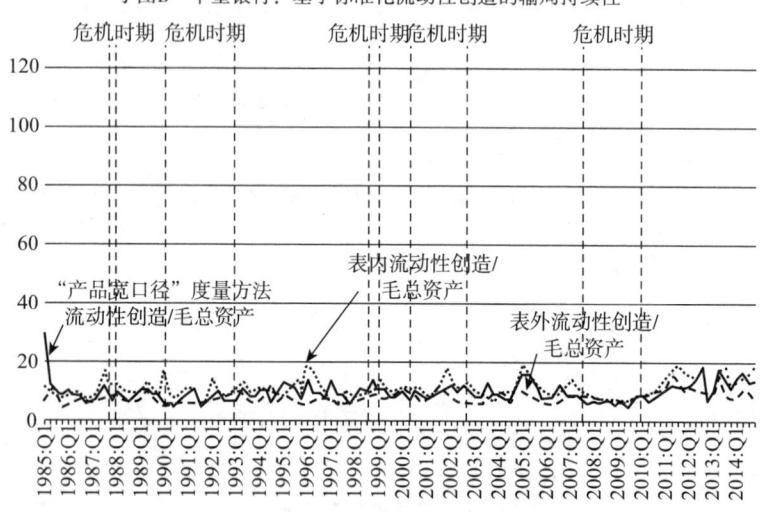

子图B 中型银行：基于标准化流动性创造的输局持续性

图 13-4 中型银行：基于标准化流动性创造的赢局和输局持续性

本图显示了中型银行从 1985 年第 1 季度至 2014 年第 4 季度基于标准化流动性创造的赢局持续性（子图 A）和输局持续性（子图 B）。赢局持续性的估算方法是以某一特定季度为基准时点，银行按规模划分的标准化流动性创造的分布中，前四个季度的大部分时间位于前 50% 的银行在该季度位于前 50% 的比例，除以前四个季度的大部分时间位于后 50% 的银行在该季度位于前 50% 的比例。输局持续性类似地估算得出。标准化流动性创造是流动性创造除以毛总资产。毛总资产等于总资产加上贷款及租赁损失准备金和对外贷款转账风险损失准备金（某些对外贷款准备金）。中型银行的毛总资产在 10 亿美元和 30 亿美元之间。每个子图显示了标准化"产品宽口径"度量方法、表内和表外流动性创造。"产品宽口径"度量方法是将期限和产品类别相结合对贷款以外的银行业务进行分类，但由于数据限制，仅按产品类别对贷款进行分类。"产品宽口径"度量方法包括表外业务。

13.3.3 小型银行流动性创造的可持续性

图 13-5 和图 13-6 显示了小型银行流动性创造的赢局和输局持续性。可能令人惊讶的是，尽管小型银行的流动性创造值范围更小，但对于基于美元价值的流动性创造，小型银行比中型银行更加持久。然而，小型银行的标准化流动性创造与中型银行持续性相当。与大型

第 13 章 银行流动性创造：价值、绩效与可持续性

和中型银行的情况一样，正常时期和危机时期没有明显的差异。

子图A　小型银行：基于流动性创造的赢局持续性（按美元计算）

子图B　小型银行：基于流动性创造的输局持续性（按美元计算）

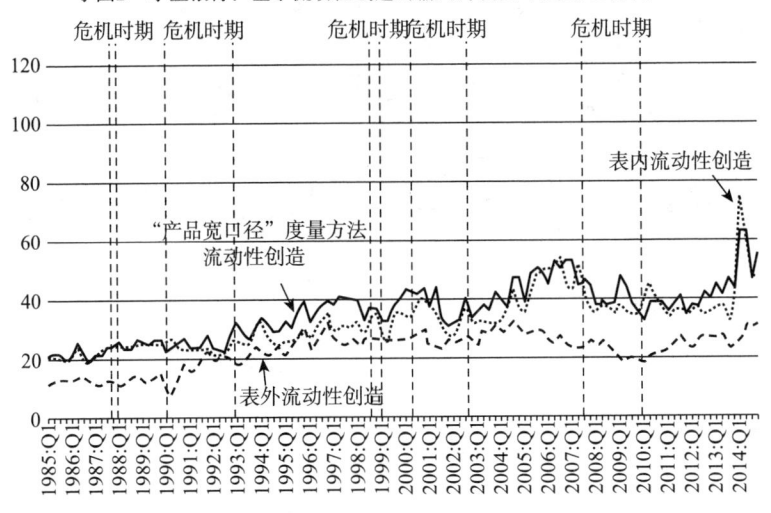

图 13-5　小型银行：基于流动性创造的赢局和输局持续性（按美元计算）

银行流动性创造与金融危机

本图显示了小型银行从 1985 年第 1 季度至 2014 年第 4 季度基于流动性创造（按美元计算）的赢局持续性（子图 A）和输局持续性（子图 B）。赢局持续性的估算方法是以某一特定季度为基准时点，银行按规模划分的流动性创造（按美元计算）的分布中，前四个季度的大部分时间位于前 50% 的银行在该季度位于前 50% 的比例，除以前四个季度的大部分时间位于后 50% 的银行在该季度位于前 50% 的比例。输局的持续性类似地估算得出。小型银行的毛总资产为 10 亿美元以下。毛总资产等于总资产加上贷款及租赁损失准备金和对外贷款转账风险损失准备金（某些对外贷款准备金）。每一子图显示了按美元计算的"产品宽口径"度量方法、表内和表外流动性创造。"产品宽口径"度量方法是将期限和产品类别相结合对贷款以外的银行业务进行分类，但由于数据限制，仅按产品类别对贷款进行分类。"产品宽口径"度量方法包括表外业务。

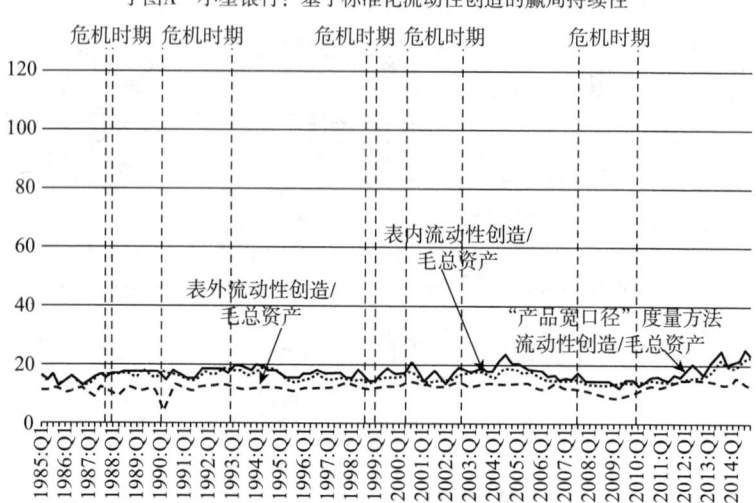

子图A 小型银行：基于标准化流动性创造的赢局持续性

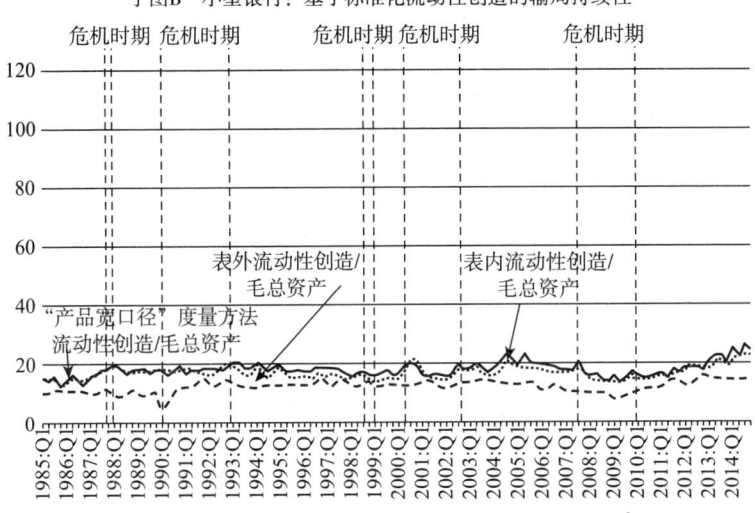

第13章 银行流动性创造：价值、绩效与可持续性

子图B 小型银行：基于标准化流动性创造的输局持续性

图 13-6 小型银行：基于标准化流动性创造的赢局和输局持续性

本图显示了小型银行从 1985 年第 1 季度至 2014 年第 4 季度基于标准化流动性创造的赢局持续性（子图 A）和输局持续性（子图 B）。赢局持续性的估算方法是以某一特定季度为基准时点，银行按规模划分的标准化流动性创造的分布中，前四个季度的大部分时间位于前 50% 的银行在该季度位于前 50% 的比例，除以前四个季度的大部分时间位于后 50% 的银行在该季度位于前 50% 的比例。输局持续性类似地估算得出。标准化流动性创造是流动性创造除以毛总资产。毛总资产等于总资产加上贷款及租赁损失准备金和对外贷款转账风险损失准备金（某些对外贷款准备金）。小型银行的毛总资产为 10 亿美元以下。每个子图显示了标准化"产品宽口径"度量方法、表内和表外流动性创造。"产品宽口径"度量方法是将期限和产品类别相结合对贷款以外的银行业务进行分类，但由于数据限制，仅按产品类别对贷款进行分类。"产品宽口径"度量方法包括表外业务。

13.4 本章小结

本章考察了创造更多流动性的银行拥有更大的价值还是更小的价值，表现得更好还是更坏，以及随着时间的推移流动性创造是否持续。有限的研究表明，市场参与者认为，银行流动性创造有正面价值。新的经验证据表明，标准化流动性创造与银行绩效之间的关系并非一致，而是取决于时间和规模大小。流动性创造也具备高度持续性。关键内容是，较高的流动性创造似乎与较高的市场价值和综合绩效是相关联的，而流动性创造既呈现出赢局持续性，也呈现出输局持续性。

第五部分
利用银行流动性创造的方法论优势，做好理论研究和政策制定工作

第 14 章　充分发挥银行流动性创造的作用

本章探讨的是各方人员如何利用银行流动性创造的数据优势，这些数据可以帮助银行管理者和金融分析师来评估银行在市场上的基准位置，并帮助研究人员（学者和学生）和政策制定者（立法者、监管者和中央银行）预测金融危机，评估银行的风险承担能力与破产可能性，参与未来的研究和政策相关工作。第15章讨论的是研究人员和政策制定者也倾向使用流动性创造的数据来研究更多的开放性问题。

14.1　银行流动性创造：一个新的基准评估工具

到本书出版的时候，几乎所有的美国商业银行在31年间（自1984年第1季度至2014年第4季度）的季度流动性创造的数据都可以在这本书的网站上（http://booksite.elsevier.com/9780128002339）找到，并且这些数据还会得到定期更新。银行管理者和金融分析师可以使用这些数据查阅到较长时间内某家银行流动性创造的数据，并且可执行至少两种类型的基准测试。

14.1.1 以流动性创造为标杆与同业进行对比

第 12 章表明,创造更多流动性(按美元计算或者由资产进行标准化)的银行往往具有较高的市场价值,或者在其他方面表现更好。这说明一个有价值的基准测试是将某家银行的流动性创造与其同业相比较——同业是指位于该银行同一规模等级、具有相同的本地市场或者处于同一专业领域的其他银行。

如果银行的流动性创造显著地滞后于同业,为了创造更多的流动性,该银行会努力提高自己的经营业绩,包括扩展额外的商业贷款,接受更多的交易存款,或向客户提供更多的表外担保等,所有这些方式都有助于提高银行绩效。

如果某银行的流动性创造远远高于同业,就有必要后退一步并且考虑创造这么多的流动性是否为最优安排。在金融危机之后或在经济表现良好时,高于同业的流动性可能为最优,它标志着该银行在这些时期内有出色的绩效。当有迹象表明经济处于过热阶段时,减少流动性创造可能会更好,因为过多的流动性创造意味着银行需要承担过多的流动性风险,而过多的流动性风险可能会增加银行陷入财务困境或者破产的可能性。

如果某银行的流动性创造与同业一致,一个很有用的问题是,该银行是继续与同行保持一致,还是尝试创造出更多的流动性,抑或是减少流动性?答案取决于经济运行状态。

14.1.2 以流动性创造为标杆与过去对比

跟踪某银行的流动性创造(按美元计算或者由资产进行标准化)随时间变化的轨迹,并将其与该银行过去的流动性创造数据进行比较是明智的。

第 14 章　充分发挥银行流动性创造的作用

如果一家银行流动性创造正在增长，这可能表明该银行经营状况良好，而流动性创造的下降则可能表明银行出现了经营问题，因为流动性创造和银行绩效之间存在正向关系。正在承受下行压力的银行可能会通过发行更多的商业贷款、接受更多的交易存款或提供更多的表外担保来扭转衰退态势，以提高绩效。

但是，流动性创造的迅速增加，特别是在经济过热时期，可能意味着银行需要减少或减缓其流动性创造的增长，这将有助于减少流动性风险敞口以及与即将发生的金融危机有关的其他问题。

14.2　银行流动性创造：预测金融危机

第 9 章表明，银行过多的流动性创造可能会增加金融危机发生的可能性。这表明研究人员和政策制定者愿意跟踪银行总体的流动性创造情况。当银行部门的流动性创造过多时，中央银行或金融监管机构可以通过限制性货币政策或提高审慎监管力度来减少流动性创造，以避免或降低金融危机的影响。

随之而来的一个重要问题就是：多少流动性创造是"过多"（见 15.8 部分）。现有文献关注的是与"某趋势"（见 9.2 部分）高度相关的总体流动性创造情况。其替代方法则是侧重于关注流动性创造的百分比增长。一些关注贷款的论文表明：在银行危机到来之前，私人部门贷款往往会增加（Demirguc-Kunt and Detragiache，1998；and Kaminsky and Reinhart，1999）。

14.3　银行流动性创造：评估银行风险

正如过多的总体流动性创造有助于预测金融危机，个别银行创造的过多流动性也可能有助于预测银行的财务困境或破产倒闭。不过，目前只有有限的证据可以支撑这个观点。

现有关于银行破产的论文往往将可能导致银行破产的原因归结为三点：银行基本面不佳、流动性短缺和公司治理不善。第一个原因是银行基本面不佳，这意味着低资本充足率、高不良贷款率（NPL）和收入不佳，这些都增加了银行倒闭的可能性（Cole and Gunther, 1995）。银行破产的第二个原因是流动性短缺，银行通过流动负债（例如交易存款）为其非流动资产（如商业贷款）融资，这使银行面临着外部冲击。鉴于存在一个服务顺序的约束（即银行按照"先到先服务"的方式处理存款人业务），当储户担心银行可能无法履行其义务时，他们将取回其存款，由此将产生流动性短缺（Diamond and Dybvig, 1983）。银行破产的第三个原因是鼓励承担风险的公司治理安排，这将在 15.7 部分进行详细探讨。

方格考娃、阿里斯和威尔（Fungacova, Ariss, and Weill, 2015）通过分析"流动性创造是否会导致银行倒闭"来扩展他们的论文。他们提出了"高流动性创造假说"，即高的银行流动性创造增加了银行破产的可能性。通过使用俄罗斯银行 2000 年到 2007 年的数据，他们实证检验了超过某一阈值（高于给定季度的 90%）的标准化流动性创造数据。他们发现数据与假设一致。

这一证据表明，金融监管部门可能愿意跟踪个别机构的流动性创造以了解哪些机构有破产的危险。原则上，流动性创造也可以作为第 12.2 部分中讨论的正式压力测试的一部分。金融监管部门可以根据情况严重程度采取不同的措施。如果他们只是有点担心流动性创造或标准化流动性创造的水平，金融监管部门可以在审查过程中与创造最多

第 14 章 充分发挥银行流动性创造的作用

流动性的机构简单讨论这个问题,并提醒他们关注过度流动性创造的潜在危险。如果情况比较严重,金融监管机构可能会进行干预,例如,通过对商业贷款、贷款承诺和存款采取限制措施以降低风险。如果对该机构的威胁迫在眉睫,金融监管部门则可以及早关闭该机构以减少与银行倒闭相关的损失。

14.4 银行流动性创造:未来的理论研究和政策制定

研究人员和政策制定者都被鼓励去使用流动性创造数据。这些数据可用于进一步研究前几章中提出的问题或第 15 章中确定的相对未探究的开放问题。

14.5 本章小结

本章展示了各方人员可以如何将本书网站上(http://booksite.elsevier.com/9780128002339)的银行流动性创造数据为己所用。银行高管和金融分析师可以对某银行进行与同业相较的横向评估和与自身过去行为相较的纵向评估,以帮助该银行选择适当的流动性创造规模(按美元计算或由资产进行标准化)。政策制定者(包括立法者、监管者和中央银行)可以使用这些数据进行立法,制定审慎监管制度以及货币政策。研究人员(包括学者和学生)和政策制定者也可以使用这些数据来调查银行业中的许多现有和未来的问题。关键的一点是,银行流动性创造数据对热衷于基准、研究和政策工作的广泛受众非常有用。

第 15 章 有待解决的理论和政策问题

本章将评估关于银行流动性创造和金融危机的研究现状,并提出一些未来研究和政策工作的主要领域。

15.1 目前我们所处的位置

可以肯定地说,关于银行流动性创造和金融危机的研究才刚刚开始,在这项课题成熟之前,我们还有很长的路要走。这些研究文献对一些国家在正常时期与危机时期的银行流动性创造的度量,对在正常时期资本如何影响这些国家银行流动性创造的评估,以及对在正常时期和危机时期政府政策和政府行为(货币政策,监管干预和银行救助)如何影响流动性创造的分析等都还只停留在表面。现有文献还将过剩的银行流动性创造与美国未来的金融危机联系起来。在证明流动性创造与银行价值之间的关系时仅仅使用了美国数据。

此外,本书前面的章节通过测算美国银行在正常时期与危机时期的流动性创造,研究创造了或多或少的流动性的各类美国银行的特点,以及评估创造了相对较多流动性的美国银行的绩效,扩展了现有的实证研究。

在本书中，现有文献和附加研究的所有案例都还有更多的工作要做。本章的其余部分则关注一个新的重要研究问题，并将使用美国和其他国家在正常时期和金融危机时期的数据进行研究来解决这个问题。

15.2 各国度量银行流动性创造及其因果分析

大多数现有的关于银行流动性创造的分析都是使用美国数据。鉴于银行流动性创造对国民经济的重要性，应该评估更多国家流动性创造的决定因素及影响。目前已经取得了一些进展。

专栏15-1列出了已经测算过本国银行流动性创造的其他国家及测算研究中的各项课题名称。

专栏15-1 已经测算本国银行流动性创造的其他国家

其他国家	研究内容	作者
中国	·银行资本对流动性创造的影响	·雷和宋（Lei and Song, 2013）
捷克	·资本对银行流动性创造的影响	·霍瓦特、赛德勒和威尔（Horvath, Seidler and Weill, 2014）
	·竞争对银行流动性创造的影响	·霍瓦特、赛德勒和威尔（2015）
德国	·银行流动性创造的决定因素	·哈克塔尔、劳赫、斯特芬和泰瑞尔（Hackethal, Rauch, Steffen, and Tyrell, 2010）
	·监管干预和资本支持对银行流动性创造的影响	·伯杰、鲍曼、基克和舍克（Berger, Bouwman, Kick, and Schaeck, 2015）

（续表）

其他国家	研究内容	作者
日本	·宏观经济因素和银行特征对银行流动性创造的影响	·帕纳（Pana, 2012）
立陶宛	·计算流动性创造，分析其组成成分	·兰克斯杜廷和克拉辛斯卡（Lakstutiene and Krusinskas, 2010）
	·流动性创造与存款恐慌	·兰克斯杜廷、克拉辛斯卡和拉姆塞特（Lakstutiene, Krusinskas, and Rumsaite, 2011）
俄罗斯	·银行规模及所有权对银行流动性创造的影响	·方格考娃和威尔（2012）
	·公开存款保险[①]的引入是如何影响银行资本与流动性创造的	·方格考娃、威尔和周（2010）
	·高流动性创造是否增加银行倒闭概率	·方格考娃、阿里斯和威尔（2015）
南非	·21世纪以来的金融危机之前和之后的流动性创造的计算	·伊斯特亥森、乌仁和斯代哲（Esterhuysen, Vuuren, and Styger, 2010）
经合组织25个国家	·竞争对流动性创造的影响	·约和金（Joh and Kim, 2014）
海湾合作国家	·对伊斯兰银行、常规银行、混合银行的流动性创造的比较	·穆罕默德和阿苏德（Mohammad and Asutay, 2015）

[①] 没有明确存款保险的国家通常会由政府提供隐性存款保险以在一定程度上保护存款人。

可以看出，对于美国以外主要发达国家的研究非常有限。世界上许多国家（发达国家和发展中国家）和很多研究课题都是未来研究的沃土。在某些国家，很难像美国那样可以收集到较为详细的数据，但是，中央银行的经济学家和其他相关研究人员应该可以获得足够详细的数据来估算流动性创造。

15.3 银行并购对流动性创造的影响

有大量文献研究了并购对银行业的影响。然而，只有两项调查研究与并购和流动性创造相关。帕纳、帕克和奎瑞（Pana, Park, and Query, 2010）使用美国从1997年至2004年的数据测算了收购者和收购目标的流动性创造。他们发现，小型收购者创造的由资产进行标准化处理的流动性比其收购目标的更多，大型收购者创造的标准化流动性则和其收购目标的一样多，在合并完成后流动性创造会增加。巴尔塔斯（Baltas, 2013）利用1993—2010年的数据研究了希腊和英国并购活动对流动性的影响，他们发现，这些并购活动对银行流动性创造产生了积极影响。

尽管如此，还有很多仍未解决的问题。比如，虽然研究表明，流动性创造在并购后会增加，但分析这些结果是否因交易类型而异，将会很有意思：在美国流动性创造如何受到州内和州际合并的影响，世界各国国内并购和跨境交易是如何影响流动性创造的。此外，由于重叠业务已经结束，美国和其他国家的商业银行并购可能会减少流动性创造。并购既可能增加也可能减少流动性创造，这取决于它们对竞争的影响，如15.4部分所述。

并购也可能影响并购银行的竞争对手的流动性创造（可能具有外部影响），正如我们发现并购会影响并购银行竞争对手的小额企业贷款一样（例如，Berger, Saunders, Scalise, and Udell, 1998；以及 Avery and Samolyk, 2004）。此外，这些并购可能导致另外的新对手进入当地市场，可能抵消合并银行流动性创造的减少或使其增加得更多，就像它对银行借贷所产生的效果一样（例如 Berger, Bonime, Goldberg, and White, 2004）。

15.4 银行竞争和市场支配力对流动性创造的影响

竞争与合作、市场支配力都可能对流动性创造产生重要影响。为方便起见，这里的讨论主要集中于减少竞争，这与市场力量的增加有着相同的影响。[1]

研究文献表明，减少竞争可能会减少或增加流动性创造。根据结构–行为绩效假设（Bain, 1959），减少竞争导致银行向客户提供不利的价格（包括较高贷款利率和贷款费用、较低存款利率和较高存款费用，以及较高表外业务担保费），导致交易量减少，从而降低流动性创造。[2] 与此相反，一些有关银行的研究文献认为，减少竞争使银行能够执行隐性或显性的合同条款，即关系客户在短期内获得价格优惠的服务，在后期则支付不那么优惠的价格（Petersen and Rajan, 1995），这将使银行创造更多的流动性。

大多数实证研究集中于贷款和找到混合证据。有人认为，减少竞争会增加贷款（Petersen and Rajan, 1995；Cetorelli and Gambera, 2001；以及 Bonaccorsi di Patti and Dell'Ariccia, 2004）；还有人认为，减少竞争会减少贷款（Black and Strahan, 2002；Karceski, Ongena, and Smith, 2005；Cetorelli and Strahan, 2006；以及 Canales and Nanda, 2012）。

据我们所知，只有两篇实证论文考察了"竞争对流动性创造的影响"这个更具普遍性的问题。约和金（2013）使用了从2000年到2010年期间25个经合组织国家商业银行的面板数据，分析发现：随着银行业的集中，银行的流动性创造也随之增加。与此相一致的是，霍瓦特、赛德勒和威尔（2015）使用了从2002年至2010年捷克银行的数据分析发现，该国的竞争与流动性创造减少有关。这两项研究成果为关系银行的观点提供了支持。要扩展这些研究文献还有很多工作要做。

15.5 放松管制对流动性创造的影响

理解放松对银行业的管制如何影响银行流动性创造很有意义。既然放松对银行业的管制通常会导致更多的并购，[3]而并购可能增加或减少竞争，似乎不需要对放松管制进行单独的分析。这种看法是错误的，即放松对银行业的管制所导致的并购和竞争变化，由于至少两方面的原因，一般是从非常不同的初始条件开始的：一是在放松对银行业管制之前，本地银行市场往往是封闭的，不存在竞争。二是放松对银行业管制可能产生意外影响，包括现有银行面对新的竞争对手时所做出的反应。

关于1978至1994年间美国银行业地域管制放松的文献发现了对经济的实际影响，例如较高的州增长率（Jayaratne and Strahan, 1996）、新的商业形式（Black and Strahan, 2002）、收入差距减少（Beck, Levine, and Levkov, 2010）。但有两项研究发现了放松对银行业的管制对于企业创新的冲突效应（Chava, Oettl, Subramanian, and Subramanian, 2013；以及Cornaggia, Mao, Tian, and Wolfe, 2015）。

放松管制影响银行流动性创造的过程可能存在一个中间步骤，这个中间步骤导致了一些实际经济成果，但这一步骤还没有在研究文献中加以研究。一些论文仅研究了放松管制如何影响流动性创造的一个部分，即信贷供应。赖斯和斯特拉汉（Rice and Strahan，2010）发现，放松管制之后，更多企业使用银行贷款，但这并不会导致信贷供应的整体增长。特瓦里（Tewari，2014）发现，在取消银行的地域限制之后，抵押贷款增加了。

许多关于银行管制放松的研究论文集中在对美国的影响方面，但研究放松管制对其他地区的影响也同样有意义。比如欧盟第二银行指令，它于1993年生效并产生了"单一护照"效应，这意味着任何在欧盟获得许可的银行都可以在任何一个欧盟国家开设分支机构，并且只受银行许可证签发国的监督和监管。另一个例子是苏联解体后东欧国家对外国银行的开放。

15.6 存款保险对流动性创造的影响

存款保险可能对流动性创造及流动性创造的原因和后果产生重要影响。正如第 10 章所讨论的，资本与流动性创造的关系部分取决于是否存在未参保的存款人，这些未参保存款人时刻关注银行动态，以便他们可以及时取回存款。明确引入或加强存款保险改变了保险存款和未保险存款的混合，因此可能改变资本与流动性创造的关系。方格考娃、威尔和周（2010）研究发现，俄罗斯引入存款保险后，其影响有限，没有改变资本对流动性创造的整体效应。

与此问题相关的是存款保险能够减少存款人的恐慌，这也直接影响到银行的稳定性和创造流动性的能力，因为提取存款直接降低了流

第15章 有待解决的理论和政策问题

动性创造。兰克斯杜廷、克拉辛斯卡和拉姆塞特（2011）就这一主题对立陶宛进行了调查，但是调查仍需要来自其他国家的数据，以便提供完整的景象。

从推测来看，货币政策对银行流动性创造的影响，银行流动性创造对金融危机发生可能性的影响以及本书所研究的其他关系可能会受到不同的存款保险制度的影响。我们需要使用来自多个国家的数据，以便获取有关这些主题的更多证据。

15.7 公司治理对流动性创造的影响

有关银行的公司治理问题，以及由银行经营权和高管薪酬规制所导致的银行业与其他行业的差异等问题，已有大量的研究文献（Adams，2010；Laeven，2013；Hagendorff，2015）。[4] 这些文献主要关注风险承担和不良公司治理是否是美国次贷危机以及在危机中银行倒闭的主要原因（Kirkpatrick，2009；Laeven and Levine，2009；Gropp and Kohler，2010；Beltratti and Stulz，2012；Erkens，Hung，and Matos，2012；以及 Berger，Imbierowicz，and Rauch，即将出版）。鉴于流动性创造和金融危机之间的关系（第9章所讨论的），把这项研究扩展至公司股东、董事会和管理层的治理架构对于流动性创造的影响将是有益的。

15.7.1 所有权对流动性创造的影响

考虑不同类型的公司所有权对于流动性创造的影响是非常重要的。银行可能会分散或集中股权，存在一个或多个大股东。现在的文献研究了不同的所有权类型对于银行风险承担的影响，发现当存在机构所有者（Beltratti and Stulz，2012；Erkens，Hung，and Matos，

2012）、大股东（Laeven and Levine，2009）以及所有权比较集中（Gropp and Kohler，2010）时，银行就会出现较高风险承担行为。这种较高风险承担可能涉及更多的流动性创造，因为较多的流动性创造通常会增加流动性风险（银行不能满足其短期融资需求的风险），也可能是信用风险（借款人无力偿还所欠债务的风险）。

世界各国银行的流动性创造因国有银行、外资银行和私人内资银行的不同而有所差异。现有研究发现，这些不同类型银行在效率（例如 Berger，DeYoung，Geney，and Udell，2000 等）和贷款（例如 Sapienza，2004 等）等方面存在差异，因此，它们在流动性创造方面也存在差异。不过，这种说法的证据还不够充足。方格考娃和威尔（2012）研究了俄罗斯银行所有权对于流动性创造的影响，发现国有银行单位资产创造的流动性最多，国内银行和外资银行的排名取决于流动性创造指标的选取。雷和宋（2013）研究了在中国资本对于流动性创造的影响。他们发现，对于内资银行和国有银行来说，资本与流动性创造明显负相关，但是，对于外资银行来说，这种相关性并不明显。

到目前为止，一些文献研究了将银行的国有制转变为私有制的国有银行私有化的影响（例如 Berger，Clarke，Cull，Klapper，and Udell，2005 等），但是，还没有关于国有银行私有化对银行流动性创造相关影响的研究文献。

银行可能还有经营模式的不同，一项研究揭示了其对流动性创造的影响。穆罕默德和阿苏德（2015）比较了伊斯兰银行、传统银行和海湾合作国家的混合银行对于流动性创造的影响。他们发现，与其他两种形式的银行相比，伊斯兰银行创造了更多的流动性。

15.7.2 高管薪酬对流动性创造的影响

高管薪酬传统上在银行业文献中受到的关注较少,只有几项关于高管薪酬对于银行风险及绩效的影响的一般性研究(例如 Crawford, Ezzell, and Miles, 1995 等)。在 2007 年第 3 季度至 2009 年第 4 季度的美国次贷危机过程中和危机后,高管薪酬受到了极大关注。一些研究明确指出,不合理的激励是导致危机的潜在原因(例如 Fahlenbrach and Stulz, 2011 等)。

流动性创造的增长会让银行承担更多风险,不仅增加了银行的流动性风险,还增加了银行的信用风险。虽然到目前为止还没有更多的研究成果问世,但是,银行高管薪酬和银行流动性创造之间确实存在直接联系。

15.7.3 董事会和公司治理对流动性创造的影响

也有一些关于董事会和公司治理对于银行风险承担的影响的研究(例如 Laeven and Levine, 2009 等)。这些研究包括董事会以股东为导向的影响,CEO 是否也是董事会主席,董事会规模,外部董事与内部董事(那些不在管理层的人)的比例。迪亚兹和黄(Diaz and Huang, 2013)构建了一个股东保护措施(包括董事会特征、规章制度等),并研究了美国银行控股公司如何承担风险以及股东保护代理如何影响流动性创造。他们发现,良好的公司治理可以创造更多的流动性。

在这一重要的研究领域似乎有必要开展更多的工作,一般公开问题包括以下内容:公司治理的影响在正常时期和危机时期是否相同?公司治理对于流动性创造的影响会超过其他因素吗?这些结果在世界范围内具有普遍性吗?这是真正的因果关系还是仅仅是有趣的相关性？

15.8 流动性创造与风险

如上所述，如果高流动性创造是由过多商业贷款和贷款承诺所造成的，则标准化流动性创造与流动性风险呈正相关，也与信贷风险呈正相关。截至目前，关于这一主题的研究还很少。一个例外是艾比罗维奇和劳赫（2014）的研究，他们调查了流动性风险（被测度为由资产进行标准化处理的"产品宽口径"度量方法流动性创造）和信用风险之间的关系（贷款坏账损失减去由滞后贷款损失准备标准化处理的回收收益），以及它们对银行违约概率的联合影响。在某种程度上，第10章中关于银行资本对流动性创造影响的文献也涉及这个问题。伯杰和鲍曼（2009）将三种风险度量作为控制变量，但不关注变量本身，并且不处理变量之间的内生性。

一个有希望的未来研究方向是分析标准化流动性创造和不同类型风险之间的关系。这也有助于为15.10部分中所讨论的标准化流动性创造的最佳规模的政策问题提供信息。

15.9 流动性创造对实体经济的影响

早在流动性创造理论产生之前，流动性创造对经济增长至关重要的说法就已出现。只是到目前为止还没有实证证据。伯杰和赛度诺夫（Berger and Sedunov，2015）发现，美国各州"产品宽口径"度量方法流动性创造人均金额的增加与这些州人均国内生产总值的增加显著相关，并且它在判断哪些要素项能够更好地预测人均国内生产总值的"竞赛"中击败了传统的产量指标（人均总资产和毛总资产）。目前仍需要更多的研究来确认和扩展流动性创造与真实经济活动之间的联系。

15.10 银行流动性创造是否存在最优规模?

最重要的开放问题之一是银行业是否存在最佳的流动性创造规模。正如第1章和15.9部分所讨论的，流动性创造被认为能够支持经济增长。13.1部分的研究表明，创造更多流动性的银行价值更高。不过，第9章的分析表明，从社会观点来看，过多的流动性创造可能是一件坏事，它增大了金融危机的风险。为此，研究银行业流动性创造是否存在最佳规模对于补充已有成果是有用的。

同时，还有单个银行创造流动性的最佳规模问题。一些人认为，应当防止银行规模过大，规模过大的银行机构金融危机的风险可能会增大（Johnson and Kwak, 2010）。[5] 关于银行业是否有最佳规模的问题在关于银行规模经济的文献中已经讨论过了。文献通常指定银行的多个不同产出（例如，不同类别的资产），进而研究成本如何随着这些产出按比例或以其他组合形式增加而变化。早期使用这种方法的文献表明，银行规模经济的规模相对较小（Berger, Hanweck, and Humphrey, 1987）。但是，最近的研究表明，规模经济超过美国最大银行机构的当前规模，主要有两个原因：一是技术进步和放松管制可能增大实际的规模经济；二是较大的银行可以较好地分散风险，最近的研究也考虑到了这一点（Berger and Mester, 1997；以及 Hughes and Mester, 2013）。一个潜在的富有成效的研究领域可能是：在将银行流动性创造总量或其单个资产端、负债端和表外组成部分视为银行产出时，研究其规模经济。

此外，可能存在标准化流动性创造（即流动性创造除以资产）的最佳规模。正如13.1部分所述，较高的标准化流动性创造与较高的银行价值有关。然而，标准化流动性创造是银行流动性的逆指标（见第6章），这表明，过度的标准化流动性创造可能与流动性风险的程度相关。因此，流动性创造的最佳规模可以通过平衡这些成本和收益的资产进行标准化，这些问题可以在未来继续研究。

15.11 流动性创造的动态分析

关于流动性创造，现有研究的另一个显著遗漏是对其动态过程的研究。有人强调，流动性是在资产负债表的资产端和负债端以及表外创造的，但是，对于这些局部元素发生变化进而影响其他一个或多个局部元素的动态过程的研究尚属罕见。

例如，如果交易存款增加1美元，对银行整体流动性创造的影响取决于用这1美元做了什么。根据第4章中的"产品宽口径"度量方法，如果投资于新的商业贷款，它将创造最多1美元的流动性，因为商业贷款增加了流动性创造。如果用于退出次级债或股本，它也将具有1美元全部的效应，这些项目会降低流动性创造，因此减少了流动性创造的增长量。然而，如果将1美元的新交易存款投资于国库证券，这1美元对于流动性没有影响，而是将以相同的金额减少流动性创造。

如果涉及表外业务，情况就更加复杂了。例如，如果1美元未兑现的贷款承诺被取消并变成1美元的商业贷款，则必须从其他资产或负债中提取资金，这对银行的总流动性创造有非常不同的影响。根据"产品宽口径"度量方法，相同数额的商业贷款与未使用贷款承诺的交换对银行整体流动性创造具有中性影响，但资金必须有另一个来源。如果银行卖出 1 美元的证券,通过向公众释放这些流动资产,银行总流动性创造将增加 0.5 美元。此外,如果增加 1 美元交易存款,银行流动性创造也将增加 0.5 美元。然而,如果银行不把最终付款的 1 美元更新或更换为现有贷款,这些资金直接用于新的承诺贷款(银行只持有短暂的额外现金),则银行流动性创造总额将下降 0.5 美元。同样,当银行发行 1 美元的股本资助贷款时也是如此。美国次贷危机(2007 年第 3 季度到 2009 年第 4 季度)看起来很可能是这些效果的组合,当时许多企业违约。

关于实际变化的新研究可能是非常有启发性的,可能有助于理解流动性创造的动态过程。

15.12 不同金融和法律体系下的银行流动性创造

纵观全球,世界各地的金融体系存在较大不同。多数国家的金融体系是银行主导型,更多地依靠银行融资,例如日本、德国和一些发展中国家。另一些国家是市场主导型,更多地由股票市场和债券市场来主导资金来源,例如美国和英国。有一些关于银行主导型和市场主导型金融体系对于企业外部融资影响的研究,但并没有形成定论(例如 Demirguc-Kunt and Maksimovic,2002)。这两种类型的金融体系之间的银行流动性创造也有所不同。也可以预期,银行流动性创造对于银行主导型金融体系更为重要。这些问题也是未来非常有意义的研究方向。

此外,德米古克-昆特和马克西莫维克(1998)以及拉·庞纳、洛佩兹·德·塞林斯、施莱弗和维什尼(La Porta, Lopez-de-Silanes, Shleifer, and Vishny, 1998)的研究表明,保护债权人的不同法律体系对于金融体系和经济体系会有一定影响。据推测，不同法律体系下银行流动性创造所记录的效应机制可能是有差异的，但目前还没有关于这种机制的相关信息。这可能是未来能取得较大成果的研究方向。

15.13　其他金融机构与银行流动性创造的相互影响

流动性不仅可以由商业银行创造，也可以由其他金融机构和金融市场创造。正如第2章所讨论的，储蓄机构、信用社、影子银行（比如投资银行、对冲基金、私募股权基金和从事类似银行活动的其他金融公司）、股票、债券和其他资本市场创造大量的流动性，而保险公司可能会消耗大量的流动性（虽然他们确实为保单持有人提供了有价值的降低风险的服务）。

用于度量银行流动性创造的工具也适用于度量其他金融机构和金融市场创造或消耗的流动性。然而，很少有人做过这个方向的研究，除了帕纳和慕克吉（Pana and Mukherjee, 2012）分析比较了信用社的流动性创造，以及崔、朴和何（Choi, Park, and Ho, 2013）分析比较了保险公司消耗的流动性。以后可能会有更多的相关研究。

研究银行流动性创造与其他金融机构和市场的流动性创造如何相互作用也是非常有意义的，这和政策制定息息相关。正如第9章所讨论的，过高的银行流动性创造增大了金融危机的可能性，比如发生在2007年第3季度到2009年第4季度的美国次贷危机。虽然这种机制很难确定，但可能的情况是：过度的银行流动性创造导致金融体系中其他地方的泡沫破裂，进而导致金融危机（Rajan, 1994等）。下一步，研究人员可以通过分析股票、债券和其他金融市场工具的高流动性创造是否紧随银行的高流动性创造而出现来检验这种机制。

最后,流动性创造方法也可以应用于非金融公司。这是由戈朴兰、卡丹和佩孚斯那(Gopalan, Kadan, and Pevzner, 2012)提出的,他们构建了企业资产流动性的四种替代度量方法以分析美国企业资产流动性和它们的股票流动性的关系。查龙沃·庄和杨(Charoenwong, Chong, and Yang, 2014)在国际销售中探讨了同样的主题,涉及47个国家。研究银行流动性创造与企业资产流动性之间的关系是非常有意义的。

15.14 本章小结

本章简要回顾了本书前几章所讨论的问题,并对经济学如何解决有关银行流动性创造与金融危机的一些悬而未决的问题寄以期望。现有的研究主要集中在美国和其他发达国家,未来的研究应该扩展到更多的国家。当前需要解决的问题包括流动性创造如何受银行并购、银行竞争或市场支配力、放松银行管制、不同类型的存款保险制度和公司治理差异的影响。研究银行业和个别银行是否有最佳的流动性创造规模(按美元计算或由资产进行标准化处理),在不同的金融体系和法律体系中银行流动性创造及其影响有何不同,以及银行的流动性创造与金融体系其他部门的流动性创造如何相互作用,也是非常有意思的。关键一点是,使用流动性创造的数据和方法还有许多问题需要解决。

第 16 章 银行数据的网址链接

为了便于银行绩效对标,以及指导银行业的研究与政策工作,了解有哪些银行数据可用、去哪里可以找到这些数据以及获得相关的一些信息就尤为重要。本章包含了服务于上述这些意图的信息,还描述并提供了包含商业银行与银行控股公司数据、文档以及其他形式的相关数据及信息的链接。本章的中心内容是美国数据的来源。

16.1 流动性创造的数据

本书网站所列的 1984 年第 1 季度至 2014 年第 4 季度美国商业银行季度流动性数据(后续定期更新)可供下载使用:http://booksite.elsevier.com/9780128002339。

数据包括:

1. 本书所包含的关键流动性创造度量方法:首选的"产品宽口径"度量方法、"产品窄口径"度量方法、"期限宽口径"度量方法、"期限窄口径"度量方法、经损款概率修正的"产品宽口径"度量方法和经证券化率修正的"产品宽口径"度量方法;

2. 首选的"产品宽口径"度量方法的组成部分：表内流动性创造、资产端流动性创造、负债端流动性创造、表外流动性创造；

3. 每家银行的识别码、名称与银行产出的替代度量方法（资产和贷款）。

16.2　商业银行监管报表的数据

每家美国商业银行的季度监管报表数据（包括资产负债表、表外业务、利润表）可以批量下载或从不同的数据源下载给各个机构。

1. 芝加哥联邦储备银行（The Federal Reserve Bank of Chicago）提供了1976年第1季度至2010年第4季度所有季度银行监管报表项目的批量下载的 SAS 文件（每一季度数据对应一个 SAS 文件），其链接如下：https://www.chicagofed.org/banking/financial-institution-reports/commercial-bank-data。

2. 联邦金融机构审查委员会（The Federal Financial Institutions Examination Council，FFIEC）提供了2001年第1季度至现在所有银行季度监管报表批量数据的压缩包 zip 文件（每一季度数据对应一个 zip 文件）。每一个 zip 文件包括大量的文本文件，对应于报告中的不同编制目录，必须通过银行识别码合并（RSSD9001），其下载链接如下：https://cdr.ffiec.gov/public/PWS/DownloadBulkData.aspx。

3. 联邦金融机构审查委员会也允许浏览者从以下链接下载个别机构的季度监管报表：https://cdr.ffiec.gov/public/ManageFacsimiles.aspx。

例如：为了获得第3章作为例子出现的摩根大通银行与埃尔多拉多斯普林斯社区银行2014年第4季度的监管报表

a. 选择报告"Call \TFR";

b. 指定报告日期"菜单日期":"12/31/2014";

c. 然后输入机构名称"摩根大通银行"或者"埃尔多拉多斯普林斯社区银行";

d. 点击搜索,完整的监管报表的PDF格式的文件就能下载下来。

4. 沃顿商学院研究数据服务(WRDS): http://wrds.wharton.upenn.edu/。

订阅沃顿商学院研究数据服务要求订购者访问其网站。在登录WRDS网站之后,转到"银行监管"("Bank Regulatory")栏目。可以看见所有机构或个体机构从1976年第1季度至今的季度财务报表数据均可供下载(数据存在约1年的滞后)。数据可以以不同的方式获得:

a. 根据编制目录:资产负债表数据、利润表、表外业务、风险资本;

b. 根据数据序列:国内外综合数据(RCFD序列)、国外数据(RCFN序列)、国内数据(RCON数据)、收入数据报告(RIAD序列)。

16.3 商业银行监管报表的格式

联邦金融机构审查委员会网站包含很多由银行填写了的报表。随着时间推移,商业银行必须填写不同的监管报表,具体取决于其规模与地理位置。以下是包含最新和历史版本监管报表及说明的网页链接,其中包含每个监管报表条目中包含的详细信息。

1. FEIEC031:由银行国内外办事处填写的从1996年第4季度开始的版本:https://www.ffiec.gov/forms031.htm。

第 16 章 银行数据的网址链接

2. FEIEC041：仅由国内办事处填写的 2001 年第 1 季度开始的版本：https://www.ffiec.gov/forms041.htm。

3. FEIEC032：仅由总资产在 3 亿美元及以上的银行国内办事处填写的 1996 年第 4 季度至 2000 年第 4 季度的版本：https://www.ffiec.gov/forms032.htm。

4. FEIEC033：仅由总资产在 1 亿—3 亿美元的银行国内办事处填写的 1996 年第 4 季度至 2000 年第 4 季度的版本：https://www.ffiec.gov/forms033.htm。

5. FFIEC 034：仅由总资产小于 1 亿美元的银行国内办事处填写的 1996 年第 4 季度至 2000 年第 4 季度的版本：https://www.ffiec.gov/forms034.htm。

6. 克里斯塔·鲍曼的网站，包括 1978—1995 年由银行填写的历史监管报表。

16.4 银行控股公司数据

1986 年第 3 季度起的银行控股公司季度财务报表（包括资产负债表、表外业务以及利润表）可以获得并从不同的数据来源下载。

1. 芝加哥联邦储备银行拥有银行控股公司从 1986 年第 3 季度到现在的财务报表数据，包括所有银行结构与地理信息。可供下载的数据集包括三种类型银行控股公司（下文介绍）的组合数据。这意味着诸如"总资产"这样的变量会在数据集中出现多次，但是就如后面指出的一样，它们都有不同的前缀来标识报告总资产的控股公司的类型。FR Y-9C 数据大多用于研究目的，数据链接如下：https://www.chicagofed.org/banking/financial-institution-reports/bhc-data。

a. FR Y-9C：由所有大型以及部分小型国内银行控股公司填写的合并财务报表。

——所有 Y-9C 变量都可按季度获得并拥有前缀 BHCK。

——归档 FR Y-9C 的资产规模门槛已经随着时间不断上升：从 1.5 亿美元上升至 2006 年第 1 季度的 5 亿美元，并进一步上升至 2015 年第 2 季度的 10 亿美元。那些规模较小但是满足特定标准的银行控股公司也可能被要求归档 FR Y-9C。[1]

b. FR Y-9LP：由所有大型和部分小型国内银行控股填写的母公司财务报表。

——所有 LP 变量均可按季度获得并拥有前缀 BHCP。

——"大型"所对应的资产规模门槛已开始随着时间不断上升：从 1.5 亿美元上升至 2006 年第 1 季度的 5 亿美元，并进一步上升至 2015 年第 2 季度的 10 亿美元。正如前文注释讨论过的，那些规模较小但是满足特定标准的银行控股公司也可能被要求归档 FR Y-9CP。

c.FR Y-9SP：由大部分小型国内银行控股公司填写的母公司财务报表。

——所有的 SP 变量均每半年获得一次并拥有前缀 BHSP。

——"小型"所对应的资产规模上限已经开始随着时间逐渐上升：从 1.5 亿美元上升至 2006 年第 2 季度的 5 亿美元，2015 年第 2 季度又进一步上升至 10 亿美元。正如前文注释所讨论的，那些规模较小但是满足特定标准的银行控股公司也可能被要求归档 FR Y-9LP。

2. 沃顿商学院研究数据服务也有银行控股公司的财务报表数据可供使用，其期限从 1986 年第 3 季度覆盖至今（大约有一年的滞后期）。其链接如下：http://wrds.wharton.upenn.edu/。

第 16 章　银行数据的网址链接

访问该网站需要向 WRDS 提交订阅申请。在登录 WRDS 网站之后，转向银行监管，并选择银行控股公司。银行控股公司的三套数据（Y-9C、Y-9LP 和 Y-9SP）可以分开下载。

16.5　银行控股公司报告表格

美国金融稳定委员会网站也拥有银行控股公司填写的报表。下文所列链接指向包含报表与说明的最新以及历史版本的页面，它们拥有随着时间推移每个报表条目包含的细节信息。

1. FR Y-9C：由所有大型以及部分小型国内银行控股公司填写的合并财务报表（报表准则已经在 16.4 节给出）：http://www.federalreserve.gov/apps/reportforms/reportdetail.aspx？sOoYJ+5BzDal8cbqnRxZRg==。

a. 从 1996 年第 2 季度起的报表以及说明可以下载。

2. FR Y-9LP：由所有大型和部分小型国内金融控股公司填写的母公司财务报表（报表要求已经在 16.4 节中给出）：http://www.federalreserve.gov/apps/reportforms/reportdetail.aspx？sOoYJ+5BzDYeK/+NsOyV7PkVi3bV1QrX。

a. 从 1996 年第 2 季度起的报表以及说明可以下载。

3. FR Y-9SP：由大部分小型国内银行控股公司填写财务报表（报表要求已经在 16.4 部分中给出）：http://www.federalreserve.gov/apps/reportforms/reportdetail.aspx？sOoYJ+5BzDZA8/Yg6ycgR4lNYKgjqJz+。

a. 从 1995 年第 2 季度起的报表以及从 1996 年第 2 季度起的说明可以下载。

16.6 微观数据参考手册

微观数据参考手册（Micro Data Reference Manual，MDRM）包含一个数据字典，该字典简略地解释了每一份监管报表与银行控股公司报表变量以及从银行搜集的其他微观数据并说明了每个变量被收集了多长时间：http://www.federalreserve.gov/reportforms/mdrm/。

16.7 结构数据和地理数据

银行和银行控股公司可以使用有用的结构和地理数据（包括有关所有权结构、地点、监管者、银行控股公司的状态、最大股东的信息）。所有变量的概览可以在芝加哥联邦储备银行的网站找到：https://www.chicagofed.org/banking/financial-institution-reports/structure-and-geographical-variables。

1. 从 1976 年第 1 季度起的银行级别、银行结构以及地理数据可以使用并且可以从两种来源获得：

a. 芝加哥联邦储备银行：从 1976 年第 1 季度至 2010 年第 4 季度，这期间的数据便利地包括了所有银行的所有监管报表项目的季度批量下载（见 16.2 部分第 1 条目）。https://www.chicagofed.org/banking/financial-institution-reports/commercial-bank-data。

从 2011 年第 1 季度起，该网站分别提供数据（这些数据必须与由 FFIEC 提供的监管报表批量数据合并，见 16.2 部分第 2 条目）。https://www.chicagofed.org/banking/financial-institution-reports/commercial-bank-structure-data。

b. 沃顿商学院研究数据服务：http://wrds.wharton.upenn.edu/。

第16章 银行数据的网址链接

访问沃顿商学院研究数据服务的网站需要提交订阅申请。登录成功后,转向银行监管。结构与地理数据位于"其他数据"下方。从1976年第1季度至今的数据是可用的(大约有一年的滞后期)。

2. 1986年第3季度起的银行控股公司结构数据与地理数据也可以从两个来源获得:

a. 芝加哥联邦储备银行便利地将这些数据包含在1986年第3季度至今银行控股公司所有财务报表项目的季度批量下载中(见第16.4部分第1条目)。https://www.chicagofed.org/banking/financial-institution-reports/bhc-data。

b. 沃顿商学院研究数据服务:http://wrds.wharton.upenn.edu/。

访问沃顿商学院研究数据服务的网站需要提交订阅申请。登录成功后,转向银行监管页面。结构与地理数据出现在接近页面底部的区域。从1976年第1季度至今的数据是可用的(大约有一年的滞后期)。

16.8 联邦存款保险公司的存款概览数据

存款总额与分公司的数据(包括分公司地址)每年6月30日可供使用。

1. 联邦存款保险公司的存款概览(SoD)网站包含了1994年至今的数据:http://www2.fdic.gov/SOD/dynaDownload.asp?barItem=6。

2. 克里斯塔·鲍曼的网站包含了从1981年至1993年的更早的存款数据:http://people.tamu.edu/~cbouwman/。

16.9 银行和银行控股公司历史（包括兼并和收购数据）

有关银行或银行控股公司历史的信息（包括这一机构是否被收购）可通过以下途径获得：

1. 国家信息中心（The National Information Center，NIC）的"机构搜索"页面：http://www.fiiec.gov/nicpubweb/nicweb/SearchForm.aspx。为了发现银行或银行控股公司当前处于经营还是关闭状态，需将状态改变至"当前与非当前"，并输入全部（或部分）的机构名称，有可能需要地址信息（城市与州）。对于每家名称对应处于关闭状态的银行，页面将会显示其"截止日期"，即信息仍然可用的最后日期。通过点击想要搜索的银行，即可获得最后有效的信息。通过点击"机构历史"，即可获得仍然处于经营状态的银行或银行控股公司以及破产并可能已经被收购的机构的全部历史信息。

2. 联邦存款保险公司网站的"发现银行"页面：https://www5.fdic.gov/idasp/main.asp。

为了发现银行当前处于经营还是关闭状态，须改变机构状态至"所有"并输入全部（或部分）机构名称，并且有可能需要地址信息（城市与州）。对于每家名称对应处于关闭状态的银行，页面将会显示其停止经营日期。如果想要搜索的银行处于停止经营状态，通过点击其名称，即可获得其最后可获得的财务信息以及停业历史（例如在无援助的情况下并入 X 银行）。

芝加哥联邦储备银行网站包含了 1976 年以来所有银行和银行控股公司的并购数据：https://www.chicagofed.org/banking/financial-institution-reports/merger-data。

第16章 银行数据的网址链接

16.10 银行倒闭数据

作为破产银行的接收者,联邦存款保险公司编制了2000年第4季度以来倒闭的银行列表:http://www.fdic.gov/bank/individual/failed/banklist.html。

联邦存款保险公司也提供银行倒闭与援助交易的细节数据,包括从1934年至今估计的损失:https://www2.fdic.gov/hsob/SelectRpt.asp?EntryTyp=30&Header=1。

选择"倒闭和援助交易"。

当存款保险基金(Deposit Insurance Fund,DIF)遭受重大损失(当联邦存款保险公司被任命为接收者时,超过5000万美元[2]或机构总资产2%的损失)时,重大损失评价报告解释了为什么会造成损失并提供了未来如何避免这种损失的建议。当损失不大但涉及异常环境时,就需要深入的评价。2009年之后的评价报告可以从以下链接获得:http://www.fdicoig.gov/MLR.shtml。

16.11 美联储的高级信贷员调查

美国联邦储备委员会通常每季度对最多80家大型国内银行以及24家国外银行在美国的分行或代表处进行调查,问题集中于信贷标准和贷款条款的改变。1997年第1季度至今的高级信贷员调查(Senior Loan Offcer Survey,SLOS)数据可以从以下链接获得:http://www.federalreserve.gov/boarddocs/snloansurvey/。

16.12　银行业综合数据

联邦存款保险公司每季度对整个银行部门（所有被联邦存款保险公司覆盖的机构）的最新财务结果进行总结，并且在 2007 年第 1 季度之后，分别从资产规模和地理区域两个维度分开报告：https://www.fdic.gov/bank/analytical/quarterly/。

该网站也包含已停止营业的出版物（《联邦存款保险公司展望》、《联邦存款保险公司银行业评论》）的链接，这些出版物包含了 20 世纪 90 年代中期至 2006 年第 4 季度的类似数据。

16.13　圣路易斯联邦储备银行数据库

联邦储备银行圣路易斯分行维护联邦储备经济数据库（Federal Reserve Economic Data，FRED），这一数据库包含了宏观经济与银行业的汇总数据：https://research.stlouisfed.org/fred2/。

16.14　证券价格研究中心关于上市银行和上市银行控股公司的数据

联邦储备银行纽约分行生成 Excel 文件，这一文件包含了受监管的机构代码（监管报表中的 RSSD9001）以及 1990 年 1 月 1 日所列出的银行与银行控股公司的机构代码 PERMCO〔包含在证券价格研究中心（CRSP）数据库中〕，该 Excel 文件可以用以获得这些机构的 CRSP 数据（股票收益、股票价格以及已发行股票数量）。CRSP 可以通过在沃顿商学院研究数据服务网站提交订购申请而获得（见 16.2 部分第 4 条目）：http://www.newyorkfed.org/research/banking_

research/datasets.html。

16.15 美国证券交易委员会的电子数据收集、分析和检索系统

每一家上市的金融与非金融机构均被要求向证券交易委员会披露自身信息。这些机构必须通过证券交易委员会的电子数据采集、分析以及检索系统（Electronic Data Gathering, Analysis, and Retrieval, EDGAR）提交注册申明、定期报告（例如年度报告10-K、季度报告10-Q）以及其他电子形式的文档。这些信息可以通过如下链接获得：http://www.sec.gov/edgar.shtml。

要想找到在本书第3章被使用过的埃克森美孚公司的10-K报表数据：

1. 点击"搜索公司文件"；

2. 点击"公司或基金名称，股票代码……"；

3. 进入公司名称搜索框，输入"埃克森美孚石油公司"或"埃克森美孚"。或者，在快速搜索框输入公司股票代号"XOM"。点击"搜索"，就会出现包含这家公司所有文件的列表。

a. 在公司名称搜索框输入"埃克森"会生成一个包含多个公司名称的短列表。第二个条目就是想要搜索的公司：埃克森美孚石油公司。

4. 本例使用2014年的10-K。为了快速查找这一文件，在文件输入框中输入"10-K"就会出现包含按公司归档的10-K的列表。由于埃克森美孚石油公司的财务年度在12月31日结束，2014年的10-K归档日期将会在2015年年初开始。想要获得的10-K的归档日期为

2015 年 1 月 25 日，点击该条目的"文件"选项。

5. 出现与 10-K 相关的文件的列表。第一个条目指明"10-K 格式"：点击条目旁边那列的红色链接。通常这就是想要的文件。然而，如果它不包含完整的 10-K，请检查其他链接。

16.16　美联储的货币政策工具

美联储网站讨论了现行以及过往的货币政策工具：http://www.federalreserve.gov/monetarypolicy/policytools.htm。

1. 美联储当前的工具。贴现率是美联储现行的货币政策工具，是从包括商业银行在内的存款机构通过美联储贴现窗口收取的资金利息。从历史上看，只有美联储大区层面的季度汇总数据可用。按照《信息自由法案》（Freedom of Information Act）的要求，美联储在 2007 年 8 月 20 日至 2010 年 3 月 1 日发布机构层面的每日贴现窗口使用状况。这些数据大多是 PDF 格式并可在以下链接中获得：https://publicintelligence.net/federal-reserve-financial-crisis-discount-window-loan-data /。

2010 年 7 月 21 日，《多德－弗兰克法案》颁布之后，美联储按季度发布了每日贴现窗口使用状况，但是会有两年的滞后期。这些数据为 Excel 格式并且可以在以下链接获得：http://www.federalreserve.gov/newsevents/reform_discount_window.htm。

当前美联储的货币政策工具也包括公开市场操作，即美联储银行纽约分行购买和出售有价证券及为了影响联邦基金利率（美国主要的银行间隔夜拆借利率）而参与的回购操作。公开市场操作数据从 2010 年 7 月 21 日《多德－弗兰克法案》颁布之后的交易开始，一

第 16 章 银行数据的网址链接

直到 2010 年 9 月 30 日。在之后的时间里，信息将每季度公布一次（大约比交易实施的时间滞后两年），并且可以在下面的链接中获得：http://www.newyorkfed.org/markets/OMO_transaction_data.html。

2.. 美联储以往的政策工具，包括从 2007 第 3 季度至 2009 第 4 季度次贷危机期间使用的工具，例如短期标售工具（Term Auction Facility，TAF）以及资产抵押证券贷款工具（TALF）。

下面是一个包含有关交易数据综述的有帮助的网站（数据为 Excel 格式）：http://www.federalreserve.gov/newsevents/reform_transaction.htm。

16.17 通过问题资产救助计划所提供的资金支持

美国财政部对选中的金融机构的优先股进行了数十亿美元的投资以增强这些机构在 2007 第 3 季度至 2009 第 4 季度次贷危机期间的资本充足率。财政部通过问题资产救助计划中的资本收购计划（Capital Purchase Program，CPP）实现这一操作。这些信息及数据在财政部网站上可以下载使用：http://www.treasury.gov/initiatives/financial-stability/Pages/default.aspx。

16.18 房屋抵押信息披露法数据库

1975 年颁布的《房屋抵押信息披露法》（Home Mortgage Disclosure Act, HMDA）要求位于都市区的大部分抵押贷款人收集与其房屋有关的贷款活动数据，并公布这些数据。

1.《房屋抵押信息披露法》数据库网站包括了最新数据：2007 年以后的贷款水平，以及从 1999 年起根据机构、地域（都市区）和全国范围汇总的综合数据。见 http://www.ffiec.gov/hmda/hmdaproduct.

htm。

2. 国家档案馆在线公共访问（National Archives Online Public Access）网站拥有更早的数据：从 1981 年至 2009 年的贷款层面数据以及从 1990 年至 2009 年的汇总数据。见 http://research.archives.gov/search?expression=2456161 &pg src=group&data-source=all。

HMDA 数据包括贷款人、申请人、贷款及地址的信息。研究中经常使用的主要统计数据包括：银行标识码（标识可以用于使 HMDA 数据与其他数据库匹配），申请人收入、性别、种族和贷款数量，贷款批准与不批准的决议以及地理位置（以使数据与其他经济条件相匹配）。

16.19　银团贷款数据库

汤森路透贷款定价公司（Loan Pricing Corporation）的 DealScan 数据库包括银行与非银行贷款人的贷款详细条款和条件，这些贷款人主要给美国和世界上其他地区的中型和大型私人与公共公司提供贷款。这些数据来自于美国证监会文件并且可由贷款人与借款人直接查询。这些数据从 1988 年开始，但是在最初几年里其覆盖相对稀少。关键数据项包括贷款人名称与角色、借款人姓名、贷款类型、贷款目的、贷款数量、费用、利率、抵押要求与条款。这些数据可通过沃顿商学院研究数据服务获得：http://wrds.wharton.upenn.edu/。

要访问沃顿商学院研究数据服务网站需要提交申请。在登录网站之后，转向汤森路透。上述数据可以在沃顿商学院研究数据服务 - 路透 DealScan 页面找到。并且这些数据分为五个部分：公司、贷款便利、贷款包、当前贷款价格和贷款人。它提供了 Compustat 数据库的链接表,该表可用于使 DealScan 数据与 Compustat 数据库相匹配。

16.20 美联储的小企业金融调查数据库

小企业金融调查部(The Survey of Small Business Finances)调查了美国小企业(少于 500 名全职员工)的数据。这些数据包括公司及其所有者的特点、每家公司对金融服务的使用状况、每家公司的金融服务供应商以及财务报表信息。1987 年、1993 年、1998 年与 2003 年均展开了调查。调查问卷、调查数据、研究方法以及更多的数据可在下面的链接中获得:http://www.federalreserve.gov/pubs/oss/oss3/nssbftoc.htm。

16.21 考夫曼企业调查数据库

考夫曼基金会实施考夫曼企业调查,这一纵向调查针对 2004 年开始运营的共 4928 家美国新兴企业的信息实施,并且每年更新,直到 2011 年。

考夫曼企业调查的内容包括每家企业的资金来源与数量、信用历史、地理位置、所属行业以及企业所有者的经历、教育背景、性别、种族与年龄的细节数据。见 http://www.kauffman.org/what-we-do/research/kauffman-firm-survey-series。

16.22 美联储的消费者财务状况调查数据库

消费者财务状况调查(Survey of Consumer Finances,SCF),自 1983 年起通常每三年开展一次,内容涵盖了个人信息、他们的业务信息以及他们的财务信息三个方面。数据包括家庭资产负债表、养老金、收入及人口特征等方面的信息：http://www.federalreserve.gov/econresdata/scf/scfindex.htm。

16.23 小结

本章介绍了一些包含可下载的数据、文件和关键信息的重要网站，对那些有兴趣运用美国数据来研究银行流动性创造、金融危机和许多其他银行相关主题的研究者都会有所帮助。这些网站拥有美国商业银行的季度监管报表数据、监管报表的空白表格、各个银行已经填具的监管报表等。关键一点是，有许多易于访问的数据集可用于探索银行流动性创造、金融危机和其他与银行相关的研究课题。

注 释

第 1 章　引言

1. 在银行间拆借市场中,银行以银行间利率提供贷款,该利率称为美国联邦基金利率。这些贷款绝大多数是隔夜的。没有足够流动资产以满足流动性需求或需要准备金的银行从银行间市场借入资金来弥补短缺。拥有多余流动资产的银行在这个市场上贷出资金。

第 2 章　流动性创造理论

1. 亚当·斯密(Smith, 1776)强调了银行流动性创造的重要性并描述了它是如何帮助苏格兰商业发展的。
2. 金融中介的现代理论将风险转换视为银行的另一个主要作用。根据风险转换理论,银行通过发行无风险的存款为风险贷款融资,从而实现风险转换。风险转换的作用已得到很好的研究,并超出了本书的范围。重要的是,虽然风险转换可能与流动性创造一致(例如,当银行发行无风险的流动性存款以及有风险的非流动性贷款时),但这两个转换量不是完全契合的。当风险一定时,流动性创造量可能有巨大变化。这就是为什么需要重点研究银行的这两个角色并对其严格区分的原因。
3. 贷款承诺和交易型存款之间的一个重要区别是,如果借款人遭遇了"重大不利变化"(material adverse change),或者如果借款人在承诺合同中违反了其他一些契约,银行可以拒绝履行它在正式承诺中约定的义务。虽然"重大不利变化"条款有些模糊,但银行为了维护未来兑现承诺的信誉或避免诉讼仍可能向借款人兑现承诺——在这种情况下,银行实际上是可以对借款人拒绝放贷或收取较高费用的(Boot, Greenbaum, and Thakor, 1993)。如果在不利环境下,银行没有兑现它们的承诺或对信贷承诺实施配给，则贷款承诺会失去很多保险价值，那么企业就不会购买它们以寻求在公司处于特定情况下或在市场行情下获得保护（Avery and Berger, 1991）。
4. 证券化通常意味着很多类似的贷款捆绑在一起，证券收益来源于所依托贷款产生的现金流。抵押支持证券是基于捆绑式抵押贷款证券化的一个例子。

第 3 章　理解账务报表

1. 例如，在利率互换中，如果各方都在载明的 100 万美元的数量上交换固定利率和浮动利率之间的差额，则 100 万美元是这个衍生工具合约的名义价值。
2. 如果市场报价是可用的，其公允价值等于一定数量的交易单位乘以市场报价。如果市场报价不可用，则公允价值的估计是基于可获得的最好的信息。
3. 美国联邦行政法典第 122 部分第 43 节第 12 篇规定了对外贷款转账风险损失准备金的细节：https://www.fdic.gov/regulations/laws/rules/7500-1100.html。
4. 从 1984 年第 1 季度到 2014 年第 4 季度的季度观察来看，美国商业银行的对外贷款转账风险损失准备金，有超过 99.99% 的机构将其记录为零，而非零观察值的总计金额，只占到贷款总额的 3.3‰。
5. 备用信用证充当金融担保的角色。它要求银行在其客户（信用证中的买方）未能履行合同义务时，要承担向第三方受益人付款的责任。它通常被用作商业票据的担保，以保护商业票据持有人，来应对发行人的违约。

第 4 章　银行流动性创造的度量

1. 大型银团的工商业贷款是个例外，因为它们可以相对快速地销售。然而监管报表不对这些贷款的细节进行分解展开。
2. 需要注意的是，对所有者权益赋予负的权重，仅仅体现了资本对流动性创造的直接影响。对流动性的间接效应（正的或负的），取决于受影响的单个项目。例如，如果资本允许银行发放更多流动性差的贷款，这种正效应是通过赋予流动性差的贷款的正权重乘以贷款中增加的美元来标识的。它的全面影响，包括直接和间接的效应，将在第 10 章讨论，其中将研究银行资本对流动性创造的影响。
3. 正如第 3 章所讨论的，监管报表报告总公允价值，其中"公允价值"的定义为："在参与方自愿的当前交易中，资产（负债）可以被买入（承担）或出售（结算）的量，且该交易不能是在强迫交易或清盘拍卖的情况下进行的。"〔财务会计准则委员会（FASB）的 133 款、第 540 段〕公允价值如果存在，应等于市场报价；如果市场报

注 释

价不可用，则公允价值的估计应基于在这种情况下可获得的最佳信息。
4. 运用这些变化，"期限窄口径"度量方法公式变为［1/2× 非流动资产 –1/2× 流动资产 +1/2× 流动负债 –1/2× 非流动负债 –1/2× 所有者权益］/总资产=［1/2×（总资产 – 流动资产）–1/2 流动资产 +1/2× 流动负债 –1/2×（总资产 – 流动负债）］/ 总资产 =［流动负债 – 流动资产］/ 总资产，这正是"流动性转换缺口"的度量方法。
5. 原则上，这个概念可以扩展到测算储户提取资金的频率，但这样的信息一般是未知的。
6. 当有兴趣计算某个特定银行流动性创造的金额时，第二个批评是有效的，因为流动性创造的数量将只对于住宅房地产贷款的证券化比例为 22.1% 的那家银行来说是正确的。当目标是计算整个银行业的流动性创造时，该批评不再成立。

第 5 章　银行产出的度量

1. 历史上，研究者也使用其他方法度量银行产出。例如阿尔海德夫（Alhadeff, 1954）和霍维茨（Horvitz, 1963）使用收益性资产来度量银行产出。格林鲍姆（Greenbaum, 1967）建议使用贷款收入加上非借款营业收入。参见海斯特（Hester, 1967）对于这些银行产出的旧的量度方法做出的深入讨论研究。
2. 对于银行规模效应（银行在使产品经营组合成本最小化方面的表现）和 X 效应（在给定规模和产品结构的条件下，银行在使成本最小化或收益最大化方面的表现）的研究通常使用多产品矢量作为产出的度量方法。然而本书的焦点是寻求度量产出的单一方法。关于银行规模效应的问题，在 15.10 部分讨论银行最优规模时，做出了具体阐述。
3. 银行贷款渠道在 12.5 部分详细讨论。

第 6 章　银行流动性的度量

1. 它可以通过削减存放于美联储的现金或准备金余额、变卖债券或不再发放新贷款来削减资产。增加负债则可以通过发行联邦基金产品或其他可购买的基金产品，比如大额可转让定期存单。
2. 截至 2015 年 1 月，介于 0 美元和 1,450 万美元之间的交易存款的法定准备金率是 0；介于 1,450 万美元和 1.036 亿美元之间的准备金率是 3%；超过 1.036 亿美元的准备金率是 10%。对非交易存款，没有设置法定存款准备金率。关于准备金的历史，可以参考法恩曼（Feinman, 1993）和鲍曼（2015）。

3. 美国及国外的银行审查是使用"骆驼"（CAMELS）评级系统，这个系统在20世纪70年代发展成熟，用于评估银行的整体情况。首字母缩写代表了评估的要素：资本充足率（Capital adequacy）、资产质量（Asset quality）、管理水平（Management）、盈利状况（Earnings）、流动性（Liquidity）和市场风险的敏感度（尤其指利率风险）（Sensitivity to market risk（particularly interest rate risk））。评级从1（最好）到5（最差）。每个银行在六个方面都会得到单项评级，以及一个综合评级。
4. 有很多关于《巴塞尔协议Ⅲ》的研究都是使用非公开数据进行的。巴塞尔银行监管委员会（BIS 2010；2012a,b）和欧洲银行管理局（EBA 2012a,b）通过使用上述非公开的数据对《巴塞尔协议Ⅲ》的流动性比率进行五种定量影响研究或监管分析。
5. Bankscope数据库有超过3万家的全球银行、期限为16年的数据并且广泛覆盖了每个国家最大的几家银行，通常包括银行90%的资产。Bankscope数据库需要付费订阅。
6. 他们分享了如下数据：基于2013年1月（国际清算银行，2013）发布的国际清算银行修正的流动性覆盖比率标准计算的流动性覆盖比率及其基本假设；基于2014年1月发布的国际清算银行修正的净稳定资金比率标准计算的净稳定资金比率及其基本假设。
7. 流动性错配指数包含了四种表外或有负债：贷款承诺、信用额度、证券出借和衍生品的公允价值。
8. 资产估值折扣指资产的抵押品价值和销售价格之间的差额。
9. 隔夜指数互换（Overnight index swaps, OIS）是利率互换，是一种使投资者在一个固定的规定量下，将固定利率收益率交换为浮动利率收益率的金融工具。对于以美元为基础的互换来说，浮动利率是每日有效联邦基金利率。美国国库券－隔夜指数互换价差（OIS Spread）有时作为一种金融中介机构筹资条件的度量方式。在一般情形下，它应该是很小的，但在金融危机时期会变大。

第7章 金融危机的界定

1. 当存款人担心他们的存款银行破产时，他们就可能撤走资金。当存款人都想撤走资金时，银行挤兑就会发生。这种情况下，尽管存款者的恐惧也许没有道理，银行也可能被迫以低价进行资产清算或者放弃有利可图的投资机会，甚至可能破产倒闭。为了阻止这样的事情发生，银行可能宣布紧急休假，也就是说关闭银行直至它们被确定为具备偿付能力。美国大萧条时期，为防止银行倒闭，富兰克林·罗斯福总统就职后不久便宣布了第一个银行假期。

注 释

2. 本书将在 7.5 部分详细讨论从 1990 年第 1 季度到 1992 年第 4 季度的银行信贷紧缩。这里讨论 20 世纪 80 年代的储贷危机。1979 年 10 月至 1982 年 8 月,旨在抑制通货膨胀的紧缩性货币政策导致了历史性的高短期利率,这在一定程度上引发了此次危机。这导致法律规定必须持有固定利率抵押贷款的储蓄和贷款机构存在利率风险损失。当利率上升,这些抵押贷款的存货失去价值并丧失该行业的资产净值。储蓄和贷款机构也开始亏损,这是因为银行须按高短期利率向存款者支付利息,而对于长期固定利率抵押贷款,银行则按低利率收取利息。最终,银行承担储蓄和贷款机构所带来的附加损耗,"为东山再起而孤注一掷",去从事高风险项目,这些项目往往是亏损的。监管部门缺乏足够的资源来结束无力偿还的储蓄和贷款,它们通过"资本宽容"(capital forbearance)来缓解储蓄和贷款的资本需求(例如,监管部门同意将银行收购破产机构的行为视为资本商誉的创造),而且监管部门无法结束少资本或负资本的储蓄和贷款。为了解决上述问题,1989 年《金融机构改革、恢复、增强法案》通过,储贷危机基本结束。
3. 一国的国际收支平衡表是特定时期该国居民和世界上其他人所有贸易活动的记录。这些贸易活动包括进出口商品服务收支、金融资本收支以及金融转移收支。国际收支平衡表的总差额总是平衡的,但各个部分通常不平衡,比如经常项目或资本项目不一定平衡。例如,当一国进口大于出口时,经常项目差额(这包括贸易差额)将是赤字。经常项目赤字则要求资本流入或外币准备金减少。当一国经常账户赤字严重、外债增多时,该国的国际收支平衡表的问题将变得严峻。
4. 显性存款保险计划具有提供存款担保的法律规定,并规定了详细的细节,比如覆盖范围、银行倒闭时存款人如何获得赔偿、存款种类、有资格获得保护的机构等。而隐性存款保险计划没有正式法律规定银行倒闭时存款人的赔偿问题,保护和赔偿金额的形式没有硬性规定,而且是临时的。
5. 主权债务危机指的是一个国家实际上或被感知到无力偿还公债所引发的问题。货币危机是指市场参与者质疑一国中央银行是否拥有足够的外汇储备来维持该国的固定汇率的情况,这将导致投机,最终可能引发货币贬值。
6. 当只有两种干预到使用时,如果国家干预规模很大,那么危机事件也被认为是全局性的。如果(1)银行部门不良贷款超过 20% 或者倒闭银行所涉及的资产至少占银行部门资产的 20%,或者(2)银行部门财政重组支出超过 GDP 的 5%,那么危机事件就被认为是全局性银行危机。
7. 弗兰诺瑞(Flannery,1996)论文的理论研究部分同样集中于银行流动性冲击。它分析了正常时期和金融危机时期大额支付系统的运行状况。这样的系统几乎都必不可少地涉及同业拆借,因此金融危机时期系统性危机也成为可能。它将金融危机定义为有下列两个重要特性的危机:(1)至少有一些大银行(也可能是很多小银行)经历流动性冲击;(2)最初的流动性冲击使私人贷款者对他们的传统证券包销技巧和判断的精确度（适当性）产生怀疑（Flannery，1996）。它发现，正常时期贴现窗口基金（即银行从美联储获得的应对暂时性流动性短缺的资金）很大程度上是不必要的；但在金融危机时期，贴现窗口基金会因为私人贷款者受到了损害而显得尤为重要。

8. 许多其他研究使用这些金融危机中的一些或全部来解决各种问题。李（Lee，2014）检验了最后三次金融危机如何影响美国金融集团的经济价值。坦米斯瓦瑞（Temesvary，2015）也聚焦于最后三次金融危机，并分析了正常时期和金融危机时期银行和国外市场的特征如何影响美国银行进入和退出国外市场的决定。萨赫如丁（Saheruddin，2014）检验了银行贷款的特殊性如何在正常时期和金融危机时期之间改变。伯杰和鲍曼（2015）研究了正常时期和金融危机时期货币政策的影响（第13章讨论），并分析了高去趋势化银行流动性创造集合体是否对预测金融危机有帮助（第9章讨论）。伯杰和塞度诺夫（Berger and Sedunov，2015）检验了正常时期和危机时期人均GDP对人均银行流动性创造的实际影响（第15章讨论）。伯杰、戈尔、古达米和罗曼（2015）研究了正常时期与金融危机时期美国银行的国际化如何影响银行危机。罗曼（2015）研究了正常时期与金融危机时期股东积极主义对银行业绩和危机的影响。

9. 欧洲2010年第四季度以后出现金融危机，影响了一些经营海外业务的美国银行组织，但这次危机在美国没有广泛的影响。

第8章　正常时期和危机时期银行流动性创造的不同度量

1. 隐含的价格平减指数来自圣路易斯联邦储备银行主办的FRED数据库（http://research.stlouisfed.org/fred2/data/GDPDEE.txt），截至2015年5月初。在这个时间段，1984年第1季度的价格平减指数为55.257，而2014年第4季度的价格平减指数为108.618。如果按名义价值计算，1984年第1季度银行资产为25亿美元，2014年第4季度银行资产为60亿美元，那么按实际价值计算的1984年第1季度银行资产为25亿美元×（108.618/55.257）=49亿美元，2014年第4季度银行资产为60亿美元×（108.618/108.618）=60亿美元。所有金额，包括银行规模的分位值，均基于实际美元价值的金额。

2. 如果RSSD9048=200，那么该银行能够获得商业银行执照。这一要求用于避免2012年第1季度银行数量和流动性创造的人为增加。这一时期，《多德－弗兰克法案》要求储蓄机构提供季度监管报表而不是储蓄机构财务报表。

3. 在第三章讨论到的监管报表，比如摩根大通公司和埃尔多拉多斯普林斯社区银行的监管报表，很清楚地表明了大型银行和小型银行在投资组合方面非常不同。

4. 伯杰和鲍曼（2009，2013）也使用这些临界值的方法。它们的汇总统计数据与这里所展示的略有不同，这是因为金融数据因所使用的基础年份的不同而有所不同，也是因为它们没有将商业银行执照这条限制列入分析当中。存在这些差异的另一个原因是，不论是监管报表数据还是 GDP 平减物价指数都随着时间的推移得到修正，并且这些论文的数据在不同的时间从其他论文以及现有数据中获取。
5. 各类型的放松管制规定均将在 15.5 部分得到进一步讨论。

第 9 章　流动性创造与金融危机

1. 当资产的市场价格长期大幅高于由基本面因素决定的价格时，资产价格泡沫便存在。根据有效市场假说，泡沫无法存在，除非它们由非理性行为或市场僵化（比如限制资产卖空）所驱使（可参见 Evanoff, Kaufman, and Malliaris, 2012）。限制卖空是对目前不属于卖方所有或卖方所借的资产的售卖进行限制。
2. 为消除季节变动对数据的影响，他们采用美国人口普查局所制定的十二个步骤，对异常值进行确定和调整。为了去除线性分量，他们采用了霍德里克 – 普雷斯科特（1997）滤波器方法。

第 10 章　资本充足率与银行流动性创造

1. 一些理论认为更多的资本将损害银行安全性。科恩和圣多美罗（Koehn and Santomero, 1980）以及凯勒姆和罗伯（Calem and Rob, 1999）表明，当资本足够高时，银行可能增加它们的投资组合风险，这样，它们失败的整体风险将增加。比萨科和卡纳塔斯（Besanko and Kanatas, 1996）认为，更高的资本可能损害银行安全性，因为资产替换的道德风险降低所带来的好处可能还不足以弥补内部人的懈怠带来的消极影响，而这些内部人的所有权亦可能被较高的资本所稀释。
2. 戴蒙德和拉詹基于卡勒米瑞斯和卡恩（Calomiris and Kahn, 1991）的理论，认为当预计银行无法保全储户财富的情况发生时，无保险的存款人挤兑的能力是一个重要的约束机制。与此相关，弗兰诺瑞（Flannery, 1994）关注存款人根据需求提取资金的能力的约束效应，这就阻止了银行因过度风险投资而无法保全储户财富。
3. 理论表明资本和流动性创造之间存在因果关系，但是在实践中两者可能被共同确定。伯杰和鲍曼（2009）通过使用滞后的资本充足率进行主要的回归分析解决内生性假设问题，然后使用工具变量回归分析更直接地面对问题，并获得一致的结果。他们没有主张建立因果关系，但是发现资本和流动性创造之间存在着有趣的相互关系，这与理论是一致的。
4. 迪史汀桂因、鲁莱特和塔拉齐（Distinguin, Roulet, and Tarazi, 2013）使用2000年至2006年美国和20个欧洲国家上市商业银行的数据样本，检验了监管资本和表内业务流动性创造两者之间的因果关系。他们发现，当银行面临较高程度的流动性不足时，将降低它们的监管资本比率。美国上市银行子数据的表内业务流动性创造的资本效应是不显著的，这与伯杰和鲍曼（2009）的结论一致，即当表外业务流动性创造被排除时，大型银行的结果效应不显著。
5. 资本监管的一些重大变化和经济衰退不同寻常的结合，使得区分较高资本所产生的影响和较高资本要求所产生的影响，变得具有挑战性。

第11章　流动性创造排名

1. 相反，拥有这些银行的银行控股公司通常位于人们所"预期"的地理位置。尽管美国银行公司同其主要银行一样，位于夏洛特市（北卡罗来纳州），但富国银行集团位于旧金山市（加利福尼亚州），花旗集团位于纽约市（纽约州），摩根大通集团也位于纽约市（纽约州）。值得注意的是，许多银行控股公司在特拉华州注册，因为该州税负低，而且拥有对法人异常友好的衡平法院。
2. 尽管美国银行和富国银行的名字出现在表外流动性创造者后几名的行列，但是这些并不是带有这些名字的主要银行。那些主要银行出现在表外流动性创造者前几名的行列。
3. 尽管富国金融、美国大通银行以及巴克莱银行出现在子表B1和子表B3中，但它们并不是带有这些名字的主要银行。
4. 表11-5子表D表明这家银行在表内流动性创造中排在后十名，具有负值。

第12章　正常时期和危机时期宏观政策与政府行为对银行流动性创造的不同影响

1. 不利和严重不利监管情境年年不同。2015年，它们包括了28个变量的轨迹。具体来说，严重不利情境以严重的全球经济疲软为特征，其中包括美国经济严重衰退，资产价格大幅下滑，公司债券利差显著扩大，以及股票市场波动性急剧增大。不利情景主要包括全球经济活动疲软和美国通胀压力增加导致短期和长期美国国债利率总体上升。如需详情，请参阅联邦储备制度理事会（2015）。

注 释

2. 为了补充美联储管理的压力测试，拥有至少 500 亿美元资产的机构要每年自行进行两次内部压力测试。那些资产在 100 亿美元和 500 亿美元之间的机构被要求每年进行一次内部压力测试。
3. 欧洲银行监管委员会（CEBS）在 2009 年和 2010 年执行了两个其他测试，后来欧洲银行管理局接管了它的职责。
4. 2014 年的不利情境反映了系统风险，系统风险被评为影响欧洲银行业稳定性的最相关威胁：全球债券收益率的增加因风险评估的突然逆转而放大，尤其是对于新兴市场经济体；伴随着需求疲软，国家信贷质量进一步恶化；拖延政策改革危及对公共财政可持续性的信心；缺乏必要的银行资产负债表修复，以维持负担得起的市场资金。
5. 2015 年的完整名单包含在欧洲中央银行（2015）中。
6. 禁止令要求银行停止一些活动（"停止"）且今后也不能再从事该业务（"终止"）。
7. 银行贷款渠道是使货币政策能够生效的几种不同的潜在途径之一（其他途径包括资产负债表通道和金钱观），并通过政策诱导引起银行信贷的供给变化。宽松的货币政策可能导致银行存款增加，释放财政限制，特别是对有困难获得非存款资金或面临此类资金高边际成本的银行来说，这会提高信用可获得性。货币扩张也可能导致更高的银行信贷供给，因为它改善了银行的资产负债表。例如，市场利率的下降提高了银行的投资组合中固定利率贷款的现值。银行净资产所产生的增加可能导致信贷供给的增加。银行贷款渠道成为货币政策有效传导通道的另一个必要条件是政策诱导的贷款供给增加到使一些借款人增加实际支出。
8. 改变联邦基金利率是改变货币政策的传统措施，因为美联储明确规定了联邦基金利率指标。该措施的缺点是可能包含预期的行动以响应有关经济未来发展的信息。货币政策冲击衡量在克里斯蒂娜·罗默和戴维·罗默（2004）中有了进一步发展，考虑了内生性问题。

第 13 章 银行流动性创造：价值、绩效与可持续性

1. 商誉是资产购买价格减去资产的公允价值。
2. 当被保险银行倒闭时，联邦存款保险公司可能会关闭该机构，但更多的时候会试图通过拍卖方式出让该机构的存款和资产。
3. 研究基于汇总统计和相关关系——一个全面的经济计量分析有待未来研究。
4. 这些时期大型银行的标准化银行流动性创造（"产品宽口径"度量方法和资产负债表表内和表外部分）汇总统计如表 11-7 所示。
5. 这不意味着拥有较高资本的银行有较低的收益，而是无论它们有怎样的收益都将

除以更多的权益资本。

第 15 章 有待解决的理论和政策问题

1. 在竞争增加或市场力量减少的情况下，效果是相反的。
2. 我们在此假设的是，资产负债表中的表内和表外项目合同大多对流动性创造有积极影响；流动性削减业务（如证券）的缩减实际上会增加银行的流动性创造。
3. 如果并购的是在当地市场上具有重大重叠的两家银行，那么并购可能会减少竞争。这种交易增加了当地市场集中度，意味着新实体将具有更大的市场支配力。这些交易通常会被监管机构仔细调查，并很可能以反垄断为由被阻止进行。如果并购一方是一个积极拓展未开发市场的银行，那么并购可能会增加竞争。
4. 想回顾银行对其控股企业的管理，参见 Adams and Mehra（2003）。
5. 在 2007 年第 3 季度至 2009 年第 4 季度的次贷危机之后，一些政客试图通过立法拆分最大的银行。2010 年 4 月，参议员谢罗德·布朗（Sherrod Brown）和泰德·考夫曼（Ted Kaufman）发布了"安全、责任、公平、高效的银行法"，建议限制银行的最大规模（例如，《纽约时报》，2010 年 4 月 21 日）。这将加强 1994 年的《里格尔－尼尔法案》，而该法禁止任何银行通过商业银行的并购（允许自然增长）来获得超过美国所有投保银行和储蓄机构总存款 10% 的存款。1994 年以后，几家大银行获得了超过上限的豁免。2010 年，三家银行（美国银行、富国银行和摩根大通）也超过了限额。该提案在参议院失败了。

第 16 章 银行数据的网址链接

1. 联邦储备系统使用多种标准评估小型银行控股公司是否需要提交 FR Y-9 与 FR Y-9LP。标准包括（但是不限于）：控股公司从事相当大规模的非银行业务；从事重大表外业务，包括资产证券化；或者拥有在美国证券交易委员会（SEC）注册的重大债务和股益证券。
2. 这一门槛值已经随着时间而改变。1950 年颁布的《联邦存款保险法》第 38（k）节最初将门槛值设为 2500 万美元。《多德－弗兰克法案》对 2010 年 1 月 1 日至 2011 年 12 月 31 日蒙受损失的门槛提升至 2 亿美元；对 2012 年 1 月 1 日至 2013 年 12 月 31 日蒙受损失门槛调整至 1.5 亿美元；对 2014 年后蒙受损失的门槛调整至 5000 万美元。

参考文献

Acharya, Viral V., Hamid Mehran, and Anjan V. Thakor, 2013, Caught between Scylla and Charybdis? Regulating bank leverage when there is rent seeking and risk shifting, Working Paper, Federal Reserve Bank of New York.

Acharya, Viral V., and Nada Mora, 2015, A crisis of banks as liquidity providers, Journal of Finance 70, 1-43.

Acharya, Viral V., and Hassan Naqvi, 2012, The seeds of a crisis: A theory of bank liquidity and risk taking over the business cycle, Journal of Financial Economics 106, 349-366.

Acharya, Viral V., Hyun Shin, and Tanju Yorulmazer, 2011, Crisis resolution and bank liquidity, Review of Financial Studies 24, 2121-2165.

Acharya, Viral V., and Tanju Yorulmazer, 2007, Too many to fail-An analysis of time-inconsistency in bank closure policies, Journal of Financial Intermediation 16, 1-31.

Adams, Renee. 2010, Governance of banking institutions, in: H.K. Baker and R. Anderson (Eds.), Corporate Governance: A Synthesis of Theory, Research, and Practice, pp. 451-467.

Adams, Renee, and Hamid Mehran, 2003, Is corporate governance different for bank holding companies?, FRBNY Economic Policy Review, 123-142.

Agarwal, Sumit, Efraim Benmelech, Nittai Bergman, and Amit Seru, 2012, Did the Community Reinvestment Act (CRA) lead to risky lending?, Working Paper.

Aiyar, Shekhar, Charles W. Calomiris, and Tomasz Wieladek, 2012, Does macro-pru leak? Evidence from a UK policy experiment, Working Paper.

Alhadeff, David A., 1954, Monopoly and competition in banking, Berkeley: University of California Press.

Allen, Franklin, Elena Carletti, and Robert Marquez, 2011, Credit market competition and capital regulation, Review of Financial Studies 24, 983-1018.

Allen, Franklin, and Douglas Gale, 2004, Financial intermediaries and markets, Econometrica 72, 1023-1061.

Allen, Franklin, and Douglas Gale, 2007, Understanding Financial Crises, Oxford: Oxford University Press.

Allen, Franklin, Aneta Hryckiewicz, Oskar Kowalewski, and Gunseli Tumer-Alkan, 2014, Transmission of financial shocks in loan and deposit markets: Role of interbank borrowing and market monitoring, Journal of Financial Stability 15, 112-126.

Allen, Franklin, and Anthony M. Santomero, 1998, The theory of financial intermediation, Journal of Banking and Finance 21, 1461-1485.

Amihud, Yakov, 2002, Illiquidity and stock returns: Cross-section and time-series effects, Journal of Financial Markets 5, 31-56.

Amihud, Yakov, and Haim Mendelson, 1986, Asset pricing and the bid-ask spread, Journal of Financial Economics 17, 223-249.

Amihud, Yakov, Haim Mendelson, and Beni Lauterbach, 1997, Market microstructure and securrities values: Evidence from the Tell Aviv Exchange, Journal of Financial Econometrics 45, 365-390.

Avery, Robert B., and Allen N. Berger, 1991, Risk-based capital and deposit insurance reform, Journal of Banking & Finance 15, 847-874.

Avery, Robert B., and Katherine A. Samolyk, 2004, Bank consolidation and the provision of banking services: Small commercial loans, Journal of Financial Services Research 25, 291-325.

Bai, Jennie, Arvind Krishnamurthy, and Charles-Henri Weymuller, 2014, Measuring liquidity mismatch in the banking sector, Working Paper.

Bain, Joe S., 1959, Industrial Organization: A Treatise, New York, NY: John Wiley & Sons.

Baltas, Nicholas C., 2013, The Greek financial crisis and the outlook of the Greek economy, Journal of Economic Asymmetries 10, 32-37.

Basel Committee on Banking Supervision (BIS), 2010, Results of the Comprehensive Quantitative Impact Study, December.

Basel Committee on Banking Supervision (BIS), 2012a, Results of the Basel Ⅲ Monitoring Exercise as of 30 June 2011.

Basel Committee on Banking Supervision (BIS), 2012b, Results of the Basel Ⅲ Monitoring Exercise as of 31 December 2011.

Basel Committee on Banking Supervision (BIS), 2013, Basel Ⅲ : The liquidity coverage ratio and liquidity risk monitoring tools, January.

Basel Committee on Banking Supervision (BIS), 2014, Basel III : The net stable funding ratio, October.

Becht, Marco, Patrick Bolton, and Ailsa Roell, 2011, Why bank governance is different, Oxford Review of Economic Policy 27, 437-463.

Beck, Thorsten, Ross Levine, and Alexey Levkov, 2010, Big bad banks? The winners and losers from bank deregulation in the United States, Journal of Finance 65, 1637-1667.

Bekaert, Geert, Campbell R. Harvey, and Christian Lundblad, 2007, Liquidity and expected returns: Lessons from emerging markets, Review of Financial Studies 20, 1783-1831.

Beltratti, Andrea, and Rene M. Stulz, 2012, The credit crisis around the globe: Why did some banks perform better?, Journal of Financial Economics 105, 1-17.

Berger, Allen N., Lamont K. Black, Christa H.S. Bouwman, and Jennifer Dlugosz, 2015, The Federal Reserve's discount window and TAF programs: "Pushing on a string?," Working Paper.

Berger, Allen N., Seth D. Bonime, Daniel M. Covitz, and Diana Hancock, 2000, Why are bank profits so persistent? The roles of product market competition, informational opacity, and regional/macroeconomic shocks, Journal of Banking and Finance 24, 1203-1235.

Berger, Allen N., Seth D. Bonime, Lawrence G. Goldberg, and Lawrence J. White, 2004, The dynamics of market entry: The effects of mergers and acquisitions on entry in the banking industry, Journal of Business 77, 797-834.

Berger, Allen N., and Christa H.S. Bouwman, 2009, Bank liquidity creation, Review of Financial Studies 22, 3779-3837.

Berger, Allen N., and Christa H.S. Bouwman, 2013, How does capital affect bank performance during financial crises?, Journal of Financial Economics 109, 146-176.

Berger, Allen N., Christa H.S. Bouwman, 2015, Bank liquidity creation, monetary policy, and financial crises, Working Paper.

Berger, Allen N., Christa H.S. Bouwman, Bjorn Imbierowicz, and Christian Rauch, 2015, Bank Value and Liquidity Creation, Working Paper.

Berger, Allen N., Christa H.S. Bouwman, Thomas K. Kick, and Klaus Schaeck, 2015, Bank risk taking and liquidity creation following regulatory interventions and capital support, Working Paper.

Berger, Allen N., George R.G. Clarke, Robert Cull, Leora F. Klapper, and Gregory F. Udell, 2005, Corporate governance and bank performance: A joint analysis of the static, selection, and dynamic effects of domestic, foreign, and state ownership, Journal of Banking and Finance 29, 2179-2221.

Berger, Allen N., Robert DeYoung, Hesna Genay, and Gregory F. Udell, 2000, The globalization of financial institutions: Evidence from cross-border banking performance, Brookings-Wharton Papers on Financial Services 3, 23-158.

Berger, Allen N., Sadok El Ghoul, Omrane Guedhami, and Raluca A. Roman, 2015, Internationalization and bank risk, Working Paper.

Berger, Allen N., William Goulding, and Tara Rice, 2014, Do small businesses still prefer community banks?, Journal of Banking and Finance 44, 264-278.

Berger, Allen N., Gerald A. Hanweck, and David B. Humphrey, 1987, Competitive viability in banking: Scale, scope, and product mix economies, Journal of Monetary Economics 20, 501-520.

Berger, Allen N., Iftekhar Hasan, and Mingming Zhou, 2009, Bank ownership and efficiency in China: What will happen in the world's largest nation, Journal of Banking and Finance 33, 113-130.

Berger, Allen N., Bjorn Imbierowicz, and Christian Rauch, 2015, The roles of corporate governance in bank failures during the recent financial crisis, Working Paper.

Berger, Allen N., Leora F. Klapper, Maria Soledad Martinez Peria, and Rida Zaidi 2008, Bank ownership type and banking relationships, Journal of Financial Intermediation 17, 37-62.

Berger, Allen N., Margaret K. Kyle, and Joseph M. Scalise, 2001, Did U.S. bank supervisors get tougher during the credit crunch? Did they get easier during the banking boom? D'd it matter to bank lending?, in: Frederic S. Mishkin, (Ed.), Prudential Supervision: What Works and What Doesn't, National Bureau of Economic Research, University of Chicago Press, Chicago, IL, pp. 301-349.

Berger, Allen N., and Loretta J. Mester, 1997, Inside the black box: What explains differences in the efficiencies of financial institutions?, Journal of Banking and Finance 21, 895-947.

Berger, Allen N., Nathan H. Miller, Mitchell A. Petersen, Raghuram G. Rajan, and Jeremy C. Stein, 2005, Does function follow organizational form? Evidence from the lending practices of large and small banks, Journal of Financial Economics 76, 237-269.

Berger, Allen N., and Raluca A. Roman, 2015, Did saving Wall Street really save main street? The real effects of TARP on local economic conditions, Working Paper.

Berger, Allen N., and Raluca A. Roman, forthcoming, Did TARP banks get competitive advantages?, Journal of Financial and Quantitative Analysis.

Berger, Allen N., Anthony Saunders, Joseph M. Scalise, and Gregory F. Udell, 1998, The effects of bank mergers and acquisitions on small business lending, Journal of Financial Economics 50, 187-229.

参考文献

Berger, Allen N., and John Sedunov, 2015, Bank liquidity creation and real economic output, Working Paper.

Berger, Allen N., and Gregory F. Udell, 1994, Did risk-based capital allocate bank credit and cause a "credit crunch" in the United States?, Journal of Money, Credit and Banking 26, 585-628.

Berkovitch, Elazar, and Stuart I. Greenbaum, 1991, The loan commitment as an optimal financing contract, Journal of Financial and Quantitative Analysis 26, 83-95.

Bernanke, Ben S., and Mark Gertler, 1995, Inside the black box: The credit channel of monetary policy transmission, Journal of Economic Perspectives 9, 27-48.

Berrospide, Jose M., 2013, Bank liquidity hoarding and the financial crisis: An empirical evaluation, Federal Reserve Board Finance and Economics Discussion Series 2013-03.

Berrospide, Jose M., and Rochelle M. Edge, 2010, The effects of bank capital on lending: What do we know, and what does it mean?, Working Paper.

Besanko, David, and George Kanatas, 1996, The regulation of bank capital: Do capital standards promote bank safety?, Journal of Financial Intermediation 5, 160-183.

Bhattacharya, Sudipto, and Anjan V. Thakor, 1993, Contemporary banking theory, Journal of Financial Intermediation 3, 2-50.

Bizer, David S., 1993, Regulatory discretion and the credit crunch, U.S. Securities and Exchange Commission Working Paper.

Black, Lamont K., and Lieu Hazelwood, 2013, The effect of TARP on bank risk-taking, Journal of Financial Stability 9, 790-803.

Black, Sandra E., and Philip E. Strahan, 2002, Entrepreneurship and bank credit availability, The Journal of Finance 57, 2807-2833.

Blackwell, Norman R., and Anthony M. Santomero, 1982, Bank credit rationing and the customer relation, Journal of Monetary Economics 9, 121-129.

Board of Governors of the Federal Reserve System, 2015, Dodd-Frank Act stress test 2015 Supervisory stress test methodology and results.

Bonaccorsi di Patti, Emilia, and Giovanni Dell Ariccia, 2004, Bank competition and firm creation, Journal of Money, Credit and Banking 36, 225-251.

Boot, Amoud W.A., and Stuart I. Greenbaum, 1993, Bank regulation, reputation and rents: Theory and policy implications, in: C. Mayer and X. Vives (Eds.), Capital Markets and Financial Intermediation, Cambridge University Press, Cambridge, MA, pp. 262-285.

Boot, Amoud W.A., Stuart I. Greenbaum, and Anjan V. Thakor, 1993, Reputation and discretion in financial contracting, American Economic Review 83, 1165-1183.

Boot, Amoud W.A., Anjan V. Thakor, and Gregory F. Udell, 1987, Competition, risk neutrality and loan commitments, Journal of Banking and Finance 11, 449-471.

Boot, Arnoud W.A., Anjan V. Thakor, and Gregory F. Udell, 1991, Credible commitments, contract enforcement problems and banks: Intermediation as credibility assurance, Journal of Banking and Finance 15, 605-632.

Bordo, Michael D., Barry Eichengreen, Daniela Klingebiel, and Maria Soledad Martinez Peria, 2001, Is the crisis problem growing more severe?, Economic Policy 32, 51-75.

Bordo, Michael D., and Anna J. Schwartz, 2000, Measuring real economic effects of bailout: Historical perspectives on how countries in financial distress have fared with and without.

Bailouts, Carnegie-Rochester Conference Series on Public Policy 53, 81-167.

Bouwman, Christa H.S., 2015, Liquidity: How banks create it and how it should be regulated, in: A.N. Berger, P. Molyneux, and J.O.S. Wilson (Eds.), The Oxford Handbook of Banking, 2nd edition, Oxford University Press, Oxford, pp. 184-218.

Boyd, John H., and Edward C. Prescott, 1986, Financial intermediary-coalitions, Journal of Economic Theory 38, 211-232.

Brown, Craig O., and I. Serdar Dinc, 2011, Too many to fail? Evidence of regulatory forbearance when the banking sector is weak, Review of Financial Studies 24,1378-1405.

Brown, Stephen J., and William N. Goetzmann, 1995, Performance persistence, Journal of Finance 50, 679-698.

Brown, Stephen J., William N. Goetzmann, Roger G. Ibbotson, and Stephen A. Ross, 1992, Survivorship bias in performance studies, Review of Financial Studies 5, 553-580.

Brunnermeier, Markus K., Gary B. Gorton, and Arvind Krishnamurthy, 2011, Risk topography, in: D. Acemoglu and M. Woodford (Eds.), NBER Macroeconomics Annual 26, University of Chicago Press, Chicago, IL, pp. 149-176.

Brunnermeier, Markus K., Gary B. Gorton, and Arvind Krishnamurthy, 2014, Liquidity mismatch measurement, in: M.K. Brunnermeier and A. Krishnamurthy (Eds.), Risk Topography: Systemic Risk and Macro Modeling, University of Chicago Press, Chicago, IL, pp. 99-112.

Bryant, John, 1980, A model of reserves, bank runs, and deposit insurance, Journal of Banking and Finance 4, 335-344.

Butler, Alexander, Gustavo Grullon, and James Weston, 2005, Stock market liquidity and the cost of issuing equity, Journal of Financial and Quantitative Analysis 40, 331-348.

Calem, Paul, and Rafael Rob, 1999, The impact of capital-based regulation on bank risk-talking, Journal of Financial Intermediation 8, 317-352.

Calomiris, Charles W., Florian Heider, and Marie Hoerova, 2013, A theory of bank liquidity

参考文献

requirements, Working Paper.

Calomiris, Charles W., and Charles M. Kahn, 1991, The role of demandable debt in structuring optimal banking arrangements, American Economic Review 81, 497-513.

Calomiris, Charles W., and Berry Wilson, 2004, Bank capital and portfolio management: The 1930s 'capital crunch' and scramble to shed risk, Journal of Business 77, 421-555.

Campbell, Tim S., 1978, A model of the market for lines of credit, Journal of Finance 33, 231-244.

Campello, Murillo, Erasmo Giambona, John R. Graham, and Campbell R. Harvey, 2011, Liquidity management and corporate investment during a financial crisis, Review of Financial Studies 24, 1944-1979.

Canales, Rodrigo, and Ramana Nanda, 2012, A darker side to decentralized banks: Market power and credit rationing in SME lending, Journal of Financial Economics 105, 353-366.

Caprio, Gerard, Jr., and Daniela Klingebiel, 1996, Bank insolvencies: Cross country experience, World Bank Policy Research Working Paper No. 1620.

Cetorelli, Nicola, and Michele Gambera, 2001, Banking market structure, financial dependence and growth: International evidence from industry data, Journal of Finance 56, 617-648.

Cetorelli, Nicola, and Philip E. Strahan, 2006, Finance as a barrier to entry: Bank competition and industry structure in local U.S. markets, Journal of Finance 61, 437-461.

Charoenwong, Charlie, Beng S. Chong, and Yung C. Yang, 2014, Asset liquidity and stock liquidity: International evidence, Journal of Business Finance and Accounting 41, 435-468.

Chava, Sudheer, Alexander Oettl, Ajay Subramanian, and Krishnamurthy V. Subramanian, 2013, Banking deregulation and innovation, Journal of Financial Economics 109, 759-774.

Cheng, Ing-Haw, Harrison Hong, and Jose A. Scheinkman, 2015, Yesterday's heroes: Compensation and risk at financial firms, Journal of Finance 70, 839-879.

Choi, Byeongyong P., Jin Park, and Chia-Ling Ho, 2013, Liquidity creation or de-creation: Evidence from U.S. property and liability insurance industry, Managerial Finance 39, 938-962.

Chordia, Tarun, Richard Roll, and Avanidhar Subrahmanyam, 2001, Market liquidity and trading activity, Journal of Finance 56, 501-530.

Christie, William G., and Paul H. Schultz, 1998, Dealer markets under stress: The performance of NASDAQ market makers during the November 15, 1991, market break, Journal of Financial Services Research 13, 205-229.

Chu, Yongqiang, 2013, Asset fire sale and regulatory capital requirements: Evidence from commercial REO sales, Working Paper.

Chu, Yongqiang, and Tao Ma, 2015, How does executive compensation affect bank risk taking: Evidence from FAS123R, Working Paper.

Claessens, Stijn, Asli Demirguc-Kunt, and Harry Huizinga, 2001, How does foreign entry affect the domestic banking market?, Journal of Banking and Finance 25, 891-911.

Clarke, George R.G., Robert Cull, and Mary M. Shirley, 2005, Bank privatization in developing countries: A summary of lessons and findings, Journal of Banking and Finance 29, 1905-1930.

Cole, Rebel A., and Jeffery W. Gunther, 1995, Separating the timing and likelihood of bank failure, Journal of Banking and Finance 19, 1073-1089.

Cole, Rebel A., and Lawrence J. White, 2012, Déjà vu all over again: The causes of U.S. commercial bank failures this time around, Journal of Financial Services Research 42, 5-29.

Cornaggia, Jess, Yifei Mao, Xuan Tian, and Brian Wolfe, 2015, Does banking competition affect innovation?, Journal of Financial Economics 115, 189-209.

Cornett, Marcia M., Jamie J. McNutt, Philip E. Strahan, and Hassan Tehranian, 2011, Liquidity risk management and credit supply in the financial crisis, Journal of Financial Economics 101, 297-312.

Coval, Joshua D., and Anjan V. Thakor, 2005, Financial intermediation as a beliefs-bridge between optimists and pessimists, Journal of Financial Economics 75, 535-569.

Cowan, Arnold R., and Valentina Salotti, 2015, The resolution of failed banks during the crisis: Acquirer performance and FDIC guarantees, 2008-2013, Journal of Banking and Finance 54, 222-238.

Crawford, Anthony J., John R. Ezzell, and James A. Miles, 1995, Bank CEO pay-performance relations and the effects of deregulation, Journal of Business 68, 231-256.

Deep, Akash, and Guido K. Schaefer, 2004, Are banks liquidity transformers?, Working Paper.

Degryse, Hans, Nancy Masschelein, and Janet Mitchell, 2011, Staying, dropping, or switching: The impacts of bank mergers on small firms, Review of Financial Studies 24, 1102-1140.

Dell'Ariccia, Giovanni, Deniz Igan, and Luc Laeven, 2012, Credit booms and lending standards: Evidence from the subprime mortgage market, Journal of Money, Credit and Banking 44, 367-384.

参考文献

Demirguc-Kunt, Asli, and Enrica Detragiache, 1998, The determinants of banking crises in developing and developed countries, Staff Papers-International Monetary Fund 45, 81-109.

Demirguc-Kunt, Asli, and Vojislav Maksimovic, 1998, Law, finance, and firm growth, Journal of Finance 53, 2107-2137.

Demirguc-Kunt, Asli, and Vojislav Maksimovic, 2002, Funding growth in bank-based and market- based financial systems: Evidence from firm-level data, Journal of Financial Economics 65, 337-363.

Demsetz, Rebecca S., and Philip E. Strahan, 1997, Diversification, size, and risk at bank holding companies, Journal of Money, Credit and Banking 29, 300-313.

Department of the Treasury, Federal Reserve System, and Federal Deposit Insurance Corporation, 2014, Liquidity coverage ratio: Liquidity risk measurement standards-Final Rule, Federal Register 79 (197), 61440-61541.

DeYoung, Robert, William C. Hunter, and Gregory F. Udell, 2004, The past, present, and probable future for community banks, Journal of Financial Services Research 25, 85-133.

DeYoung, Robert, Emma Y. Peng, and Meng Yan, 2013, Executive compensation and business policy choices at U.S. commercial banks, Journal of Financial and Quantitative Analysis 48, 165-196.

Diamond, Douglas W., 1984, Financial intermediation and delegated monitoring, Review of Economic Studies 51, 393-414.

Diamond, Douglas W., and Philip H. Dybvig, 1983, Bank runs, deposit insurance, and liquidity, Journal of Political Economy 91, 401-419.

Diamond, Douglas W., and Raghuram G. Rajan, 2000, A theory of bank capital, Journal of Finance 55, 2431-2465.

Diamond, Douglas W., and Raghuram G. Rajan, 2001, Liquidity risk, liquidity creation, and financial fragility: A theory of banking, Journal of Political Economy 109, 287-327.

Diaz, Violeta, and Ying Huang, 2013, Bank Liquidity Creation: The role of risk taking and governance, Working Paper.

Dietrich, Andreas, Kurt Hess, and Gabrielle Wanzenried, 2014, The good and bad news about the new liquidity rules of Basel III in Western European countries, Journal of Banking and Finance 44, 13-25.

Distinguin, Isabelle, Caroline Roulet, and Amine Tarazi, 2013, Bank regulatory capital and liquidity: Evidence from U.S. and European publicly traded banks, Journal of Banking and Finance 37, 3295-3317.

Donaldson, Jason, Giorgia Piacentino, and Anjan V. Thakor, 2015, Warehouse banking, Working Paper.

Drees, Burkhard, and Ceyla Pazarbasioglu, 1995, The Nordic banking crises: Pitfalls in financial liberalization?, IMF Working Paper 95/61.

Duchin, Ran, and Denis Sosyura, 2014, Safer ratios, riskier portfolios: Banks' response to government aid, Journal of Financial Economics 113, 1-28.

Erkens, David H., Mingyi Hung, and Pedro P. Matos, 2012, Corporate governance in the 2007-2008 financial crisis: Evidence from financial institutions worldwide, Journal of Corporate Finance 18, 389-411.

Esterhuysen, Ja'nel N., Gary V. Vuuren, and Paul Styger, 2012, Liquidity creation in South African banks under stressed economic conditions, South African Journal of Economics 80, 106-122.

European Banking Authority (EBA), 2012a, Results of the Basel III Monitoring Exercise Based on Data as of 30 June 2011.

European Banking Authority (EBA), 2012b, Results of the Basel III Monitoring Exercise Based on Data as of 31 December 2011.

European Central Bank, 2015, The list of significant supervised entities and the list of less significant institutions.

Evanoff, Douglas D., George G. Kaufman, and Anastasios G. Malliaris, 2012, Asset price bubbles: What are the causes, consequences, and public policy options?, Chicago Fed Letter 304, 1-4.

Fahlenbrach, Rudiger, and Rene M. Stulz, 2011, Bank CEO incentives and the credit crisis, Journal of Financial Economics 99, 11-26.

Farhi, Emmanuel, and Jean Tirole, 2012, Collective moral hazard, maturity mismatch, and systemic bailouts, American Economic Review 102, 60-93.

Federal Deposit Insurance Corporation, 2012, FDIC community banking study.

Feinman, Joshua N., 1993, Reserve requirements: History, current practice, and potential reform, Federal Reserve Bulletin June, 569-589.

Flannery, Mark J., 1994, Debt maturity and the deadweight cost of leverage: Optimally financing banking firms, American Economic Review 84, 320-321.

Flannery, Mark J., 1996, Financial crises, payments system problems, and discount window lending, Journal of Money, Credit and Banking 28, 804-831.

Focarelli, Dario, and Fabio Panetta, 2003, Are mergers beneficial to consumers? Evidence from the market for bank deposits, American Economic Review 93, 1152-1172.

Francis, William, and Matthew Osborne, 2009, Bank regulation, capital and credit supply:

参考文献

Measuring the impact of prudential standards, Working Paper.

Freixas, Xavier, and Jean-Charles Rochet, 2008, Microeconomics of banking (2nd edition), Boston, MA: MIT Press.

Fungacova, Zuzana, Rima Turk Ariss, and Laurent Weill, 2015, High liquidity creation and bank failures, International Monetary Fund Working Paper 15/103.

Fungacova, Zuzana, and Laurent Weill, 2012, Bank liquidity creation in Russia, Eurasian Geography and Economics 53, 285-299.

Fungacova, Zuzana, Laurent Weill, and Mingming Zhou, 2010, Bank capital, liquidity creation and deposit insurance, Bank of Finland BOFIT Discussion Papers 17.

Gambacorta, Leonardo, and David Marques-Ibanez, 2011, The bank lending channel: Lessons from the crisis, Economic Policy 26, 135-182.

Gatev, Evan, Til Schuermann, and Philip E. Strahan, 2009, Managing bank liquidity risk: How deposit-loan synergies vary with market conditions, Review of Financial Studies 22, 995-1020.

Glick, Reuven, and Michael M. Hutchison, 2001, Banking and currency crises: How common are twins?, in: R. Glick, R. Moreno, and M.M. Spiegel (Eds.), Financial Crises in Emerging Markets, Cambridge University Press, Cambridge, UK.

Goetzmann, William N., and Roger G. Ibbotson, 1994, Do winners repeat? Patterns in mutual fund return behavior, Journal of Portfolio Management 20, 9-18.

Gopalan, Radhakrishnan, Ohad Kadan, and Mikhail Pevzner, 2012, Asset liquidity and stock liquidity, Journal of Financial and Quantitative Analysis 47, 333-364.

Gorton, Gary B., and Andrew Winton, 2000, Liquidity provision, bank capital, and the macro-economy, Working Paper.

Greenbaum, Stuart I., 1967, Competition and efficiency in the banking system-Empirical research and its policy implications, Journal of Political Economy 75, 461-479.

Greenbaum, Stuart I., Anjan V. Thakor, and Amoud W.A. Boot, 2016, Contemporary Financial Intermediation, 3rd edition, Elsevier Science.

Greene, Jason, and Scott Smart, 1999, Liquidity provision and noise trading: Evidence from the "investment dartboard" column, Journal of Finance 54, 1885-1899.

Gropp, Reint, Matthias Kohler, 2010, Bank owners or bank managers: Who is keen on risk? Evidence from the financial crisis, Working Paper.

Hackethal, Andreas, Christian Rauch, Sascha Steffen, and Marcel Tyrell, 2010, Determinants of bank liquidity creation, Working Paper.

Hagendorff, Jens, 2015, Corporate governance in banking, in: A.N. Berger, P. Molyneux, and J.O.S. Wilson (Eds.), The Oxford Handbook of Banking, 2nd edition, Oxford

University Press, Oxford, pp. 139-159.

Hancock, Diana, Andrew J. Laing, and James A. Wilcox, 1995, Bank balance sheet shocks and aggregate shocks: Their dynamic effects on bank capital and lending, Journal of Banking and Finance 19, 661-677.

Hasbrouck, Joel 2009, Trading costs and returns for U.S. equities: Estimating effective costs from daily data, Journal of Finance 64, 1445-1477.

Hasbrouck, Joel, and Duane J. Seppi, 2001, Common factors in prices, order flows, and liquidity, Journal of Financial Economics 59, 383-411.

Hasbrouck, Joel, and Saar, 2002, Limit orders and volatility in a hybrid market: The Island ECN, Working Paper.

Hester, Donald D., 1967, Competition and efficiency in the banking system: Comment, Journal of Political Economy 75, 479-481.

Ho, Thomas S.Y., and Anthony Saunders, 1983, Fixed rate loan commitments, take-down risk, and the dynamics of hedging with futures, Journal of Financial and Quantitative Analysis 18, 499-516.

Hodrick, Robert J., and Edward C. Prescott, 1997, Postwar U.S. business cycles: An empirical investigation, Journal of Money, Credit and Banking 29, 1-16.

Holmstrom, Bengt, and Tirole, Jean, 1997, Financial intermediation, loanable funds, and the real sector, Quarterly Journal of Economics 112, 663-691.

Holmstrom, Bengt, and Jean Tirole, 1998, Public and private supply of liquidity, Journal of Political Economy 106, 1-40.

Hong, Han, Jing-Zhi Huang, and Deming Wu, 2014, The information content of Basel III liquidity risk measures, Journal of Financial Stability 15, 91-111.

Horvath, Roman, Jacob Seidler, and Laurent Weill, 2014, Bank capital and liquidity creation: Granger-causality evidence, Journal of Financial Services Research 45, 341-361.

Horvath, Roman, Jacob Seidler, and Laurent Weill, 2015, How bank competition influences liquidity creation, Working Paper.

Horvitz, Paul M., 1963, Economies of scale in banking, Private Financial Institutions, Englewood Cliffs, NJ: Prentice Hall, 1-54.

Houston, Joel F., and Christopher M. James, 1995, CEO compensation and bank risk: Is compensation in banking structured to promote risk taking?, Journal of Monetary Economics 36, 405-431.

Huberman Gur, and Dominika Halka, 2001, Systematic liquidity, Journal of Financial Research 24, 161-178.

参考文献

Hubbard, R. Glenn, and Darius Palia, 1995, Executive pay and performance: Evidence from the U.S. banking industry, Journal of Financial Economics 39, 105-130.

Hughes, Joseph P., and Loretta J. Mester, 2013, Who said large banks don't experience scale economies? Evidence from a risk-return-driven cost function, Journal of Financial Intermediation 22, 559-585.

Imbierowicz, Bjorn, and Christian Rauch, 2014, The relationship between liquidity risk and credit risk in banks, Journal of Banking and Finance 40, 242-256.

Ioannidou, Vasso, and Steven Ongena, 2010, "Time for a Change:" Loan conditions and bank behavior when firms switch banks, Journal of Finance 65, 1847-1877.

Ivashina, Victoria, and David S. Scharfstein, 2010, Bank lending during the financial crisis of 2008, Journal of Financial Economics 97, 319-338.

James, Christopher M., 1981, Self-selection and the pricing of bank services: An analysis of the market for bank loan commitments and the role of the compensating balance requirements, Journal of Financial and Quantitative Analysis 16, 725-746.

Jayaratne, Jith, and Philip E. Strahan, 1996, The finance-growth nexus: Evidence from bank branch deregulation, Quarterly Journal of Economics 111, 639-670.

Jimenez, Gabriel, Steven Ongena, Jose-Luis Peydro, and Jesus Saurina, 2012, Credit supply and monetary policy: Identifying the bank balance-sheet channel with loan applications, American Economic Review 102, 2301-2326.

Jimenez, Gabriel, Steven Ongena, Jose-Luis Peydro, and Jesus Saurina, 2014, Hazardous times for monetary policy: What do twenty-three million bank loans say about the effects of monetary policy on credit risk-taking?, Econometrica 82, 463-505.

Joh, Sung W., and Jeongsim Kim, 2013, Does competition affect the role of banks as liquidity providers?, Working Paper.

Johnson, Simon H., and James Kwak, 2010, 13 Bankers: The Wall Street takeover and the next financial meltdown, Pantheon Books, New York.

Kamara, Avraham, and Jennifer L. Koski, 2001, Volatility, autocorrelations, and trading activity after stock splits, Journal of Financial Markets 4, 163-184.

Kaminsky, Garciela L., and Carmen M. Reinhart, 1996, The Twin Crises: The causes of banking and balance-of-payments problems, International Finance Discussion Paper No. 544 (Washington: Board of Governors of the Federal Reserve System, March).

Kaminsky, Graciela L., and Carmen M. Reinhart, 1999, The twin crises: The causes of banking and balance-of-payments problems, American Economic Review 89, 473-500.

Karceski, Jason, Steven Ongena, and David C. Smith, 2005, The impact of bank consolidation on commercial borrower welfare, Journal of Finance 60, 2043-2082.

Kashyap, Anil K., Raghuram G. Rajan, and Jeremy C. Stein, 2002, Banks as liquidity providers: An explanation for the coexistence of lending and deposit-taking, Journal of Finance 57, 33-73.

Kashyap, Anil K., and Jeremy C. Stein, 1994, Monetary policy and bank lending, in: G. Mankiw (Ed.), Monetary Policy, University of Chicago Press, Chicago, IL, pp. 221-261.

Kashyap, Anil K., and Jeremy C. Stein, 1997, The role of banks in monetary policy: A survey with implications for the European Monetary Union, Economic Perspectives, Federal Reserve Bank of Chicago, September/October, 3-18.

Kashyap, Anil K., and Jeremy C. Stein, 2000, What do a million observations on banks say about the transmission of monetary policy?, American Economic Review 90, 407-428.

Khwaja, Asim Ijaz, and Atif Mian, 2008, Tracing the impact of bank liquidity shocks: Evidence from an emerging market, American Economic Review 98, 1413-1442.

Kirkpatrick, Grant, 2009, The corporate governance lessons from the financial crisis, OECD Financial Market Trends 2009/1,1-30.

Kishan, Ruby P., and Timothy P. Opiela, 2012, Monetary policy, bank lending, and the risk-pricing channel, Journal of Money, Credit and Banking 44, 573-602.

Koehn, Michael, and Anthony M. Santomero, 1980, Regulation of bank capital and portfolio risk, Journal of Finance 35, 1235-1244.

La Porta, Rafael, Florencio Lopez-de-Silanes, Andrei Shleifer, and Robert W. Vishny, 1998, Law and finance, Journal of Political Economy 106, 1113-1155.

Laeven, Luc, 2013, Corporate governance: What's special about banks?, Annual Review of Financial Economics 5, 63-92.

Laeven, Luc, and Ross Levine, 2009, Bank governance, regulation and risk taking, Journal of Financial Economics 93, 259-275.

Laeven, Luc, and Fabian Valencia, 2013, Systemic banking crises database, IMF Economic Review 61, 225-270.

Lakstutiene, Ausrine, and Rytis Krusinskas, 2010, Lithuanian banks liquidity creation in 2004-2008, Economics and Management 5, 986-991.

Lakstutiene, Ausrine, Rytis Krusinskas, and Dalia Rumsaite, 2011, Effect of depositor panic on the financial stability of banks, Economics and Management 16, 1154-1163.

Lee, Hyung Min, 2014, The impact of financial crisis on the economic values of financial conglomerates, Working Paper.

Lei, Adrian C.H., and Zhuoyun Song, 2013, Liquidity creation and bank capital structure in China, Global Finance Journal 24, 188-202.

参考文献

Lesmond, David A., Joseph P. Ogden, and Charles A. Trzcinka, 1999, A new estimate of transaction costs, Review of Financial Studies 12, 1113-1141.

Li, Lei, 2013, TARP funds distribution and bank loan supply, Journal of Banking and Finance 37, 4777-4792.

Lindgren, Carl-Johan, Gillian G. Garcia, and Matthew I. Saal, 1996, Bank soundness and macro-economic policy, International Monetary Fund Working Paper.

Lo, Andrew W., 2012, Reading about the financial crisis: A twenty-one-book review, Journal of Economic Literature 50, 151-178.

Loutskina, Elena, 2011, The role of securitization in bank liquidity and funding management, Journal of Financial Economics 100, 663-684.

Martinez Peria, Maria S., and Sergio L. Schmukler, 2001, Do depositors punish banks for bad behavior? Market discipline, deposit insurance, and banking crises, Journal of Finance 56, 1029-1051.

Mehran, Hamid, and Joshua Rosenberg, 2008, The effect of employee stock options on bank investment choice, borrowing, and capital, Federal Reserve Bank of New York Staff Reports 305.

Mehran, Hamid, and Anjan Thakor, 2011, Bank capital and value in the cross-section, Review of Financial Studies 24, 1019-1067.

Melnik, Aries, and Steven Plaut, 1986, Loan commitment contracts, terms of lending, and credit allocation, Journal of Finance 41, 425-435.

Merton, Robert C., 1977, An analytic derivation of the cost of deposit insurance and loan guarantees: An application of modern option pricing theory, Journal of Banking and Finance 1, 3-11.

Mohammad, Sabri and Mehmet Asutay, 2015, Measuring liquidity creation and its determinants in banking sector: A comparative analysis between Islamic, conventional and hybrid banks in the case of the GCC Region, Working Paper.

Morgan, Donald P., 1994, Bank credit commitments, credit rationing, and monetary policy, Journal of Money, Credit and Banking 26, 87-101.

Morgan, Donald P., 1998, The credit effects of monetary policy: Evidence using loan commitments, Journal of Money, Credit and Banking 30, 102-118.

Herszenhorn, David M., and Sewell Chan, 2010, Financial debate renews scrutiny on banks' size, New York Times, April 21.

Ongena, Steven, Alexander Popov, and Gregory F. Udell, 2013, "When the cat's away the mice will play": Does regulation at home affect bank risk-taking abroad?, Journal of Financial Economics 108, 727-750.

Pana, Elisabeta, 2012, QEP and bank liquidity creation: Evidence from Japan, Working Paper.

Pana, Elisabeta, and Tarun K. Mukherjee, 2012, Credit unions as liquidity creators, Working Paper.

Pana, Elisabeta, Jin Park, and J. Tim Query, 2010, The impact of bank mergers on liquidity creation, Journal of Risk Management in Financial Institutions 4, 74-96.

Pastor, Lubos, and Robert F. Stambaugh, 2003, Liquidity risk and expected stock returns, Journal of Political Economy 111, 642-685.

Peek, Joe, and Eric Rosengren, 1995a, Bank regulation and the credit crunch, Journal of Banking and Finance 19, 679-692.

Peek, Joe, and Eric Rosengren, 1995b, The capital crunch: Neither a borrower nor a lender be, Journal of Money, Credit and Banking 27, 625-638.

Petersen, Mitchell A., and Raghuram G. Rajan, 1994, The benefits of lending relationships: Evidence from small business data, Journal of Finance 49, 3-37.

Petersen, Mitchell A., and Raghuram G. Rajan, 1995, The effect of credit market competition on lending relationships, Quarterly Journal of Economics 110, 407-443.

Puddu, Stefano, and Andreas Walchli, 2014, TARP effect on bank lending behaviour: Evidence from the last financial crisis, Working Paper.

Rajan, Raghuram G., 1994, Why bank credit policies fluctuate: A theory and some evidence, Quarterly Journal of Economics 109, 399-441.

Ramakrishnan, Ram T.S., and Anjan V. Thakor, 1984, Information reliability and a theory of financial intermediation, Review of Economic Studies 51, 415-432.

Reinhart, Carmen M., and Kenneth S. Rogoff, 2009, This time is different: Eight centuries of financial folly, Princeton University Press, Princeton.

Repullo, Rafael, 2004, Capital requirements, market power, and risk-taking in banking, Journal of Financial Intermediation 13, 156-182.

Rice, Tara, and Philip E. Strahan, 2010, Does credit competition affect small-firm finance?, Journal of Finance 65, 861-889.

Roll, Richard 1984, A simple implicit measure of the effective bid-ask spread in an efficient market, Journal of Finance 39, 1127-1139.

Roman, Raluca A., 2015, Shareholder activism in banking, Working Paper.

Romer, Christina D., and David H. Romer, 2004, A new measure of monetary shocks: Derivation and implications, American Economic Review 94, 1055-1084.

Saheruddin, Herman, 2014, Bank capital, reputation, and relationship lending: Evidence from bank loan announcements during normal times and financial crises, Working

参考文献

Paper.

Sapienza, Paola, 2004, The effects of government ownership on bank lending, Journal of Financial Economics 74, 357-384.

Saunders, Anthony, and Marcia Millon Cornett, 2014, Financial institution management: A Risk Management Approach, 8th Edition, New York: McGraw Hill.

Schandlbauer, Alexandar, 2013, How do financial institutions react to a tax increase?, Working Paper.

Shaffer, Sherrill, 1993, A test of competition in Canadian banking, Journal of Money, Credit and Banking 25, 49-61.

Sheng, Andrew, 1995, Bank Restructuring: Lessons From the 1980s, World Bank.

Shockley, Richard L., and Anjan V. Thakor, 1997, Bank loan commitment contracts: Data, theory, and tests, Journal of Money, Credit and Banking 29, 517-534.

Shrieves, Ronald E., and Drew Dahl, 1995, Regulation, recession, and bank lending behavior: The 1990 credit crunch, Journal of Financial Services Research 9, 5-30.

Smith, Adam, 1776, An inquiry into the nature and causes of the wealth of nations, edited by Edwin Cannan 1976, reproduced at http://www.econlib.org/library/Smith/smWN.html.

Sufi, Amir, 2009, Bank lines of credit in corporate finance: An empirical analysis, Review of Financial Studies 22, 1057-1088.

Temesvary, Judit, 2015, Foreign activities of U.S. banks since 1997: The roles of regulations and market conditions in crises and normal times, Journal of International Money and Finance 56, 202-222.

Tewari, Ishani, 2014, The distributive impacts of financial development: Evidence from mortgage markets during U.S. bank branch deregulation, American Economic Journal: Applied Economics 6, 175-196.

Thakor, Anjan V., 1996, Capital requirements, monetary policy, and aggregate bank lending: Theory and empirical evidence, Journal of Finance, 51, 279-324.

Thakor, Anjan V., 2005, Do loan commitments cause overlending?, Journal of Money, Credit and Banking 37, 1067-1099.

Thakor, Anjan V., 2014, Bank capital and financial stability: An economic tradeoff or a Faustian bargain?, Annual Review of Financial Economics 6, 185-223.

Thakor, Anjan V., 2015, The financial crisis of 2007-09: Why did it happen and what did we learn?, Review of Corporate Finance Studies 4, 155-205.

Von Hagen, Jurgen, and Tai-Kuang Ho, 2007, Money market pressure and the determinants of banking crises, Journal of Money, Credit and Banking 39, 1037-1066.

Von Thadden, Ernst-Ludwig, 2004, Bank capital adequacy regulation under the new Basel Accord, Journal of Financial Intermediation 13, 90-95.

Woodford, Michael, 1996, Loan commitments and optimal monetary policy, Journal of Monetary Economics, 37, 573-605.

译后记

今天，五一假期的最后一天，终于完成了《银行流动性创造与金融危机》一书的最后案头工作，这是商务印书馆"经济学前沿译丛"的第五本书。实际上，2016年我们就开始了这本书的翻译工作，几年时间的长跑，几年的深夜、周末和假期，今天终于完工了。

流动性是金融市场最关注的指标，流动性创造是商业银行最重要的职能，流动性和流动性创造也是我们进行经济金融分析最常使用的概念。但长期以来，无论是在国内还是在国际经济学界，商业银行流动性创造都还只是一个理论概念，没有度量指标和度量方法，无法进行实证检验。本书作者经过多年的努力和辛劳，创造性地建立了商业银行流动性创造的度量指标和度量方法，极大地丰富了商业银行流动性创造理论，完善了商业银行流动性创造的研究框架。并由此出发，进一步分析了商业银行流动性创造与金融危机之间的关系，尝试使用流动性创造的各种度量指标作为信贷风险和金融危机的预测工具。

此时窗外清风吹拂、月朗星稀，在窗前橘黄色的台灯下，望着书桌上厚厚的校对稿，我心中充满了感激。

感谢本书作者艾伦·伯杰先生和克里斯塔·鲍曼女士，他们通过多年的辛勤劳动和努力工作，综合运用美国商业银行样本期的季度数据，以美联储网站公布的一万多家商业银行的经营报表作为分析背景，构建了商业银行流动性创造的度量指标体系和度量方法，使商业银行流动性创造的定量分析和实证研究成为可能。

感谢我的朋友马明和李荣，他们与我一起经历了无数艰难和曲折，终于完成了这本非常难翻译的书。马明和李荣都非常年轻，他们的认真、勤勉和热情给我留下了深刻印象，相信他们将成为未来优秀的研究者和翻译者。

感谢陈小文博士，他是商务印书馆副总编辑、中国资深翻译家。多年来我在商务印书馆出版的学术著作和译著，都得到了陈总真诚而专业的帮助。

感谢商务印书馆学术中心的李彬先生，他是这本书的责任编辑，他的理论修养、专业水准和敬业精神，为这本书的翻译提供了支撑。

感谢所有阅读此书的人。对于那些能够在下班后和节假日走进图书馆或书店阅读这些学术著作的人们，我一直心怀敬意。

谢谢大家，并请大家多多批评指正。

王宇
2019 年 5 月 4 日深夜

图书在版编目(CIP)数据

银行流动性创造与金融危机 /(美)艾伦·N. 伯杰,
(美)克里斯塔·H. S. 鲍曼著;王宇,马明,李荣译. —
北京:商务印书馆,2019
(经济学前沿译丛)
ISBN 978-7-100-17551-7

Ⅰ.①银… Ⅱ.①艾… ②克… ③王… ④马… ⑤李…
Ⅲ.①银行—风险管理—研究 Ⅳ.①F830.2

中国版本图书馆 CIP 数据核字(2019)第 141633 号

权利保留,侵权必究。

银行流动性创造与金融危机

〔美〕艾伦·N. 伯杰 克里斯塔·H. S. 鲍曼 著
王宇 马明 李荣 译

商 务 印 书 馆 出 版
(北京王府井大街36号 邮政编码100710)
商 务 印 书 馆 发 行
北京新华印刷有限公司印刷
ISBN 978-7-100-17551-7

2019年9月第1版 开本 880×1230 1/32
2019年9月北京第1次印刷 印张 12

定价:48.00元